Alexander Kiel

Zukunftswerkstatt und Visionskultur im Sport – eine explorative Studie

Betriebspädagogik – Wissenschaft von der Unternehmenskultur
Band 1
Herausgeber: Univ.-Prof. em. Dr. phil. Theodor Hülshoff

Dissertation Universität Koblenz-Landau, 2012.
Die vorliegende Arbeit wurde vom Fachbereich 5: Erziehungswissenschaften der Universität Koblenz-Landau am 16. März 2012 als Dissertation zur Erlangung des akademischen Grades eines Doktors der Philosophie mit dem Titel „Zukunftswerkstatt und Visionskultur im Sport – eine explorative Studie“ angenommen.

Verlag
Empirische Pädagogik e. V.
Bürgerstraße 23
D-76829 Landau
Telefon: +49 6341 280 32180
Telefax: +49 6341 280 32166
E-Mail: info@vep-landau.de
Homepage: www.vep-landau.de

Umschlaggestaltung
Harald Baron

Druck
BoD Norderstedt

Zitiervorschlag
Kiel, A. (2012). Zukunftswerkstatt und Visionskultur im Sport – eine explorative Studie (Betriebspädagogik – Wissenschaft von der Unternehmenskultur, Bd. 1). Landau: Verlag Empirische Pädagogik.

ISBN 978-3-941320-83-3

Geleitwort

In den Mittelpunkt seiner betriebspädagogischen Forschungsarbeit stellt Alexander Kiel den Zusammenhang der vier Themenfelder seiner Dissertation, „Visionskultur“, „gemeinnütziger Großsportverein“, „Zukunftswerkstatt“ und „Freiwilligenarbeit“. Im Kontext einer Betriebspädagogik, die sich als „Wissenschaft von der Unternehmenskultur“ versteht, spielt „Visionskultur als Veränderungskultur in Organisationen“ eine zentrale Rolle. Ist sie doch als bewegende Kraft für Kulturveränderungsprozesse zu sehen.

Kiel konzentriert sich in seiner Forschung auf die Organisation eines „Gemeinnützigen Großsportvereins“ und das strategische Veränderungsinstrument „Zukunftswerkstatt“. Auf diesem Weg versucht er, einen komplexen Bedeutungshorizont für die Frage zu entwerfen, wie es gelingen kann, Jugendliche für eine freiwillige Mitarbeit an Aufgaben eines Großsportvereins zu gewinnen.

Eine besondere Bedeutung gewinnt in diesem Zusammenhang das didaktische Konzept der „Zukunftswerkstatt“. Kiel begründet in überzeugender Weise die Angemessenheit dieser didaktischen Vorgehensweise, um auf der einen Seite mit Repräsentanten seiner Zielgruppe visionäre Vorstellungswelten und Erwartungshaltungen hinsichtlich einer möglichen Mitwirkung zu erarbeiten, auf der andern Seite gleichzeitig Jugendlichen Motive und Entscheidungsgründe zu vermitteln, sich freiwillig, „ehrenamtlich“ im Verein zu betätigen. Auf der Grundlage eines Beobachtungsleitfadens wird das Geschehen in der durchgeführten Zukunftswerkstatt empirisch-qualitativ untersucht und gedeutet. Die Videoaufzeichnung des gesamten Prozesses ermöglicht es, diesen Interpretationsprozess „spiralförmig“ zu vertiefen und zu sichern.

Eine explorative Studie sollte dazu führen, dass in einem bestimmten Wissenschaftsgebiet Innovatives, Zukunftsorientiertes, Neues im Zusammenhang vorliegender Untersuchungsergebnisse, theoretischer Konzepte und begrifflicher Definitionen herausgefunden wird, neue Erkenntnisse gewonnen werden, bisher noch unbekannte theoretische Zusammenhänge unterschiedlicher wissenschaftlicher und methodischer Ansätze „entdeckt“, beziehungsweise „auf den Punkt gebracht werden“. Dieses ist in der vorliegenden Forschungsarbeit in überzeugender Weise gelungen.

Es ist dem Buch von Alexander Kiel zu wünschen, dass es für andere Vereine und insbesondere Sportvereine theoretische und praktische Anregungen vermittelt und zugleich auch strategische Hinweise aufzeigt, um innovative Veränderungsprozesse zu initiieren und zum Erfolg zu führen.

Univ.-Prof. em. Dr. phil. Theo Hülshoff — Landau, November 2012

Zusammenfassung

Der organisierte Sport in Deutschland mit seinen gemeinnützigen Sportvereinen ist einem wachsenden Veränderungsdruck ausgesetzt, der insbesondere auf den gesellschaftlichen Wandel zurückzuführen ist. Die vorliegende Arbeit zeigt zunächst, dass zur erfolgreichen Bewältigung dieser Herausforderung insbesondere die Entwicklung einer wirksamen Visionskultur und die Förderung der Freiwilligenarbeit erforderlich sind. Im weiteren Verlauf der Arbeit wird die Zukunftswerkstatt als eine Methode ausgemacht, die Potenziale sowohl zur Entwicklung einer wirksamen Visionskultur als auch zur Gewinnung freiwillig Engagierter bietet. Die Erkenntnisse beziehen sich dabei in erster Linie auf gemeinnützige Großsportvereine, die als Vorreiter in der Sportvereinslandschaft gelten und sich in einem Spannungsfeld befinden, an dessen Rändern auf der einen Seite der Sportverein als Dienstleistungseinrichtung und auf der anderen Seite der Sportverein als Solidargemeinschaft steht. Die intensive Auseinandersetzung mit den vier Themenfeldern „Visionskultur“, „gemeinnütziger Großsportverein“, „Zukunftswerkstatt“ und „Freiwilligenarbeit“ erfolgt über einen betriebspädagogischen Zugang und im Rahmen einer Exploration, die eine theoriebasierte und empirisch-qualitative Vorgehensweise kombiniert. Sie mündet in einer Theorie, in der die Erkenntnisse über die Potenziale der Methode Zukunftswerkstatt sowie die Wirkungszusammenhänge der vier Themenfelder zusammengefasst werden. Auf diese Weise wird die Arbeit dem Anspruch des Autors gerecht, einen Beitrag dazu zu leisten, den organisierten Sport in Deutschland erfolgreicher zu machen. Zudem liefert sie zahlreiche konkrete Ansätze für weitergehende Forschungsvorhaben.

Summary

Organized athletics in Germany with its non-profit sports clubs is facing growing pressures to adapt to societal changes. This thesis shows that the development of an effective culture for creating organizational visions and the promotion of voluntary work will be necessary to meet the challenges ahead. Subsequently, the paper identifies the holding of "Zukunftswerkstätten" (future workshops) as a promising way of developing an effective organizational vision and at the same time recruiting volunteers. Findings derive primarily from large non-profit sports clubs that are considered trailblazers within the community of sports clubs: they operate in an area of tension with sports clubs-as-service institutions occupying one pole and clubs-as-solidarity groups the other.

The in-depth discussion of the four topics "organizational vision", "large non-profit sports club", "Zukunftswerkstatt" and "voluntary work" is grounded in concepts derived from in-company pedagogy and applies an exploratory methodology that combines theory development and qualitative empirical research. The theory introduced here integrates the findings regarding the potential of the "Zukunftswerkstatt" method with the conclusions about interdependency among the four topics. The author is confident that the work presented here can make a contribution to the strengthening of organized athletics in Germany. Furthermore, the thesis specifies several areas of future research.

Danksagung

An dieser Stelle möchte ich mich bei all denen bedanken, die mich auf vielfältige Weise bei der Anfertigung meiner Dissertation begleitet und unterstützt haben.

Besonderer Dank gilt dabei meinem Doktorvater Prof. Dr. Theo Hülshoff, der nicht nur durch seine wertvollen Ratschläge zum Gelingen der Arbeit beigetragen hat, sondern der mir auch durch die Organisation und Leitung des Landauer Forschungskollegs erst die Möglichkeit zu einem berufsbegleitenden Promotionsstudium eröffnet hat. Ohne diese inspirierende Einrichtung im Herzen Landaus wären mir viele interessante und tiefe Einblicke in die Welt der Betriebspädagogik, Psychologie und Philosophie verschlossen geblieben.

Über die sofortige und vorbehaltlose Zusage von Herrn Prof. Dr. Alfred Klaus, als Korreferent meiner Dissertation zu agieren, habe ich mich sehr gefreut. Ich bedanke mich bei ihm für die stets lebendigen und lehrreichen Psychologie-Veranstaltungen, die ich bei ihm erleben durfte.

Dank gilt auch dem Präsidium und Vorstand des TSC Eintracht Dortmund, meinem Arbeitgeber. Sie haben mir von Anfang an die Freiräume eingeräumt, die für ein berufsbegleitendes Promotionsstudium unerlässlich sind. Von dem Vertrauen, das der Verein in seine Mitarbeiter setzt, habe ich somit ein weiteres Mal selbst profitiert und ich hoffe, durch die vorliegende Arbeit und durch die neu erworbenen Erkenntnisse und Kompetenzen, dem Verein auch wieder etwas zurückgeben zu können.

Meinen Mitstreitern im Landauer Forschungskolleg Edeltraut Botzum und Alexander V. Steckelberg danke ich für die vielseitigen Diskussionen. Der gegenseitige Austausch hat nicht nur zur inhaltlichen Bereicherung der Arbeit beigetragen, er war für mich auch immer eine zusätzliche Motivation, eröffnete mir neue Blickwinkel und half mir so über manche Hürde hinweg.

Bei Angelika Balaj, Michael Jacoby und Markus Schalker bedanke ich mich herzlich für die hervorragende Vorbereitung, Durchführung und Nachbereitung der TSC Zukunftswerkstatt sowie für den interessanten und aufschlussreichen Gedankenaustausch zu den Themen „gemeinnütziger Sportverein“ und „Freiwilligenarbeit“.

Ein lieber Dank gilt meiner Familie und meinen Freunden, die alle auf ihre Weise zum Gelingen dieser Arbeit beigetragen haben. Besonderer Dank geht an meine Mutter für das wie gewohnt gewissenhafte und gründliche Lektorat.

Nicht zuletzt danke ich ganz besonders meiner Freundin Michaela Kwast. Sie hat mir immer Mut zugesprochen und mich in meiner Arbeit bestärkt und das in einer Phase, in der sie selbst große Herausforderungen zu bewältigen hatte. Hätte sie mir nicht stets den Rücken freigehalten, wäre meine Arbeit in dieser Form nicht möglich gewesen.

Noch einmal allen herzlichen Dank!

Alexander Kiel

Dortmund, 29.08.2011

Inhaltsverzeichnis

Der Videofilm zur Zukunftswerkstatt des TSC Eintracht Dortmund, aus dem auch zahlreiche Abbildungen der vorliegenden Arbeit in Form von Screenshots entnommen wurden, ist abrufbar unter:

http://www.vep-landau.de/Betriebspaedagogik.htm

Abbildungsverzeichnis

1 Aufbau und Ziel der Arbeit

"You can never solve a problem on the level on which it was created"
Albert Einstein
[zitiert in Patton 2011, S. 240]

Zur Orientierung wird in diesem Kapitel der Rahmen dargestellt, in dem die vorliegende Forschungsarbeit zu verorten ist und zudem wird der Aufbau der Arbeit erläutert. Dazu wird zunächst einleitend das persönliche erkenntnisleitende Interesse des Autors dargelegt [1.1]. Daraus ergeben sich der Forschungsfokus, das Forschungsziel und die forschungsleitenden Fragestellungen, die es im Rahmen dieser Arbeit zu beantworten gilt [1.2]. Es folgt eine Skizzierung der Quellenlage, auf dessen Grundlage die Arbeit aufbaut [1.3]. Erläuterungen zum aktuellen Forschungsstand finden sich später auch etwas detaillierter jeweils am Anfang der einzelnen Kapitel.

Die Darstellung des Forschungsdesigns inklusive weitergehender Fragestellungen sowie die Klärung der Forschungsmethoden, auf die im weiteren Verlauf zurückgegriffen wird, erfolgt unter 1.4, zumindest hinsichtlich der allgemeinen Definitionen, ausführlich. Wie diese Forschungsmethoden in der vorliegenden Untersuchung konkret zur Anwendung kommen wird später in den Kapiteln 5 und 6 dargelegt. Die Vorgehensweise der Theoriebildung und die Einordnung der Forschungsergebnisse werden in diesem Kapitel lediglich einleitend beschrieben. Eine erschöpfende Auseinandersetzung erfolgt, das liegt in der Natur der Sache, am Ende der Arbeit.

1.1 Herausforderungen und persönliches erkenntnisleitendes Interesse

Das Forschungsthema „Zukunftswerkstatt und Visionskultur im Sport" entspringt einem persönlichen Interesse des Autors, der bereits seit seinem sechsten Lebensjahr Mitglied in Sportvereinen ist, seit jungen Jahren ehrenamtliche Funktionen in Sportorganisationen übernimmt und seit seinem vierundzwanzigsten Lebensjahr hauptamtlicher Geschäftsführer eines gemeinnützigen Großsportvereins [zur Definition siehe Kapitel 3] ist. Durch die Mitgliedschaft und die unterschiedlichen Funktionen in verschiedenen Sportvereinen hat er den Sport sowie die Sportorganisationen mit ihren speziellen Stärken und Schwächen aus vielen Blickwinkeln betrachten können und hautnah kennen und schätzen gelernt.
Aus dieser Verbundenheit zum Sport und zu den Sportvereinen ist in ihm der Anspruch erwachsen, durch die vorliegende Forschungsarbeit einen Beitrag dazu zu leisten, den organisierten Sport [zur Definition siehe S. 67] in Deutschland erfolgreicher zu machen. Im Kontext dieser Arbeit bedeutet das konkret, gemeinnützigen Großsportvereinen Wege aufzuzeigen, dem wachsenden Veränderungsdruck erfolgreich begegnen zu können.

Seit den 1990er Jahren ist „das Vordringen ökonomischer Rationalität in den Sport" [Breuer / Thiel 2009, S. 8] verstärkt zu beobachten. Prägten bis dahin ehrenamtliche Strukturen und Freiwilligenarbeit [zur Unterscheidung siehe 3.3.2] sowie die gemeinwohlorientierte, solidarische Gemeinschaft das Bild von Sportvereinen, wurden die Rufe nach „Professionalität", „Dienstleistungsorientierung" und „Neustrukturierung" von Sportvereinen aufgrund der wachsenden Herausforderungen, mit denen die Sportvereine konfrontiert wurden, immer lauter. Damit ging auch ein rasanter Ausbau der hauptamtlichen Strukturen in der Verwaltung und Organisation der gemeinnützigen Sportvereine einher. Ein regelrechter „Sportmanagement-Boom" setzte ein [vgl. Breuer / Thiel 2009, S. 8], der auch und insbesondere dazu führte, dass betriebswirtschaftliche Instrumente Einzug in die Sportvereine fanden.

Nach Auffassung des Autors dieser Arbeit wurde vor allem zu Beginn dieses Booms und des damit verbundenen Wissens- und Methodentransfers zu stark auf die Schwächen und zu wenig auf die Stärken der Sportvereine geschaut. Die problemorientierte Vorgehensweise führte dazu, dass erfolgreiche Methoden aus der Wirtschaft eins zu eins zur Lösung von Problemen in gemeinnützigen Sportvereinen herangezogen wurden, ohne deren Auswirkungen in dem neuen Umfeld kritisch zu klären. Dabei sind Ambivalenzen zwischen dem gemeinnützigen Selbstverständnis der Non-Profit-Organisation (NPO) „Sportverein" und der auf

Gewinn (Profit) und Effizienz ausgerichteten betriebswirtschaftlichen Modelle offensichtlich. Der anerkannte Sportwissenschaftler Klaus Heinemann machte daher bereits Ende der 1980er Jahre deutlich, dass „eine Übertragung allgemeiner betriebswirtschaftlicher Erkenntnisse und Instrumente auf Sportvereine nicht ohne weiteres möglich ist" [Fahrner 2008, S. 27].
So sind zwar zum Beispiel für Wirtschaftsunternehmen schnelle Entscheidungswege in der Regel elementar wichtig, in gemeinnützigen Sportvereinen können aber gerade der Austausch unter den Mitgliedern und die demokratische (meist zeitintensive) Entscheidungsfindung Energien freisetzen, die den nachhaltigen Erfolg sichern. Denn die Mitglieder sind gleichzeitig Kunden und „Gesellschafter" des Vereins. So haben sie u. a. durch ihr Abstimmungsverhalten in Gremien des Vereins die Möglichkeit, die Gestaltung der Rahmenbedingungen ihrer Sportaktivität in ihrem Sinne zu beeinflussen. Und diese Einflussmöglichkeit führt nicht selten zu einer verstärkten Kunden- bzw. Mitgliederzufriedenheit und einer nachhaltigen, an den Interessen der Mitglieder ausgerichteten, Sportvereinsentwicklung.

Auffällig ist auch, dass trotz der wachsenden Popularität der Organisationskulturforschung seit den 1970er und 1980er Jahren kaum konzeptionelle Überlegungen zur Sportvereinskultur vorliegen [vgl. Nagel / Conzelmann et al. 2004, S. 152]. Wie kann aber der Erfolg von Managementinstrumenten vorausgesetzt werden, wenn scheinbar noch ungeklärt ist, welche gemeinsam geteilten Überzeugungen und Orientierungen in den Vereinen vorliegen? Sind an dieser Stelle vielleicht voreilig erfolgreiche Managementinstrumente aus der Wirtschaft als Allheilmittel für die Bewältigung der Probleme der Sportvereine auserkoren worden?

Mit dieser kritischen Grundhaltung gegenüber der (unreflektierten) Überführung von betriebswirtschaftlichen Managementinstrumenten in die gemeinnützigen Sportvereine wird in der vorliegenden Arbeit insbesondere ein besonderes Phänomen gemeinnütziger Sportvereine betrachtet: Die Freiwilligenarbeit.
Freiwilligenarbeit ist ein zentrales Merkmal gemeinnütziger Sportvereine und zugleich ein wesentliches Unterscheidungskriterium zu wirtschaftlichen Unternehmen. Die Erfahrungen des Autors dieser Arbeit, sowohl als langjähriger Ehrenamtlicher und Übungsleiter wie auch als langjähriger hauptamtlicher Geschäftsführer in einem Sportverein, haben ihm zudem gezeigt, dass gerade an dieser Stelle die Anwendung betriebswirtschaftlicher Instrumente an ihre Grenzen stößt.

Es erscheint daher ratsam und erforderlich bzgl. der Bewältigung der Herausforderungen gemeinnütziger Sportvereine auch alternative Instrumente und Methoden aus anderen (Wissenschafts-)bereichen heranzuziehen und deren Wirkung in und für Sportvereine, mit all ihren Schwächen aber vor allem auch Stärken, zu prüfen und zu analysieren.

Mit dieser Arbeit wird ein Weg beschritten, der auch den Entwicklungsprozess des Autors widerspiegelt. Als Betriebswirtschaftler mit dem Schwerpunkt „Sportmanagement" kam er als typisches „Produkt" des Sportmanagement-Booms in die berufliche (Sport-)Praxis.
Die Übertragung und vor allem Anpassung des im Studium theoretisch erworbenen Wissens auf den beruflichen Alltag im Sportverein wurde vor allem durch die Sozialisation des Autors in gemeinnützigen Organisationen begünstigt, wenn nicht sogar erst ermöglicht. Denn schon mit Aufnahme der hauptberuflichen Tätigkeit wurde deutlich, dass ein bloßer Transfer (gelernter) wirtschaftlicher Modelle zu kurz greifen würde. Aus dieser Erkenntnis und nach einer Phase des „learning by doing" erwuchs das Bedürfnis, einen neuen (theoretischen) Zugang zum Arbeits- und inzwischen auch Forschungsfeld zu finden. Diesen Zugang ermöglichte ein betriebspädagogisches Studium, das den Blick für die Kultur und die Menschen in Organisationen schärfte.

Die vorliegende Arbeit soll daher aus neuer Perspektive heraus die Erkenntnisse der (Sport-)Soziologie, des Sportmanagements (soweit dieser Begriff überhaupt ausreichend abgegrenzt ist[1]), der Betriebswirtschaftslehre und der Freiwilligenforschung mit betriebspädagogischen Erkenntnissen bereichern und, falls erforderlich, auch Neubewertungen bisheriger Annahmen ermöglichen.

[1] Thieme macht in seiner Monographie „Zur Konstitution des Sportmanagements als Betriebswirtschaftslehre des Sports" bezüglich der Abgrenzung des Begriffes „Sportmanagement" eine Forschungslücke aus. Seiner Meinung nach „bildet der derzeitige Forschungsstand in der Sportökonomie die aktuellen Gegebenheiten nur eingeschränkt ab" [Thieme 2011, S. 49].

1.2 Forschungsfokus, Forschungsfragen und Forschungsziel

Die wissenschaftliche Beschäftigung mit Fragestellungen, die über die sportliche Praxis (Trainingslehre, biowissenschaftliche Grundlagen etc.) hinausgehen, hat im Sport in den letzten zwanzig Jahren sehr stark zugenommen. „Die Wurzeln liegen dabei in der Soziologie, insbesondere der Soziologie des Sports, den Rechtswissenschaften, der Betriebs- und der Volkswirtschaft“ [Thieme 2011, S. 13]. Insbesondere die Betriebswirtschaftslehre rückt verstärkt in den Vordergrund. Das zeigt die Zunahme an Studiengängen der Sportökonomie und des Sportmanagements in den letzten fünfzehn Jahren. Wirtschaftliche und organisatorische Aspekte erfahren dabei eine besondere Aufmerksamkeit.

In der vorliegenden Arbeit wird sich dem Forschungsfeld über einen betriebspädagogischen Zugang genähert. Die Betriebspädagogik als Wissenschaft von der Organisationskultur befasst sich mit pädagogischem Handeln im kulturellen Umfeld einer Organisation [vgl. Hülshoff 2010b, S. 36]. Im Gegensatz zur Betriebswirtschaftslehre, dessen Erkenntnisobjekt die Wirtschaft und das ökonomische Prinzip ist [vgl. Wöhe 1996, S. 1f.], steht bei der Betriebspädagogik der Mensch und die Entwicklung seiner individuellen Persönlichkeit im Vordergrund. Als Betriebspädagoge gilt es, Organisationskulturen zu ermitteln und weiterzuentwickeln, mit dem Ziel, die Organisation erfolgreicher zu machen. Durch diesen alternativen, nicht betriebswirtschaftlichen Zugang, sollen neue Wege und zusätzliche Entwicklungschancen für gemeinnützige Sportvereine aufgedeckt werden.

Forschungsfokus

Im Fokus der Untersuchung stehen die vier Themenfelder „Visionskultur“, „gemeinnütziger Großsportverein“, „Zukunftswerkstatt“ und „Freiwilligenarbeit“.

Visionskultur ist der zentrale Kulturbereich in Organisationen, um Veränderungen zu initiieren und damit dem wachsenden Veränderungsdruck erfolgreich zu begegnen [vgl. Kapitel 2]. Einem wachsenden Veränderungsdruck ist auch der organisierte Sport, insbesondere aufgrund des gesellschaftlichen Wandels und einer stetigen Ausdifferenzierung der Freizeitaktivitäten sowie Freizeitanbieter, ausgesetzt. Die erfolgreiche (Weiter-)Entwicklung wirksamer Visionskulturen wird daher auch in Sportvereinen immer wichtiger.

Wegen ihrer exponierten Stellung in der Sportvereinslandschaft und weil eine Betrachtung aller Sportvereinstypen in der vorliegenden Arbeit zu weit führen würde, konzentriert sich die Untersuchung auf die Entwicklung von Visionskulturen in *gemeinnützigen Großsportvereinen.*

Aus der Vielzahl der Methoden, die auch bzw. explizit in der Betriebspädagogik zum Einsatz kommen, wird die Methode *Zukunftswerkstatt*, mit der bereits einige Sportvereine und Sportverbände arbeiten, herausgegriffen. Ganz konkret wird diesbezüglich der Frage nachgegangen, welche Potenziale der Methode Zukunftswerkstatt zur Entwicklung einer wirksamen Visionskultur und damit zur Bewältigung des Veränderungsdruckes gemeinnütziger Großsportvereine innewohnen. Dazu muss geklärt werden, welche Wirkungen der Einsatz der Methode auf die Entwicklung einer wirksamen Visionskultur im gemeinnützigen Großsportverein haben kann.

Der *Freiwilligenarbeit* als entscheidendem Erfolgsfaktor für gemeinnützige Sportvereine [siehe S. 88] wird in der vorliegenden Untersuchung besondere Aufmerksamkeit geschenkt. Der Forschungsrahmen wird insofern erweitert, dass die Methode der Zukunftswerkstatt sowohl hinsichtlich ihrer Potenziale zur Entwicklung einer wirksamen Visionskultur als auch hinsichtlich ihrer Potenziale zur Gewinnung freiwillig Engagierter untersucht wird. Im nachfolgenden Schaubild [Abbildung 1] werden der Forschungsfokus sowie die zu untersuchenden Wirkungszusammenhänge noch einmal grafisch dargestellt.

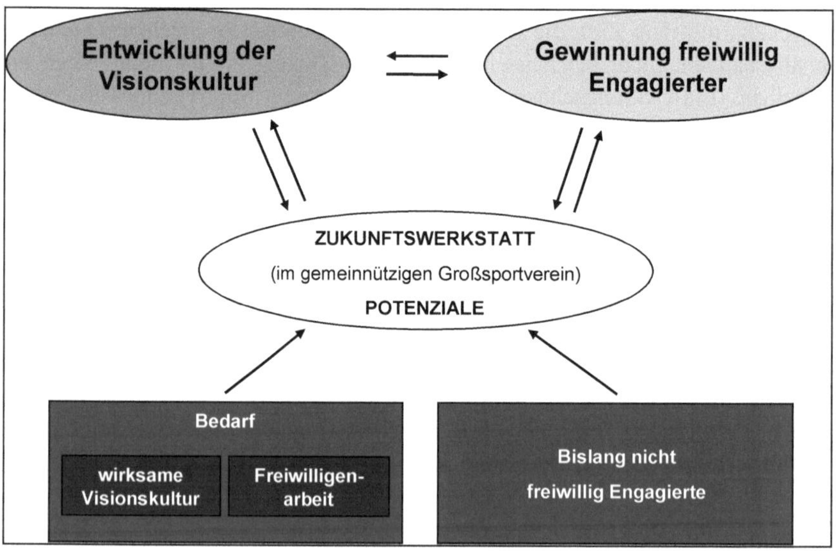

Abbildung 1: Forschungsfokus und Wirkungszusammenhänge (Quelle: Eigene Darstellung)

In der vorliegenden Arbeit wird die Auffassung vertreten, dass der Veränderungsdruck für gemeinnützige Großsportvereine insbesondere die Entwicklung einer wirksamen Visionskultur und die Förderung der Freiwilligenarbeit erfordert (Bedarf). Im Zentrum aller Fragestellungen stehen daher die Erkundung und die Analyse möglicher Potenziale der Methode Zukunftswerkstatt zur Deckung des hier formulierten Bedarfes.

In diesem Zusammenhang wird auch geklärt, ob Zukunftswerkstätten dazu geeignet sind, bislang nicht freiwillig Engagierte in die Vereinsarbeit einzubinden und ggf. für nachhaltiges Engagement zu gewinnen. Dabei soll auch untersucht werden, inwiefern sich die Entwicklung der Visionskultur und die Gewinnung freiwillig Engagierter gegenseitig beeinflussen.

Ausgangspunkt der Untersuchung ist die Erkenntnis, dass gemeinnützige Sportvereine sich verändern müssen, wenn sie weiterhin eine entscheidende Rolle in der Sportlandschaft spielen wollen. Folglich steht zunächst die Visionskultur und erst anschließend und darauf aufbauend die Freiwilligenarbeit im Fokus der Untersuchung.

Damit wird in der vorliegenden Arbeit folgenden forschungsleitenden Fragestellungen nachgegangen:

Forschungsfragen

Forschungsfrage 1:
Welche Potenziale bietet die Methode der Zukunftswerkstatt zur Entwicklung einer wirksamen Visionskultur gemeinnütziger Großsportvereine?

Forschungsfrage 2:
Welche Potenziale bietet die Methode der Zukunftswerkstatt zur Gewinnung freiwillig Engagierter für gemeinnützige Großsportvereine?

Sich daraus ergebende weitergehende Forschungsfragen werden in 1.4 dargestellt.

Forschungsziel

Wie in 1.1 beschrieben, soll mit der vorliegenden Arbeit ein Beitrag dazu geleistet werden, den gemeinnützigen Sport erfolgreicher zu machen. Dies soll u. a. dadurch ermöglicht werden, dass neue Themenfelder des organisierten Sports in den Forschungsfokus gerückt werden und sich diesen mit einem alternativen (betriebspädagogischen) Zugang genähert wird.

Zur Beantwortung der oben genannten Fragen werden zwei explorative Studien [zur Definition siehe 1.4.2] herangezogen. Diese haben zum Ziel, eine Theorie zu entwickeln, der in weiteren Forschungsarbeiten nachgegangen werden kann. In dieser Theorie sollen die Potenziale der Zukunftswerkstatt zur Entwicklung einer wirksamen Visionskultur und zur Gewinnung freiwillig Engagierter in gemeinnützigen Großsportvereinen beschrieben werden.

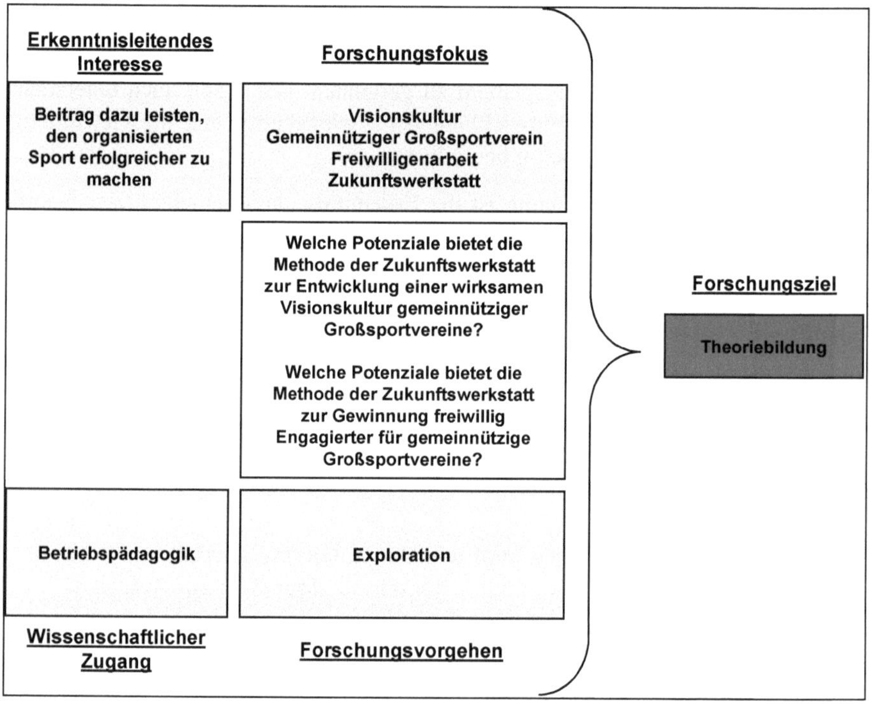

Abbildung 2: Ziel der Arbeit (Quelle: Eigene Darstellung)

Somit bildet die vorliegende Arbeit eine Grundlage für weitere Forschungsarbeiten im organisierten Sport. Sie kann außerdem einen Anstoß zu einer alternativen Auseinandersetzung mit diesem Forschungsfeld geben und ganz konkret Potenziale einer Methode aufzeigen, die ohne eine solche Untersuchung möglicherweise deutlich weniger Beachtung finden würde.

1.3 Quellenlage

„Organisationskultur“ oder häufiger noch „Unternehmenskultur“ ist bereits Gegenstand zahlreicher wissenschaftlicher Untersuchungen. Hervorzuheben sind hier insbesondere die Werke von Edgar H. Schein, der als wichtiger Wegbereiter für dieses Forschungsgebiet gilt [siehe auch 2.2.2].

Zum Thema Visionen im organisatorischen Kontext befassen sich, wenn auch nicht immer explizit, ebenfalls viele wissenschaftliche Arbeiten. In der vorliegenden Arbeit werden u. a. Arbeiten, Skripte und Monographien von Warren Bennis und Burt Nanus, Peter M. Senge, Edgar H. Schein, Theo Hülshoff, Bernhard M. Bass und Ronald E. Reggio sowie Markus Gmür und Jean-Paul Thommen herangezogen. Auf dem Wege der eigenen Definition des Begriffes „Vision“ erfolgt auch eine Darstellung und Auseinandersetzung mit Fredmud Maliks „Visions-Kritik“.
Das Thema der „Visionskultur“ hat einen besonderen Stellenwert in der Forschung und Lehre von Theo Hülshoff [siehe auch 2.2.3]. In der vorliegenden Arbeit werden mit Hilfe der zur Verfügung stehenden wissenschaftlichen Erkenntnisse eigene Qualitätsmerkmale einer wirksamen Visionskultur aufgestellt.

Das wissenschaftliche Interesse an Management und Führung im Sport hat, wie bereits erwähnt, in den letzten zwanzig Jahren signifikant zugenommen, sodass hier auf einen großen Fundus an Untersuchungen und Analysen über Besonderheiten, Bedürfnisse, Ziele und Wirkungszusammenhänge von und in Sportvereinen zugegriffen werden kann. Viele wichtige Hinweise liefern hier insbesondere die vom Bundesinstitut für Sportwissenschaft beauftragten Sportentwicklungsberichte zur Analyse der Situation der Sportvereine in Deutschland (letztmalig erschienen 2009 [Breuer 2009]). Stellvertretend für die Verfasser der zahlreichen Werke, auf die der Autor dieser Arbeit außerdem zurückgegriffen und wichtige Grundlagen und Anregungen erhalten hat, werden an dieser Stelle Siegfried Nagel, Klaus Heinemann, Ansgar Thiel, Christoph Breuer und Lutz Thieme genannt.

Freiwilligenarbeit bzw. freiwilliges Engagement rückt in den letzten Jahren zunehmend in das öffentliche Bewusstsein. Befördert haben das vor allem:

- die Enquete-Kommission des Deutschen Bundestages zur „Zukunft des bürgerschaftlichen Engagements“, die ihren Bericht 2002 vorgelegt hat [Enquete-Kommission 2002].
- die im Auftrag des Bundesministeriums für Familie, Senioren, Frauen und Jugend (BMFSFJ) durchgeführte erste (1999) [Rosenbladt 2001], zweite (2004) [Gensicke / Geis et al. 2006] und dritte Welle (2009) [Gensicke / Geis 2010]

des Freiwilligensurveys inklusive diverser Sondererhebungen (wie z. B. die Sportbezogene Auswertung der Freiwilligensurveys des BMFSFJ 1999 und 2004 [Rittner / Keiner et al. 2006]).

- die Aufnahme der Arbeit des Bundesnetzwerkes „Bürgerschaftlichen Engagements“ in 2002 [Geschäftsstelle des BBE o. J.].

Viele Erkenntnisse aus den Studien wurden anfangs und werden zum Teil noch heute heftig diskutiert. Aufgrund angepasster Untersuchungsdesigns und dem allgemein gestiegenen Forschungsinteresse liefern die Ergebnisse der Studien inzwischen allerdings eine breit gefächerte Erkenntnisgrundlage und finden eine weit reichende Akzeptanz in der wissenschaftlichen Auseinandersetzung mit den Themen „bürgerschaftliches Engagement“ und „Freiwilligenarbeit“.
Da im Rahmen der vorliegenden Arbeit eine Fallstudie mit Jugendlichen durchgeführt wurde, galt es auch explizit jugendliches Engagement zu betrachten. Seit 1953 untersucht die Shell Jugendstudie die Situation der jungen Generation. Die inzwischen sechzehnte Shell Jugendstudie erschien 2010 [Hurrelmann / Albert et al. 2010]. Auch auf europäischer Ebene ist das Interesse an der Erforschung sowohl Jugendlicher als auch des freiwilligen Engagements gestiegen. Beispielhaft steht dafür der 2009 erschienene EU Youth Report [Europäische Kommission 2009].

Literatur zum Themenfeld „Zukunftswerkstatt“ liegt umfangreich vor. Dabei beschränken sich die Autoren allerdings in erster Linie auf eine praxisorientierte Beschreibung der Methode und auf die Erläuterung des Handwerkszeuges zur Durchführung von Zukunftswerkstätten. Als Grundlage für nahezu alle Publikationen dient das von Zukunftsforscher Robert Jungk gemeinsam mit Norbert R. Müllert 1981 veröffentlichte Buch „Zukunftswerkstätten“ [Jungk / Müllert 1981] inklusive diverser nachfolgender Ausgaben wie z. B. „Zukunftswerkstätten – Mit Phantasie gegen Routine und Resignation“ [Jungk / Müllert 1989]. Eine wissenschaftliche Auseinandersetzung mit der Methode erfolgt u. a. bei Burow [z. B. Burow / Neumann-Schönwetter 1997 oder Burow 2008] und Dauscher / Maleh [Dauscher / Maleh 2006].
Über Zukunftswerkstätten im Sport ist dem Autor dieser Arbeit nur das Buch von Christian Wopp „Zukunftswerkstätten im Sport“ [Wopp 2000] bekannt. Auch hier handelt es sich um ein Handbuch, das weitgehend praxisorientierte Beschreibungen und Beispiele beinhaltet.

Wissenschaftliche Untersuchungen, die die vier Themenfelder „Visionskultur“, „gemeinnütziger Großsportverein“, „Zukunftswerkstatt“ und „Freiwilligenarbeit“ zusammenführen und gemeinsam betrachten sowie deren Wirkungszusammenhänge analysieren, sind dem Autor dieser Arbeit nicht bekannt.

1.4 Forschungsdesign, Vorgehensweise und weitergehende Fragestellungen

Die in 1.2 bereits formulierten forschungsleitenden Fragestellungen bestimmen den Aufbau und das Vorgehen in der vorliegenden Arbeit. Bisher wurde der Leser in Kapitel 0 an das Thema herangeführt. Zudem wurden das erkenntnisleitende Interesse und der Forschungsfokus dargestellt sowie die Quellenlage umrissen. Nun werden in diesem Kapitel das Forschungsdesign, die sich daraus ergebende Vorgehensweise und sich daran anknüpfende weitergehende Fragestellungen erläutert.

Die vorliegende Arbeit ist in acht Kapitel unterteilt, die wiederum in vier Bereichen zusammengefasst werden können:

1) Kapitel 0 dient der Einführung.
2) Kapitel 2 bis Kapitel 4 dienen der begrifflichen Klärung und kritischen Auseinandersetzung mit den vier Themenfeldern [zu „Themenfelder“ siehe S. 15]. Gleichzeitig werden in diesen Kapiteln bereits eigene Definitionen, Qualitätsmerkmale und theoretische Grundlagen herausgearbeitet.
3) Kapitel 5 bis Kapitel 7 beinhalten die beiden explorativen Studien sowie die Zusammenführung der Studien zu einer Theorie (Theoriebildung).
4) In Kapitel 8 werden die Forschungsergebnisse zusammengefasst, die Ergebnisse der Arbeit mit den anfangs formulierten Zielen abgeglichen und Fragestellungen für weitergehende Forschungsvorhaben formuliert.

In Abbildung 3 wird der Aufbau der Arbeit mit der hier beschriebenen Einteilung der Kapitel in vier Bereiche noch einmal grafisch dargestellt.

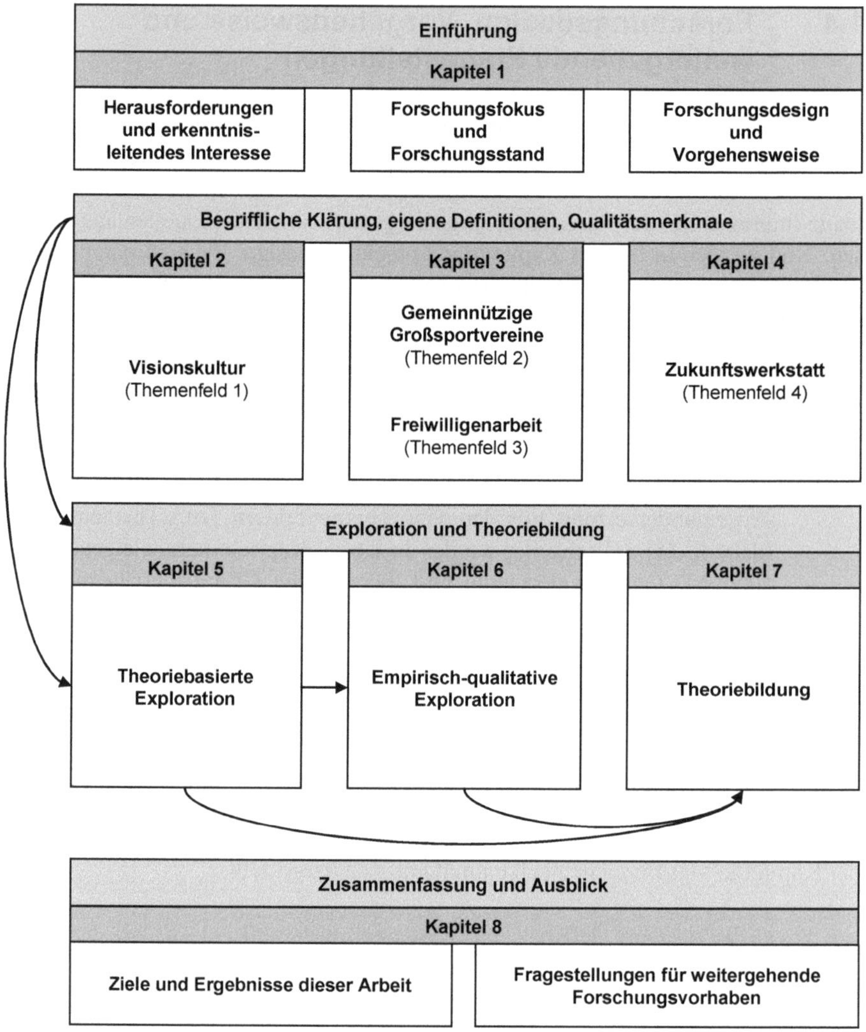

Abbildung 3: Aufbau der Arbeit (Quelle: Eigene Darstellung)

1.4.1 Begriffliche Klärung und Einordnung der vier Themenfelder

Bevor Schnittmengen und Wirkungszusammenhänge zwischen den vier Themenfeldern „Visionskultur", „gemeinnütziger Großsportverein", „Zukunftswerkstatt" und „Freiwilligenarbeit" ermittelt werden können, werden in den Kapiteln 2 bis 4 die Themenfelder zunächst begrifflich geklärt und in das Forschungsvorhaben eingeordnet. Bei Bedarf werden dazu auch eigene Definitionen auf Grundlage der bislang vorliegenden wissenschaftlichen Erkenntnisse formuliert.

Die Abgrenzung des Begriffes „Freiwilligenarbeit" erfolgt zusammen mit der Abgrenzung des Begriffes „gemeinnütziger Großsportverein" in Kapitel 3, da sich die Freiwilligenarbeit in dieser Arbeit explizit auf den organisierten Sport bezieht und eine Auseinandersetzung mit diesem Themenfeld ohnehin kapitelübergreifend erfolgt. Zur begrifflichen Klärung und zur Einordnung der vier Themenfelder in das Forschungsvorhaben dienen folgende weitergehende Fragestellungen:

Themenfeld 1 „Visionskultur"

- Was ist eine Visionskultur aus betriebspädagogischer Sicht?
- Welche Qualitätsmerkmale zeichnen eine wirksame Visionskultur aus?

Themenfeld 2 „gemeinnütziger Großsportverein"

- Was sind gemeinnützige Großsportvereine und wie lassen sie sich im organisierten Sport einordnen?
- Welche Merkmale weisen gemeinnützige Großsportvereine zur Bewältigung des Veränderungsdruckes auf?

Themenfeld 3 „Freiwilligenarbeit"

- Was bedeutet Freiwilligenarbeit und welche Arten der Freiwilligenarbeit gibt es?
- Welche Bedeutung hat Freiwilligenarbeit für gemeinnützige Großsportvereine?

Themenfeld 4 „Zukunftswerkstatt"

- Welche Ziele werden mit dem Einsatz der Methode Zukunftswerkstatt verfolgt und wie läuft eine solche ab?
- Welche theoretischen Grundlagen liegen der Methode Zukunftswerkstatt zu Grunde?

Im Verlauf der explorativen Studien werden dann die Wirkungszusammenhänge zwischen den einzelnen Themenfeldern und dementsprechend die Potenziale der Zukunftswerkstatt erkundet.

1.4.2 Explorative Studie

Ziel dieser Arbeit ist eine Konzeptualisierung einer Theorie, die die Potenziale der Zukunftswerkstatt zur Entwicklung einer wirksamen Visionskultur und zur Gewinnung freiwillig Engagierter in gemeinnützigen Großsportvereinen beschreibt. Dem Autor dieser Arbeit sind keine wissenschaftlichen Quellen bekannt, die sich mit diesem Forschungsthema bereits beschäftigt haben. Damit wird mit der vorliegenden Untersuchung wissenschaftliches Neuland betreten, das zunächst erkundet werden muss. Für die Erkundung bisher unerforschter Untersuchungsgegenstände und zur Generierung von Theorien dienen explorative Studien (Exploration), die auch in der vorliegenden Arbeit zum Einsatz kommen. In diesem Abschnitt werden der Begriff der „Exploration“ und die in dieser Arbeit zum Einsatz kommenden Explorationsstrategien vorgestellt. Außerdem wird der Weg zur Theoriebildung aufgezeigt.

Exploration

Wie kommen Forscher zu wissenschaftlichen Theorien? Häufig geschieht dies durch eine umfangreiche Literaturrecherche, Zusammenführung bekannter Theorien oder einfach nur „zufällig“ durch (glückliche) Umstände, Intuition oder zum Teil durch (spektakuläre) „Geistesblitze“. Ein anderer Weg muss bestritten werden, wenn Zusammenhänge erahnt werden, aber diese noch nicht klar zu beschreiben sind, oder wenn ein Untersuchungsgegenstand bislang nur unzureichend untersucht wurde und das bloße Zusammentragen einer theoretischen Grundlage nicht ausreicht, um neue Theorien zu generieren. Für diese Fälle kann eine wissenschaftliche „Exploration“ durchgeführt werden.

„Exploration“ kommt von dem lateinischen Wort „exploratio“: „Erforschung“. Sie beschreibt ganz allgemein das Erkunden von Sachverhalten gleich welcher Art und ist damit ein Alltagsphänomen. Innerhalb des Vertrauten probieren Menschen neue Dinge aus, analysieren und bewerten diese und es „entwickeln sich ganz nebenbei Theorien darüber, wie Dinge funktionieren“ [Bortz / Döring 2009, S. 353]. Neben einer Exploration im Alltag, die ungeplant und unsystematisch abläuft, unterliegt die wissenschaftliche Exploration einer gewissen Systematik bzw. verfolgt eine Strategie, ist lösungsorientiert (im Gegensatz zu zufällig) und erfordert vom Forscher eine Reflektion und transparente Dokumentation der Vorgehensweise.

Diese Vorgehensweise ist sehr anpassungsfähig und unterliegt keinen normativen Heuristiken (Findestrategien). „Die Exploration ist per definitionem eine flexible Vorgehensweise, bei der der Forscher von einer Forschungslinie auf eine andere überwechselt, neue Punkte zur Beobachtung im Verlauf der Untersuchung dazunimmt und sich in neue Richtungen bewegt, an die vorher gar nicht gedacht wurde“ [Lamnek 2008, S. 25].

Vergleichbar zum hermeneutischen Zirkel [siehe dazu z. B. Gudjons 2008, S. 57ff.] entwickelt sich auf dem Weg der Erkundung aus einem Vorverständnis ein erweitertes Verständnis, das wiederum eine Neubewertung des Vorverständnisses erfordert und selbst wieder Ausgangspunkt des Verstehens wird. In diesem kontinuierlichen Prozess passen sich die Fragestellungen laufend den neuen Erkenntnisgewinnen an. Das eine wird vom anderen her verstanden [vgl. Gudjons 2008, S. 58]. Damit bleibt der Forscher offen für neue Gedanken, Theorien und auch Untersuchungsmethoden. Dies kann wiederum dazu führen, dass Fragen gestellt werden, die es ohne eine explorative Vorgehensweise erst gar nicht gegeben hätte. Mit anderen Worten: Durch ein systematisches (nicht normatives!) Vorgehen wird Kreativität beim Forscher angeregt und die Wahrscheinlichkeit erhöht, brauchbare Theorien zu finden [vgl. Bortz / Döring 2009, S. 354].

Das hier beschriebene umfassende Verständnis des Begriffes „Exploration“ bzw. „explorative Studie“ liegt auch dieser Arbeit zu Grunde. Damit bedient sich das Forschungsvorgehen einer Strategie, die auch Parallelen zum Charakteristikum der Methode der Zukunftswerkstatt aufweist. Auch bei Zukunftswerkstätten handelt es sich um ein offenes Verfahren, das durch einen sog. Perspektivenwechsel [siehe unter anderem S. 114] neue Blickwinkel eröffnet. Diese Erweiterung des gedanklichen Horizonts wird, übertragen auf das Forschungsvorgehen, dadurch erreicht, dass keine linearen Lösungsstrategien vorgegeben sind und dadurch neue Vorstellungsräume eröffnet werden.
Um den Kriterien wissenschaftlichen Arbeitens zu genügen, muss die Erkundung dokumentiert, reflektiert und bewertet werden [vgl. auch Bortz / Döring 2009, S. 354].

Ausgangspunkt

Ausgangspunkt für die Exploration im Rahmen der vorliegenden Arbeit sind die Erfahrungen und Beobachtungen des Autors, die die Schlussfolgerung zulassen, dass wesentliche Wirkungszusammenhänge zwischen den vier genannten Themenfeldern bestehen müssen. So konnte festgestellt werden, dass bestimmte Schlagworte und Fragestellungen in allen vier Themenfeldern eine Rolle spielen (z. B. „Mitbestimmung“, „Mensch im Mittelpunkt“, „Zukunft“ oder „Vision“). Somit konnte über alle Themenfelder hinweg ein einheitliches Menschenbild ausgemacht werden. Diese Feststellungen forderten eine Offenlegung der Wirkungszusammenhänge sowie die Verknüpfung der vier Themenfelder geradezu heraus.

Die hier skizzierten sehr allgemeinen Beobachtungen und weit gefassten Feststellungen werden mit Hilfe der explorativen Studien so stark spezifiziert, dass eine konkrete Theorie aufgestellt werden kann.

Theoriebasierte Exploration

Ausgangspunkt für die Theoriebildung ist die theoriebasierte Exploration.[2] Sie beginnt, auch wenn erst das Kapitel 5 damit überschrieben ist, bereits mit der sorgfältigen und systematischen Durchsicht, Analyse und Darstellung wissenschaftlicher Arbeiten in den Kapiteln 2 bis 4. Dort wird die für die vier Themenfelder relevante Literatur gesichtet, zusammengefasst und bewertet.
An dieser Stelle unterscheidet sich die theoriebasierte Exploration noch nicht von der obligatorischen Literaturrecherche, die nahezu jedem Forschungsvorhaben vorgeschaltet ist. Neue Theorien entstehen erst dann, wenn darüber hinaus unterschiedliche wissenschaftliche Erkenntnisse mit dem Ziel analysiert werden, „durch Synthese und Integration neue Erklärungsmodelle zu entwickeln“ [Bortz / Döring 2009, S. 364]. Die Zusammenführung und Kombination bestehender Theorien ist damit ein wesentliches Merkmal der theoriebasierten Exploration.

Die Zusammenführung der Erkenntnisse aus den Kapiteln 2 bis 4 erfolgt in Kapitel 5. Dabei kann bereits auf neu formulierte Definitionen (z. B. „wirksame Visionskultur“ [siehe S. 64]), herausgearbeitete Merkmale (z. B. „Qualitätsmerkmale einer wirksamen Visionskultur“ [siehe 2.3.3]) und Charakteristika (z. B. „Freiwilligenarbeit im gemeinnützigen Großsportverein“ [siehe S. 92]) sowie auf diverse im Zuge des Forschungsprozesses erstellte Schaubilder zurückgegriffen werden.

Der theoriebasierten Exploration liegt daher folgende Leitfrage zu Grunde:

Welche Potenziale, bezogen auf die Forschungsfragen, der Methode Zukunftswerkstatt lassen sich anhand der systematischen Durchsicht und Analyse bereits vorhandener wissenschaftlicher Erkenntnisse ausmachen?

[2] Bortz / Döring unterscheiden vier Explorationsstrategien [siehe dazu Bortz / Döring 2009, S. 357ff.]: Theoriebasierte Exploration – Bei dieser Vorgehensweise steht die intensive Auseinandersetzung mit bestehenden wissenschaftlichen und / oder naiven Theorien im Vordergrund. Methodenbasierte Exploration – Hier steht der Weg des wissenschaftlichen Vorgehens im Vordergrund. Dabei kann durch Vergleich und Variation der bereits im Forschungsfeld eingesetzten Methoden die Verflechtung zwischen Methoden und Erkenntnissen transparent gemacht werden. Empirisch-quantitative Exploration – Hier stehen die besondere bzw. alternative Darstellung und Analyse von quantitativen Daten im Vordergrund. Empirisch-qualitative Exploration – Hier werden qualitative Daten ausgewertet, um zu Theorien zu gelangen.

Empirisch-qualitative Exploration

Ganz im Sinne einer Erkundung und typisch für eine explorative Vorgehensweise wurde im Prozess der theoriebasierten Exploration zusätzlicher Forschungsbedarf erkannt und auch das Bedürfnis geweckt, sich dem Untersuchungsgegenstand weiter zu nähern.
Um Nähe zum Untersuchungsobjekt herzustellen, wird aufbauend auf der theoriebasierten Exploration eine empirisch-qualitative Exploration auf Grundlage einer Einzelfallstudie durchgeführt [Kapitel 6], die auf einer Zukunftswerkstatt in einem für diese Arbeit typischen Großsportverein basiert. Durch das Verlassen ausgetretener Forschungspfade und die Anpassung der Forschungsmethoden an das Untersuchungsobjekt auch während des Forschungsverlaufs wird die Voraussetzung geschaffen, eigene Erkenntnisse zu gewinnen.

Die empirisch-qualitative Exploration ist aufgrund dieser offenen Form besonders dazu geeignet, bislang vernachlässigte Phänomene und Wirkungszusammenhänge erkennbar zu machen. Die theoriebasierte Exploration wird auf diese Weise mit den Erkenntnissen aus der Feldforschung, die aus konkreten Situationen mit konkret handelnden Personen gewonnen werden, angereichert. Die offene Gestaltung des Erkenntnisprozesses schließt dabei auch eine Neubewertung und Anpassung bereits formulierter Theorien nicht aus.
Die Nähe zum Untersuchungsobjekt und die besondere (nicht standardisierte) Zugangsweise zum untersuchten Phänomen, die durch diese Vorgehensweise hergestellt werden, bezeichnen Flick / Kardorff et al. auch als „besondere Attraktivität und Aktualität qualitativer Forschung“ [Flick / Kardorff et al. 2010, S. 17].
„In permanenter Auseinandersetzung mit der Realität“ [Lamnek 2008, S. 93] wird ein möglichst genaues Bild über den zu untersuchenden Bereich entwickelt und die Theoriebildung vorangetrieben.

Bortz / Döring unterteilen die Ansatzpunkte empirisch-qualitativer Exploration in folgende Bereiche [vgl. Bortz / Döring 2009, S. 381ff.]:

- Inventare (Aspekte und Elemente des Untersuchungsgegenstandes)
- Typen und Strukturen (Beschreibung der Anordnung der Einzelelemente und typischer Merkmalskombinationen)
- Ursachen und Gründe (für Ereignisse oder Phänomene)
- Verläufe (im Gegensatz zu Momentaufnahmen)
- Systeme (siehe unten)

In der vorliegenden Arbeit sollen Potenziale der Zukunftswerkstatt ausgemacht werden. Potenziale können aber nur dann erkannt werden, wenn Handlungen, Äußerungen und Reaktionen der Teilnehmer analysiert werden. Daher muss das gesamte System inkl. der Menschen, der Rahmenbedingungen und des theoretischen Aufbaus der Zukunftswerkstatt betrachtet werden. Ein System ist ein in sich „geschlossenes, geordnetes und gegliedertes Ganzes“ [Wahrig Redaktion 2010, S. 1450]. Vornehmliches Ziel ist es, die Komplexität ganzheitlich zu beschreiben, um darauf aufbauend die im System vorgefundenen Potenziale zu erklären.

Besonders geeignet für die Erkundung von Systemen im Rahmen einer empirisch-qualitativen Exploration sind die Varianten der Feldforschung [vgl. Bortz / Döring 2009, S. 386]. Dabei taucht der Forscher in den natürlichen „Lebensraum“ des Untersuchungsobjektes ein, ohne diesen (unnötig) zu beeinflussen (im Gegensatz z. B. zum Experiment). Dieser Variante bedient sich auch die vorliegende Arbeit.

Es wird eine Zukunftswerkstatt im TSC Eintracht Dortmund, einem gemäß Definition dieser Arbeit typischen gemeinnützigen Großsportverein, erkundet. Der gesamte Prozess der Vorbereitung, Durchführung und Nachbereitung der Zukunftswerkstatt wird dokumentiert und analysiert. Dabei wird eine unstrukturierte teilnehmende Beobachtung mit einer videographischen Aufzeichnung und Auswertung kombiniert.

Die Erkenntnisse aus der theoretischen Exploration werden auf diese Weise mit den Erkenntnissen aus der Beobachtung und Analyse einer konkreten Zukunftswerkstatt angereichert, neu bewertet und ggf. modifiziert. Dies geschieht anhand eines typischen Beispiels. Es handelt sich somit um eine Fallstudie (auch Einzelfallanalyse, case study oder Einzelfallstudie), also um eine Untersuchung, die sich mit einem einzelnen, für die Forschungsfragen typischen Untersuchungsgegenstand beschäftigt.
Da die in dieser Arbeit nachzugehenden Potenziale der Zukunftswerkstatt noch unerforscht sind, die Wirkungszusammenhänge sehr komplex sind und auch mit Nebeneffekten zu rechnen ist, empfiehlt sich die Exploration eines einzelnen Untersuchungsgegenstandes [vgl. Bortz / Döring 2009, S. 110]. Denn Ursache und Wirkung von Handlungen sind häufig nur in realen Zusammenhängen erklärbar. “Case studies [...] observe effects in real contexts, recognizing that context is a powerful determinant of both causes and effects” [Cohen / Manion et al. 2009, S. 253]. Jede Situation, jeder Kontext ist anders und entwickelt sich dynamisch durch die unvorhersehbaren Handlungen der beteiligten Menschen. Damit eröffnen Fallstudien Erkenntnishorizonte, die bei einem alleinigen Rückgriff auf abstrakte Theorien und Prinzipien dem Forscher verschlossen bleiben würden.

Yin unterscheidet drei Typen von Fallstudien [vgl. Yin 2009, S. 7f.]:

- exploratory (zur Bildung von Theorien)
- explanatory (zur Prüfung von Theorien)
- deskriptive (zur Beschreibung von Populationen)

Yin betont dabei, dass die Grenzen zwischen den einzelnen Typen nicht scharf sind, sondern große Überschneidungen ("large overlaps" [Yin 2009, S. 8]) aufweisen.

Eine eindeutige Zuordnung der hier durchgeführten Fallstudie zu einem der oben genannten Typen ist auch in der vorliegenden Arbeit nicht möglich. Einerseits erfolgt sie im Zuge einer empirisch-qualitativen Exploration und dient in erster Linie als Fortführung und Bereicherung der theoriebasierten Exploration zur Theoriebildung (→ explorative Funktion). Da die Fallstudie aber der theoriebasierten Exploration nachgelagert ist und damit bereits eine theoretische Basis vorliegt, dient sie andererseits auch der Überprüfung der bereits erlangten Erkenntnisse (→ explanative Funktion). Die Grenzen zwischen Theoriebildung und Theorieüberprüfung sind damit fließend.

Nach Yin antwortet eine Fallstudie normalerweise auf die Fragen „Wie?“ bzw. „Warum?“ [vgl. Yin 2009, S. 8ff.]. Das Studium von Statistiken und die Auswertung von Fragebögen in quantitativen Studien geben demgegenüber insbesondere Antworten auf die Fragen „Wer?“ und „Wie viele?“. Möchte der Forscher aber Wirkungszusammenhänge dahingehend erklären, warum bzw. wie diese funktionieren und ablaufen, muss er in der Regel in das Praxisfeld eintauchen. Dazu dienen u. a. Fallstudien.

Der empirisch-qualitativen Exploration liegen daher folgende Leitfragen zu Grunde:

Leitfrage 1:
Wie zeigen sich und wie wirken die in der theoriebasierten Exploration ermittelten Potenziale der Methode Zukunftswerkstatt in der konkret im TSC Eintracht Dortmund durchgeführten Zukunftswerkstatt?

Leitfrage 2:
Warum kann der Einsatz der Methode Zukunftswerkstatt zur erfolgreichen Bewältigung des Veränderungsdruckes gemeinnütziger Großsportvereine vorteilhaft sein?

Theoriebildung

Theorien dienen dazu, Sachverhalte zu beschreiben, zu erklären und vorauszusagen [vgl. Bortz / Döring 2009, S. 15]. Erkenntnisleitendes Interesse der vorliegenden Arbeit [siehe 1.1] ist es, einen Beitrag dazu zu leisten, gemeinnützige Großsportvereine erfolgreicher zu machen. Gelingt es nun, eine Theorie zu bilden, die ein System von Aussagen umfasst [vgl. Schnell / Hill et al. 2008, S. 54] durch das die Potenziale der Zukunftswerkstatt beschrieben und erklärt werden, werden dadurch die Chancen eines erfolgreichen Einsatzes der Methode im organisierten Sport verbessert.

Die Theoriebildung erfolgt auf Grundlage der Erkenntnisse der theoriebasierten und der empirisch-qualitativen Exploration. Auch wenn die theoriebasierte Exploration vorgelagert ist, beeinflussen sich beide Forschungsvorgehen gegenseitig. Die theoriebasierte Exploration führt zu Erkenntnissen, die als Grundlage für die Fallstudie dienen, im gleichen Maße erfordern aber auch die Erkenntnisse aus dem Praxisfeld eine Überprüfung der bereits entwickelten Theorien.

In Abbildung 4 sind die Erkenntnisprozesse als kreisförmige Flussdiagramme dargestellt, die wie Zahnräder ineinandergreifen. Beide „Erkenntniszirkel“ (in Anlehnung an den „hermeneutischen Zirkel“) gehen von einem gewissen Vorverständnis aus, das durch Erkundung erweitert wird. Es handelt sich um einen dynamischen, kontinuierlichen Prozess ohne Endpunkt (iterativer Prozess wissenschaftlichen Arbeitens). „D. h., es gibt weder einen Anfangspunkt, von dem man voraussetzungslos „neu“ beginnen kann, noch einen ultimativen Endpunkt, an dem die „Wahrheit“ gefunden ist; stattdessen werden mit dem Ziel der Annäherung an den Forschungsgegenstand dieselben Stationen mehrfach durchlaufen“ [Bortz / Döring 2009, S. 357]. Der iterative Prozess wird in der nachfolgen Abbildung durch die Pfeile verdeutlicht.

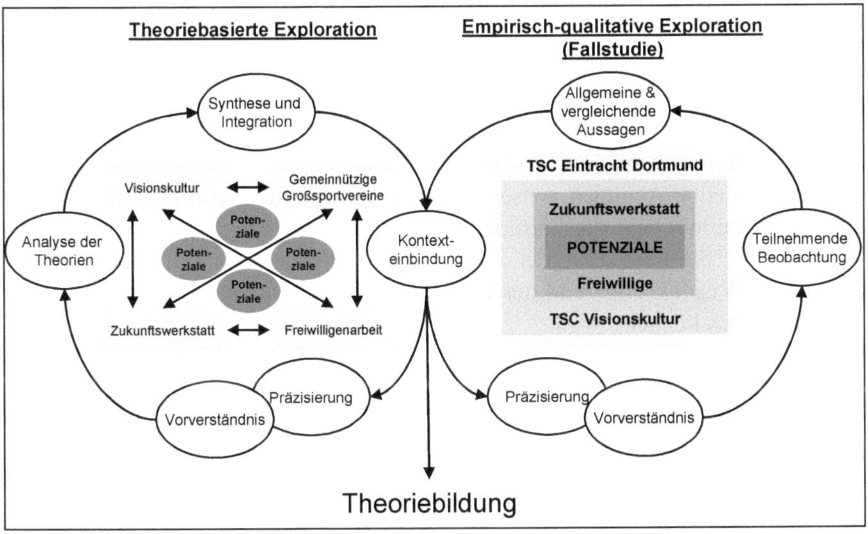

Abbildung 4: Theoriebildung (Quelle: Eigene Darstellung)

Bei der theoriebasierten Exploration stehen die vier Themenfelder gleichwertig nebeneinander. Nach einer Analyse der vier Themenfelder und dazugehöriger Theorien werden die Wirkungszusammenhänge theoretisch hergeleitet (hier mit Pfeilen dargestellt). Darauf aufbauend werden in Bezug auf die Forschungsfragen die Potenziale der Zukunftswerkstatt erkundet.

Bei der empirisch-qualitativen Exploration im Rahmen der Fallstudie sind die vier Themenfelder bereits miteinander eng verbunden, denn das eine Themenfeld bildet den Rahmen bzw. die Grundvoraussetzung für das andere. Es handelt sich dabei nicht mehr um abstrakte Definitionen, sondern um ein konkretes Untersuchungsobjekt im Feld, das alle vier Themenfelder in sich vereint.
Die theoriebasierte Exploration präzisiert über Analyse, Integration und Synthese vorliegender Theorien das Verständnis über das Erkenntnisobjekt. In der Fallstudie trifft der Forscher durch die Anwendung bestimmter Beobachtungskriterien allgemeine und vergleichende Aussagen.
Beide Erkenntniszirkel treffen sich an der Stelle der „Kontexteinbindung“: Die theoriebasierte Exploration macht sich die Erkenntnisse aus der Fallstudie zunutze, die Erkenntnisse aus der Fallstudie werden wiederum in den theoretischen Kontext gestellt. Die Erkenntnisprozesse reichern sich dadurch gegenseitig an, wobei festzustellen bleibt, dass der Ausgangspunkt die theoriebasierte Exploration bildet, die schließlich auch grundlegend für die Fallstudie ist. Dennoch er-

möglicht es der qualitative Forschungsprozess, den theoretischen Bezugsrahmen während des Forschungsablaufs stets zu novellieren [siehe auch Lamnek 2008, S. 249] und somit auch den Erkenntniszirkel der theoriebasierten Exploration zu „modifizieren".

Die in dieser Arbeit angestrebte Theoriebildung entsteht genau an dieser Schnittstelle. Der stetige Abgleich zwischen theoriebasierter und empirisch-qualitativer Exploration ermöglicht die Formulierung fundierter Aussagen, die final in einer Theorie über die Potenziale der Zukunftswerkstatt bzgl. der Entwicklung einer wirksamen Visionskultur und der Gewinnung freiwillig Engagierter zusammengefasst werden können.

1.4.3 Einordnung der Forschungsergebnisse

Die Arbeit endet mit einer Einordnung der Forschungsergebnisse. Ist das in 1.2 formulierte Ziel erreicht worden? Konnten die Forschungsfragen hinreichend beantwortet werden? Ist es gelungen, den vier Themenfeldern der Arbeit eine gemeinsame theoretische Grundlage zu geben? Hat sich die explorative Vorgehensweise bewährt? Konnte eine Theorie entworfen werden, die gemeinnützigen Großsportvereinen neue Wege aufzeigt, dem wachsenden Veränderungsdruck erfolgreich zu begegnen?
Ferner soll geklärt werden, welche Erkenntnisse des Forschungsvorhabens dem Anspruch der Allgemeingültigkeit gerecht werden können und welche nur für den konkreten Fall, der der Fallstudie zu Grunde lag, gelten.
Da sich aus der explorativen Vorgehensweise immer wieder Fragen ergeben, denen nicht erschöpfend nachgegangen werden kann, sollen zudem Fragestellungen und ggf. Hypothesen für weiterführende Forschungen in diesem Bereich aufgestellt werden.

2 Visionskultur als Veränderungskultur in Organisationen

Die Begriffe „Vision“ und „Kultur“ werden auf vielfältige und zum Teil unterschiedliche Art und Weise verwendet. In den 1970er und 1980er Jahren erlebte zudem die Wissenschaft der „Unternehmens-“ bzw. „Organisationskultur“ einen neuen Aufschwung und auch für diesen Begriff gab und gibt es unterschiedliche Definitionsansätze.

In diesem Kapitel werden die oben genannten Begrifflichkeiten zunächst geklärt. Für den Begriff „Vision“ wird zudem eine eigene Definition hinsichtlich seiner betriebspädagogischen Bedeutung entwickelt.

Anschließend werden drei anerkannte Modelle der Organisationskultur vorgestellt und deren Unterschiede und Überschneidungen herausgearbeitet: Das zweidimensionale Organisationskulturmodell nach Deal und Kennedy, das Drei-Ebenen-Modell nach Schein sowie das Unternehmenskulturmodell nach Hülshoff. Ausgehend von dem Drei-Ebenen-Modell nach Schein und vor allem von dem Unternehmenskulturmodell nach Hülshoff wird in einem nächsten Schritt die Visionskultur als Teil der Organisationskultur gesondert betrachtet. Dabei wird festgestellt, dass die Visionskultur eine herausragende Rolle in einer Organisation einnimmt.

Wirksame Visionen stehen im Zentrum von Organisationskulturen und initiieren Veränderungsprozesse. Genau diese Veränderungsprozesse sind unabdingbar, damit Organisationen dem stetigen Anpassungsdruck der Umwelt erfolgreich begegnen können. Die Visionskultur als die Veränderungskultur in Organisationen ist wiederum die Grundlage für die Entfaltung wirksamer Visionen.

Auf Grundlage dieser Erkenntnisse wird am Ende der Arbeit eine eigene Definition von Visionskultur formuliert.

2.1 Begriffsdefinitionen

2.1.1 Vision

2.1.1.1 Wortherkunft, Kritik, Wirksamkeit

Vision kommt von dem lateinischen Wort „videre“: „sehen“, „schauen“ bzw. von „visio“: „das Sehen“, „Anblick“, „Erscheinung“.
Der Begriff wird häufig im religiösen Kontext verwendet. So wird z. B. in den verschiedenen Büchern des Alten und Neuen Testaments der Bibel an vielen Stellen von Visionen berichtet. Allein die Suchanfrage unter www.bibelserver. com ergibt 88 Treffer zum Begriff „Vision“ in der Einheitsübersetzung der beiden Testamente [siehe ERF Online 2010a]. Gott wendet sich über eine Vision an Propheten, die dann als sein Sprachrohr unter den Menschen dienen: „[...] und der Herr sprach: Hört meine Worte! Wenn es bei euch einen Propheten gibt, so gebe ich mich ihm in Visionen zu erkennen und rede mit ihm im Traum“ [ERF Online 2010b]. Die Grenzen zwischen „Prophezeiung“ als Zukunftsvorhersage und „Vision“ sind in der Bibel nicht immer klar gezogen, was vermutlich auch den unterschiedlichen Überlieferungen und Übersetzungen geschuldet ist. Häufig bedürfen die in der Bibel genannten Visionen auch einer Interpretation durch den Empfänger: „Petrus war noch ratlos und überlegte, was die Vision, die er gehabt hatte, wohl bedeutete; [...]“ [ERF Online 2010c].

Neben „Erscheinung“ bietet der Duden als Erklärungen „Traumbild“ und „Zukunftsentwurf“ an [vgl. Duden Redaktion 2006, S. 1088]. Ganz allgemein wird Vision auch als Idee oder Vorstellung für die Zukunft bezeichnet [vgl. Wahrig Redaktion 2010, S. 1601]. „Zukunftsentwurf“ und „Vorstellung“ unterscheiden sich bereits deutlich von der ursprünglich religiösen Definition der „übernatürlichen Wahrnehmung“, da ein „Zukunftsentwurf“ aktiv gestaltet werden kann und nicht, zumindest nicht unbedingt, durch göttliche Eingebung entsteht und in der Regel auch keiner weitergehenden Interpretation bedarf.
Vision beschreibt also etwas, das nicht in den Händen gehalten werden kann, sondern das in den Gedanken, im Geiste eines Menschen existiert. Der Begriff ist, auch wenn er im religiösen Kontext nicht selten mit schrecklichen Prophezeiungen einhergeht, im allgemeinen Sprachgebrauch sehr positiv besetzt. Die Menschen verbinden damit nicht in erster Linie böse Vorahnungen, Horrorszenarien oder Zukunftsängste, sondern ein Wunschbild von einem zu erreichenden Sollzustand in der Zukunft.

Es gibt aber auch zahlreiche Kritiker, die Visionen als eine Art Spinnerei ohne Realitätsnähe abtun. Der bekannteste deutsche Ausspruch dazu stammt wahrscheinlich von Altbundeskanzler Helmut Schmidt, der in Bezug auf den damaligen Bundestagswahlkampf von Willy Brandt 1980 meinte: „Wer Visionen hat, sollte zum Arzt gehen“ [zitiert in Conrad / Fröhlingsdorf et al. 2002, S. 26]. Auch wenn Schmidt später seine Aussage relativierte, wird der Satz gerne von den Menschen herangezogen, für die der Begriff zu abstrakt und zu wenig zielgerichtet ist.

Professor Fredmud Malik, Wirtschaftswissenschaftler sowie Gründer und Leiter eines Management-Beratungsunternehmens in St. Gallen, empfiehlt sogar, den Begriff, zumindest im wirtschaftlichen Kontext, gänzlich aus dem Sprachgebrauch zu entfernen: „Eines der beliebtesten, aber gefährlichsten Modewörter der letzten Jahre ist Vision“ [Malik 2007, S. 161]. „Es hat viel Schaden angerichtet. Denn die Visionsmode hat Persönlichkeitstypen Aufmerksamkeit und Anerkennung verschafft, die früher in Unternehmen keine Chance gehabt hätten: dem Bluffer und Angeber, dem Träumer und dem Scharlatan. [...] Ich schlage vor, dieses Wort in einem Unternehmen nicht mehr zu verwenden“ [Malik 2003].
Sein zentraler Kritikpunkt an der „bombastisch geführten Visionsdiskussion“ [Malik 2006, S. 185] ist, dass Visionen häufig losgelöst von der Realität und ohne Betrachtung der notwendigen Ressourcen entworfen werden. Malik selbst empfiehlt den Entwurf von „realistischen Zielen“ [vgl. Malik 2006, S. 185].
Diese Kritik wirft allerdings folgende Fragen auf:

- Ist der Begriff „Vision“ ausreichend definiert, sodass überhaupt die notwendige Grundlage für eine Diskussion über die Verwendung dieses Begriffes gegeben ist?
- Gibt es einen Konsens über die Eigenschaften und Wirkungen von Visionen, oder sind die Vorstellungen so unterschiedlich, dass auch die Erwartungen, die an die Formulierung von Visionen geknüpft sind, völlig unterschiedlich ausfallen?

Wörter aus dem Sprachgebrauch zu verbannen (so wie es Malik, sicherlich etwas provozierend, im Fall „Vision“ empfiehlt), nur weil sie missbräuchlich verwendet werden, scheint zu kurz gedacht, denn dann dürften Begriffe wie z. B. „Freiheit“, „heilig“ oder „Demokratie“ aufgrund ihrer zahlreichen missbräuchlichen Verwendung schon längst nicht mehr benutzt werden. Vielmehr geht es also darum, den Begriff der Vision klar zu definieren und nur dann von einer solchen zu sprechen, wenn sie auch **wirksam** ist.

Martin Luther King Jr. beschreibt die Macht wirksamer Visionen folgendermaßen:

> "Effective visions provide context, give purpose, and establish meaning. They inspire people to mobilize, to act, to move in the same direction. [...] Every good leader also realizes that effective visions cannot be forced upon the masses. Rather they must be set in motion by means of persuasion and inspiration" [zitiert in Petersen 2009].

Wirksame, effektive Visionen zeichnen sich nach King demnach durch „Kontext", „Zielorientierung" und „Inspiration" aus. Diese drei Eigenschaften zusammen erzeugen die Energie, um Menschen in Bewegung zu setzen oder, anders formuliert, zu mobilisieren.

2.1.1.2 „Vision" aus betriebspädagogischer Sicht

Auch bei der Betrachtung von Organisationen sind Visionen von zentraler Bedeutung. Unter anderem beschäftigt sich die Betriebspädagogik mit der Rolle von Visionen in und für Organisationen.

Die Betriebspädagogik ist noch ein relativ junger Wissenschaftsbereich. „Sie befasst sich [...] mit der Erforschung der Betriebe, speziell mit der Bildung und Ausbildung sowie der Verbesserung des Zusammenlebens der Menschen in den Betrieben [...] und zielt auf die Sicherung der Leistungsfähigkeit der Betriebsmitglieder sowie auf die Verbesserung der betrieblich-sozialen Infrastruktur" [Böhm 2005, S. 87].
In der Betriebspädagogik finden sich somit klassische pädagogische Disziplinen (wie z. B. die berufliche Erwachsenenbildung oder berufliche Schulpädagogik) sowie Disziplinen der Betriebswirtschaftslehre wieder.

Als „Betrieb" wird die „planvoll organisierte Wirtschaftseinheit umschrieben, in der Sachgüter und Dienstleistungen erstellt und abgesetzt werden" [Wöhe 1996, S. 2]. Da sich in der Kulturwissenschaft allerdings die Begriffe „Organisation" und „Unternehmen" durchgesetzt haben, wird im Folgenden auf den Begriff „Betrieb" weitgehend verzichtet. Für die Betrachtung der zu untersuchenden Fragestellung ist diese Unterscheidung ohnehin nicht von großer Bedeutung, weil die zu treffenden Aussagen sowohl für einzelne Wirtschaftseinheiten (Betriebe) wie auch für das ökonomische Gesamtgebilde (Unternehmen) gelten werden.[3]

Auch Hülshoff verknüpft die beiden Begriffe „Betrieb" und „Unternehmen". Für ihn ist die Betriebspädagogik die „Wissenschaft von der Unternehmenskultur" [Hülshoff 2010a]. Sie macht abgrenzbare Phänomene in den sieben Kulturbereichen [zu den einzelnen Kulturbereichen siehe S. 48] beobachtbar und bedient

[3] Das Verhältnis von „Betrieb" zu „Unternehmen" bzw. im betriebswirtschaftlichen Sinn „Unternehmung" wird in der Literatur zudem von den Wissenschaftsvertretern unterschiedlich gesehen, was eine klare Abgrenzung weiter erschwert [vgl. Wöhe 1996, S. 12].

sich betriebspädagogischer Methoden, um die Unternehmenskultur zur Steigerung des Unternehmenserfolges weiterzuentwickeln.
Da Sportvereine im Fokus der vorliegenden Arbeit stehen und diese nicht als (gewinnorientierte) „Unternehmen“ bezeichnet werden, wird nachfolgend, sofern der Kontext es zulässt, der Begriff der „Organisation“ verwendet.[4]

In den meisten wissenschaftlichen Arbeiten, die sich mit Organisationskultur oder verwandten Themen beschäftigten, werden Visionen eine besondere Rolle in Organisationen zugesprochen.
Bennis / Nanus, die die Bedeutung von Visionen für erfolgreiches Führen herausstellen, sprechen von einem Sog, den Visionen auslösen. Die Visionen der Führungskräfte inspirieren die Geführten durch „ein Bild einer realistischen, glaubhaften, und attraktiven Zukunft für die Organisation“ [Bennis / Nanus 1987, S. 88]. „Realistisch“ insofern, dass die Ziele in dem formulierten Zeitraum auch erreichbar sind. „Glaubhaft“ insofern, dass die realistischen Ziele auch durch einen breiten Konsens von der Spitze bis zur Basis als erreichbar angesehen werden. „Attraktiv“ insofern, dass das zukünftige Bild eines Zustands in wichtigen Aspekten besser ist als das gegenwärtige.

Dabei ist ein überschaubarer und von allen Organisationsmitgliedern, sowohl kognitiv als auch emotional, beherrschbarer Zeithorizont sehr wichtig. Nach Schein gilt: “The best kind of time horizon is somewhere between far and near future” [Schein 2004, S. 405].
Kurzfristige Ziele sind notwendig, können aber die nachhaltige Kraft einer übergeordneten Vision, deren Umsetzung sich auf einen längeren Zeitraum bezieht, nicht ersetzen. „Steckt ein Unternehmen andererseits seine langfristigen Ziele in die zu weite Zukunft, so werden diese automatisch verwässert, nicht mehr ernst genommen und können höchstens vage Absichten darstellen“ [Steckelberg 2011, S. 7].
Hülshoff betont, dass sich Visionen von vagen Zukunftsträumen dadurch unterscheiden, dass in Visionen eine klare Entscheidung, was sich bis wann, wie und wo ändern muss, formuliert wird. Sie sollten für Zeiträume von ein bis drei Jahren vereinbart werden [vgl. Hülshoff 2010a, S. 53].

Bass und Riggio arbeiteten in ihrem Buch „Transformational Leadership“ [Bass / Riggio 2006] die wesentlichen Elemente der transformationalen Führung aus und

[4] Auch in der Literatur werden diese beiden Begriffe häufig synonym verwandt, nicht selten wird auch innerhalb einer Veröffentlichung zwischen den Begriffen hin und her gesprungen. So titelt die deutsche Ausgabe von Scheins „The Corporate Culture Survival Guide“: „Organisationskultur“. Im Text wird allerdings fast durchgängig der Begriff der „Unternehmenskultur“ verwendet [siehe Schein 2010].

entwickelten den MLQ (Multifactor Leadership Questionaire), um Führungsverhalten zu messen.
Nach ihren Untersuchungen spielt unter anderem Inspiration bzw. visionäre Kraft eine entscheidende Rolle, um die Transformation, also die Identifikation der Mitarbeiter[5] mit den Zielen der Führungskraft, zu erreichen. Die transaktionale Beziehung zwischen Führungskraft und Geführten im Sinne einer Tauschbeziehung (z. B. Leistung gegen Anerkennung) soll dadurch überwunden werden, dass durch anspruchsvolle Ziele, Sinn und Zuversicht vermittelt und Teamgeist entwickelt wird und somit die Ziele der Führungskraft und Geführten übereinstimmen [siehe dazu Gmür / Thommen 2007, S. 66f.]. Bass und Riggio gehen sogar soweit, dass gute Führung sich dadurch auszeichnet, dass die Geführten die Visionen nicht nur für sich vereinnahmen, sondern auch weiterentwickeln: "The leaders know that the best form of leadership builds followers into disciples who take responsibility not only to accept a vision but also to expand that vision even further than their leaders anticipated" [Bass / Riggio 2006, S. 138].

Peter M. Senge beschreibt in diesem Zusammenhang die Kraft von gemeinsamen Visionen in einer Organisation wie folgt: „Sie erzeugen ein Gefühl von Gemeinschaft, das die Organisation durchdringt und die unterschiedlichsten Aktionen zusammenhält“ [Senge 2008, S. 252]. Daher sind Visionen auch und insbesondere in Krisenzeiten sehr wichtig. Durch die Gemeinschaft und den Zusammenhalt verleihen sie Mut und fördern die Risikobereitschaft und auch die Zuversicht, Krisen zu meistern und Ziele zu erreichen.

Nach Hülshoff stellen gute Führungskräfte sicher, dass die Vision des Unternehmens nicht nur gesehen, sondern auch gelebt und geatmet wird sowie Begeisterung und Faszination auslöst. „Führen ohne Vision ist nicht möglich – höchstens managen. Eine gute Führungskraft muss visionäre Kräfte haben“ [Hülshoff 2009a].

An dieser Stelle widersprechen die Visionskritiker den hier genannten Theorien. Malik behauptet z. B., dass Führungskräfte weder Begeisterung noch Visionen benötigen, um wirksam zu sein, sondern Professionalität, Sachverstand und Erfahrung [vgl. Malik 2006, S. 25]. „Begeisterung ist keine Kategorie vor der Leistung und für die Leistung. Begeisterung kommt danach“ [Malik 2007, S. 15]. Als Beispiel dafür nennt er den professionellen Skifahrer, der seiner Meinung

[5] Zum besseren Verständnis wird in dieser Arbeit jeweils die männliche Form verwendet. Sie steht für beide Geschlechter.

nach weniger Begeisterung für das Skifahren aufbringt als der Hobbyskifahrer, aber dennoch bessere Leistungen erbringt.[6]

Aber kann dieser Vergleich überhaupt angestellt werden? Es ist unstrittig, dass für Spitzenleistungen viele Eigenschaften zusammenkommen müssen – beispielsweise die bereits oben genannten Eigenschaften Professionalität, Sachverstand und Erfahrung, aber auch optimale Rahmenbedingungen, Talent und Disziplin. Bleibt man beim Beispiel Sport, sind natürlich auch körperliche Voraussetzungen entscheidend für den Erfolg.
Die Frage muss daher lauten: Kann Begeisterung ein weiteres vielleicht auch ein zentrales Element zur Steigerung der Leistung sein? Also, erzielt der professionelle Skifahrer bessere Ergebnisse, wenn er mit Begeisterung seiner Sportart nachgeht, als wenn er dies ohne oder mit nur wenig Begeisterung tun würde?
Spitzensportler äußern sich immer wieder dahingehend, dass sie schon sehr früh angefangen haben, sich ein Bild von ihrer (sportlichen) Zukunft zu machen. Sei es, vor 80 000 Zuschauern Fußball zu spielen, eine Medaille bei den Olympischen Spielen zu gewinnen, einen Weltrekord zu schaffen oder in die Hall of Fame aufgenommen zu werden.

Am Anfang mag das vielleicht eine Kindheitsträumerei sein, je weiter diese Sportler aber in ihrer Karriere voranschreiten, desto konkreter wird ihr Zukunftsbild und reift zu einer Vision (z. B.: Bei den nächsten Olympischen Spielen sehe ich mich als Medaillengewinner). Und, dass Visionen (zum Teil ungeahnte) Kräfte bei den Spitzensportlern auslösen bzw. ausgelöst haben, zeigen zahlreiche Interviews.

"Champions aren't made in the gyms or on the court.
Champions are made of something deep inside –
a desire, a dream, a vision."
Muhammad Ali
[zitiert auf Famous Quotes And Quotations.com 2011]

Visionen sind aufgrund ihrer begeisternden Wirkung damit auch ein starkes Führungsinstrument. Wie der Trainer für seine Mannschaft ein attraktives Zukunftsbild entwirft, um sie zur Höchstleistung anzuspornen, sind Visionen auch und gerade bei der Führung von Mitarbeitern einer Organisation gefragt.

Im Gegensatz zu einem Ziel, das, einmal formuliert, allenfalls eine Orientierung bietet, löst eine Vision Aktion aus und setzt Prozesse in Gang. Diese Prozesse werden auf der nachfolgenden Seite graphisch dargestellt:

[6] Eine Erklärung für seine Behauptung, dass Begeisterung für Höchstleistungen sogar hinderlich sein kann [vgl. Malik 2007, S. 15], bleibt Malik noch schuldig.

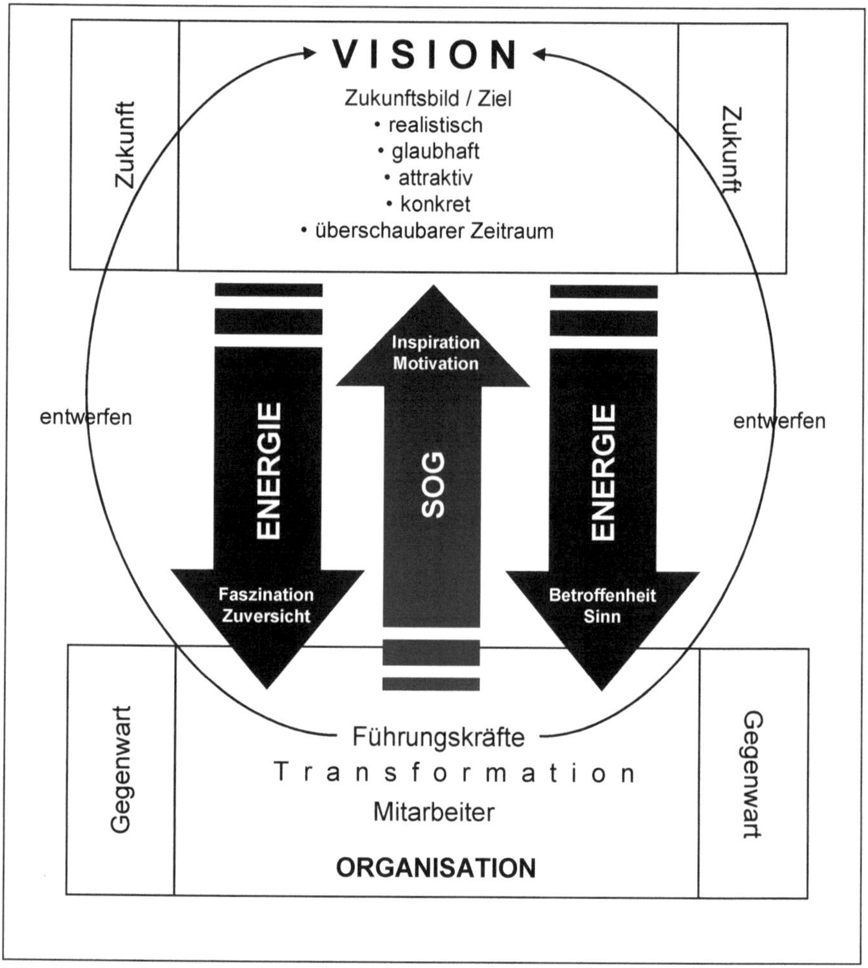

Abbildung 5: Vision und ihre Prozesse (Quelle: Eigene Darstellung)

Wirksame Führungskräfte entwerfen, gemeinsam mit den Mitarbeitern bzw. unter Einbeziehung der Mitarbeiter, Visionen als ein realistisches, attraktives und konkretes Zukunftsbild. Dieses Zukunftsbild kann unter Umständen auch als Ziel bezeichnet werden. Als Vision gilt das Zukunftsbild bzw. das Ziel dann, wenn es auf der einen Seite durch Inspiration und Motivation einen Sog auslöst und auf der anderen Seite durch Faszination, Zuversicht, Betroffenheit (im Sinne von

„emotionaler Aktivierung") und Sinngebung (den Menschen) der Organisation Energie zuführt.

Die Führungskräfte bauen den Mitarbeitern und der Organisation als Ganzes durch die Entwicklung der Vision die Brücke von der Gegenwart in die Zukunft, werden aber gleichermaßen vom Sog der Vision erfasst und profitieren auch selbst von der Energie, die sie erzeugt.

Visionen unterstützen durch ihren herausfordernden und motivierenden Charakter die transformationale Führung und verstärken dadurch auch den Teamgeist im Sinne einer gemeinsamen Zielverfolgung. Sie erhöhen damit nicht nur die Leistungsfähigkeit eines jeden Einzelnen, sondern stärken auch die Gemeinschaft von Führenden und Geführten insgesamt.

Zusammenfassend soll Vision aus *betriebspädagogischer* Sicht daher folgendermaßen definiert werden:

Eine Vision ist ein realistisches, attraktives und konkretes Zukunftsbild, das Begeisterung bei den Menschen einer Organisation entfacht, dadurch deren individuelle Potenziale aktiviert und sie in die Lage versetzt, Höchstleistungen für den Erfolg der Organisation zu erbringen.

Diese Definition verdeutlicht auch, wie wichtig Visionen für die Führung in einer Organisation sind. Eine gute Führungskraft ist sich der visionären Energien in einer Organisation bewusst und schafft die Grundlage bzw. stößt Initiativen an, damit Visionen (auch bei den Mitarbeitern) entstehen können [vgl. Hülshoff 2009a].

Metaphorisch kann Vision wie folgt beschrieben werden:

Eine Vision ist der Funke, der das Feuer der Begeisterung entzündet.

2.1.2 Kultur

Kultur stammt von den lateinischen Begriffen „colere" („hegen", „pflegen", „den Acker bestellen", „bebauen", „ausbilden"), „cultura" („Bearbeitung", „Pflege", „Ackerbau") sowie „cultus" („Verehrung einer Gottheit", „Pflege des Körpers und des Geistes", „geistige Erziehung") ab.

Ursprünglich bezog sich das kulturelle Schaffen auf den Ackerbau und die Viehzucht. Aber bereits Cicero (*106 v. Chr. - †43 v. Chr.) übertrug das lateinische cultura metaphorisch als cultura hominis auf den Menschen. Ende des 17. Jahrhunderts beschäftigten sich auch deutschsprachige Texte mit Kultur als der sog. „zweiten Natur“, ohne die der Mensch nicht menschenwürdig, ja sogar überhaupt nicht zu leben vermag [vgl. Böhm 2005, S. 380].

Die heutigen Lexika bieten Definitionen an, die so, oder so ähnlich, klingen: Kultur ist die „Gesamtheit der typischen Lebensformen größerer Menschengruppen einschließlich ihrer geistigen Aktivitäten. In Unterscheidung zu dem Begriff der Natur [...] bezeichnet Kultur i. w. S. alles, was der Mensch als gesellschaftliches Wesen bzw. die Menschen aller Völker zu den verschiedensten Zeiten und in unterschiedlichster Weise produktiv bearbeitet oder gestalterisch erarbeitet haben“ [Meyers Lexikonredaktion 1999, S. 1926].
Der Kulturbegriff ist damit weit gefasst und wird zudem beinahe inflationär verwendet. Heute spricht man u. a. von

- materieller und immaterieller Kultur,
- Alltags- oder Volkskultur,
- Landeskultur,
- Jugendkultur,
- Subkultur,
- Baukultur,
- Sprachkultur,
- Organisationskultur,
- u. v. a. m.

Zudem werden vielen wissenschaftlichen Texten zunächst eigene, auf den jeweiligen Inhalt bezogene Definitionen des Kulturbegriffes vorangestellt. Die Vielzahl an Definitionen ist nahezu unüberschaubar. Allein Kroeber und Kluckhohn haben bereits 1952 in ihrem grundlegenden Werk: Culture: A Critical Review of Concepts and Definitions 164 Definitionen für Kultur kritisch dargestellt [vgl. Floros 2003, S. 16]. Einige gehen sogar soweit, dass der Begriff Kultur schlichtweg nicht zu definieren sei [z. B. Baecker 2003, S. 33].
Bei dieser schwierigen Gemengelage soll an dieser Stelle auch kein Versuch einer universalen Begriffsdefinition unternommen werden. Vielmehr wird im Nachfolgenden der Begriff der „Organisationskultur“ herausgenommen und es werden darauf bezogene, konkrete theoretische Modelle vorgestellt.

2.2 Theorien zur Organisationskultur

Die Wissenschaft der Organisationskultur erfuhr Ende der 1970er, Anfang der 1980er Jahre wachsende Popularität. Die Ölkrise in den 1970er Jahren sowie der sog. „Japanschock"[7] Anfang der 1980er lösten Diskussionen darüber aus, wie Unternehmen Krisen (besser) bewältigen können und was erfolgreiche japanische Unternehmen anders machen als europäische oder amerikanische [vgl. König 2004, S. 1].

Diese Diskussionen mündeten in einer Unternehmens- bzw. Organisationskulturdiskussion und brachten zahlreiche wissenschaftliche Arbeiten hervor. „Mittlerweile existiert eine Vielzahl von Veröffentlichungen, und entsprechend hoch ist die Anzahl von Konzeptionen, die durch Fachzugehörigkeit, den methodologischen Ansatz und die Fragestellung bzw. Interessenlage beeinflusst wird" [Hauser / Schubert et al. 2008, S. 36].

Einigkeit herrscht darüber, dass sich eine Organisation in Abgrenzung zu anderen Organisationen oder der Gesellschaft eine eigene Identität bzw. ein eigenes Gepräge geben kann und damit auch ein kultureller Unterschied tatsächlich auszumachen ist. Es wird auch nicht bestritten, dass jede Organisation eine Kultur hat – es stellt sich nur die Frage welche und wie sie ausgeprägt ist.
Zudem wird davon ausgegangen, dass es sinnvoll und notwendig ist, Kulturen zu erkennen, zu analysieren und ggf. weiterzuentwickeln. „Man muss [...] die Unternehmenskultur ernst nehmen, weil sich ihre Auswirkungen antizipieren lassen und man entscheiden kann, ob man sie will oder nicht" [Schein 2010, S. 19]. „Wenn wir Unternehmen und Organisationen zu mehr Effizienz und Effektivität verhelfen wollen, müssen wir begreifen, welche Rolle die Kultur im Unternehmen spielt" [Schein 2010, S. 30].

Drei Modelle zur Organisationskultur werden im nächsten Abschnitt näher erläutert:

- das zweidimensionale Organisationskulturmodell nach Deal und Kennedy,
- die drei Ebenen der Organisationskultur nach Schein und
- das Unternehmenskulturmodell nach Hülshoff.

---

[7] „Während sich die europäischen und amerikanischen Firmen in den 70er und 80er Jahren des letzten Jahrhunderts zunehmend mit Absatzproblemen herumschlugen, überrollten japanische Firmen nach dem Photo- und Elektromarkt auch den Automarkt: deutsche Qualität, italienisches Design und us-amerikanische Größe schienen nichts mehr zu gelten" [König 2004, S. 1].

Das Modell von Deal und Kennedy hat in der Betriebswirtschafts- und Managementlehre einen sehr hohen Verbreitungsgrad. Scheins Ebenenmodell gilt als eines der anerkanntesten Modelle zur Organisationskultur und ist sowohl Grundlage als auch Untersuchungsobjekt zahlreicher wissenschaftlicher Arbeiten. Hülshoffs Unternehmenskulturmodell räumt Visionen und Visionskultur einen besonderen Stellenwert ein und spielt daher für die vorliegende Arbeit eine entscheidende Rolle.

2.2.1 Das zweidimensionale Organisationskulturmodell nach Deal und Kennedy

Terrence E. Deal und Allan A. Kennedy beschreiben Organisationskultur anhand der Dimensionen „Risiko“ und „Feedback“:

- Wie hoch ist das (finanzielle) Risiko der unternehmerischen Aktivitäten? → Risiko
- Wie hoch ist die Geschwindigkeit, mit der sich die Aktivitäten als vorteilhaft oder nachteilig herausstellen? → (Markt-)Feedback

Die Beantwortung der beiden Fragen mündet in einer Matrix, die letztlich vier unterschiedliche Kulturtypen ausweist [siehe Abbildung 6, S. 44].

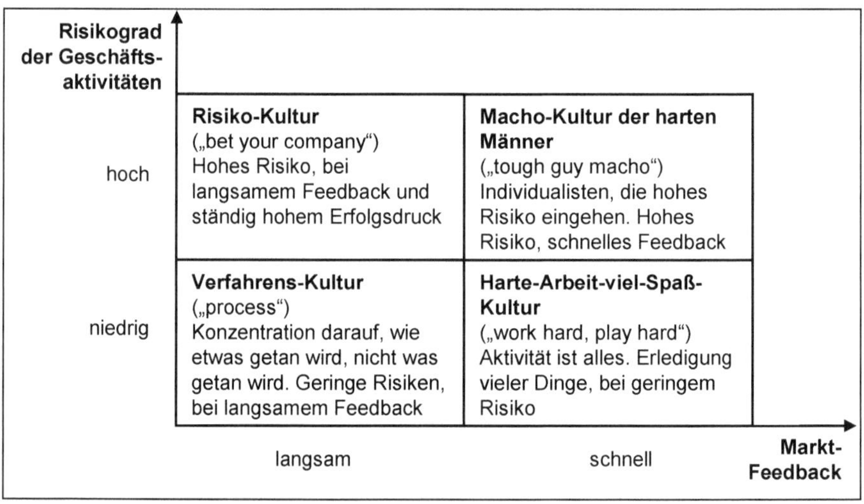

Abbildung 6: Kulturtypen nach Deal und Kennedy (Quelle: Darstellung nach [Jung / Kleine 1993, S. 339])

In der **Macho-Kultur** ("the tough guy, macho culture") werden hohe Risiken in Kauf genommen. Das Feedback, ob die unternehmerischen Tätigkeiten ein Erfolg oder ein Misserfolg sind, bekommen die Organisationen sehr schnell: "Fortunes and flops are made overnight [...]" [Deal / Kennedy 2000, S. 108]. Der Fokus liegt auf dem Hier und Jetzt. Individualismus geht über Teamwork → Beispiel: Wertpapierhandel.

Die **Harte-Arbeit-viel-Spaß-Kultur** ("the work hard, play hard culture") ist geprägt durch viele Aktivitäten mit niedrigem Risiko. Der Erfolg der Organisation hängt von der Menge der Aktivitäten ab. "Success comes with persistence" [Deal / Kennedy 2000, S. 113]. Der Druck auf die Mitarbeiter entsteht durch die Menge der Arbeit und nicht aufgrund von Ungewissheit → Beispiel: Haustürverkäufe.

In Organisationen mit sog. **Risiko-Kultur** ("the bet your company culture") werden weit reichende Entscheidungen mit hohem Risiko gefällt. Die Auswirkungen dieser Entscheidungen werden häufig erst nach Jahren sichtbar. "The world of bet-your-company cultures moves in months and years, not days and weeks" [Deal / Kennedy 2000, S. 117]. Der Druck resultiert aus der Ungewissheit, ob die Entscheidungen richtig waren → Beispiel: Pharmaunternehmen.
Die **Verfahrenskultur** („the process culture") ist dadurch geprägt, dass die Organisationen und ihre Mitarbeiter die eigenen Leistungen nur schwer oder gar nicht beurteilen können. Das hat zur Folge, dass die Konzentration auf die Optimierung der Verfahren gerichtet wird. "We have another name for this culture when the processes get out of control – bureaucracy" [Deal / Kennedy 2000, S. 108]. Der Druck ist niedrig, was allerdings auch zur Gleichgültigkeit und Tristesse führen kann → Beispiel: Öffentlicher Dienst.

Deal und Kennedy vereinfachen das Phänomen der Organisationskultur sehr stark. Die Unterscheidung in vier Standardtypen lässt sich nur sehr schwer mit der Komplexität und Einzigartigkeit von Organisationskulturen vereinbaren. Deal und Kennedy sprechen selbst von einer stark vereinfachten ("simplistic" [Deal / Kennedy 2000, S. 108]) Kategorisierung und gehen davon aus, dass in Organisationen eine Mischung aus allen vier Typen zu finden sein wird. Dennoch bietet das Modell erste Ansätze für kulturelle Wirkungsmuster.

2.2.2 Die drei Ebenen der Organisationskultur nach Schein

Beschäftigt man sich mit Literatur zum Thema Organisations- bzw. Unternehmenskultur wird ein Name immer wieder genannt: Edgar H. Schein.

Die Arbeiten des inzwischen emeritierten Professors für Organisationspsychologie und Management am Massachusetts Institute of Technology (MIT) haben wesentlich zur Einführung und Einordnung des Begriffes „Kultur“ in die Organisationslehre geführt und erfahren heute internationale Anerkennung. „Edgar Scheins Organizational Culture and Leadership [...] bietet den sorgfältigsten Versuch, die Bedeutung der Organisationskultur klar zu analysieren“ [Argyris / Schön 2006, S. 195]. König geht sogar soweit, Scheins „Unternehmenskultur“ als das „bislang wohl beste und durchdachteste Buch zum Thema“ [König 2004, S. 7] zu bezeichnen.
Scheins Erkenntnisse stammen überwiegend aus der Arbeit mit und in Organisationen. Zahlreiche Fallbeispiele in seinen Veröffentlichungen sind Ausdruck eines starken Praxisbezuges und einer fundierten und umfassenden Vorgehensweise bei der Betrachtung von Kulturen.

Schein betont, dass sich Kultur nicht einfach beschreiben lässt, sondern komplex ist und auf mehreren Ebenen analysiert werden muss [zu den drei Ebenen siehe Abbildung 7, S. 47]. Dabei legt er besonderen Wert auf die tieferen Ebenen, die verdeckt sind und häufig nicht bewusst wahrgenommen werden: “These levels range from the very tangible overt manifestations that one can see and feel to the deeply unconsious, basic assumptions that I am defining as the essence of culture” [Schein 2004, S. 25].

Während Deal und Kennedy mit ihrem Modell in erster Linie und sehr vereinfachend für Organisationen unterschiedliche Kulturtypen entworfen haben, trifft Schein Aussagen über Kulturmerkmale, durch die sich jede Organisationskultur in ihrer Einzigartigkeit individuell charakterisieren lässt. Schein ist sogar der Auffassung, dass Typisierungen von Organisationen zu Irrwegen führen können: “They limit our perspective by prematurely focusing us on just a few dimensions, and they do not reveal what a given group feels intensely about” [Schein 2004, S. 200]. Denn vor allem die grundlegenden unausgesprochenen Annahmen (sog. „basic assumptions“), die Schein einer tieferen „Denk- und Wahrnehmungsebene“ [Schein 2010, S. 34] zuordnet, gelte es aufzudecken und zu steuern. Schein bezeichnet diese als Motor der Kultur und kommt dabei zu einer interessanten Schlussfolgerung:
Zwar lassen sich die sichtbaren Artefakte eines Unternehmens sehr gut erklären, wenn die grundlegenden Annahmen aufgedeckt und verstanden wurden; umgekehrt ist es aber nur schwer möglich, von sichtbaren Artefakten wie z. B. der Beobachtung des Mitarbeiterverhaltens auf die grundlegenden Annahmen zu schließen.

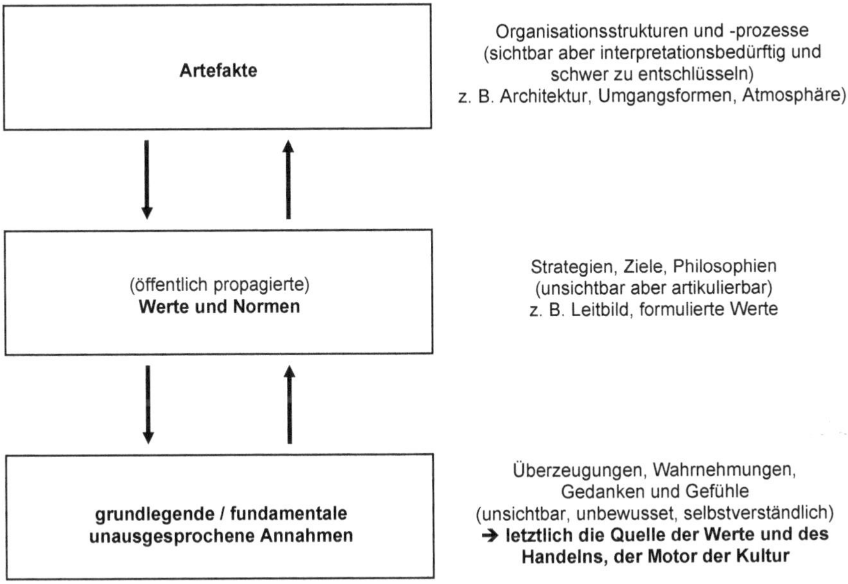

Abbildung 7: Ebenen der Organisationskultur (Quelle: Darstellung nach Schein [Schein 2010, S. 31; Schein 2004, S. 26])

Diesel tiefste Ebene der Organisationskultur zu ergründen ist mühevoll aber nach Schein unabdingbar, um die Kultur zu verstehen. Dabei legt er darauf Wert, dass es keine generell „richtige“ oder „falsche“ Kultur gibt. So lange wie eine Organisation mit ihrer Kultur Erfolg hat, ist diese zunächst einmal auch passend.
Bleibt der Erfolg aus, oder ergeben sich äußere Umstände (Fusion, neue Geschäftsfelder, internationale Ausrichtung etc.), die einen Wandel der Kultur erfordern, wird man feststellen, dass die Organisationskultur sehr stabil ist. Kultur stiftet Sinn, macht das Leben berechenbarer, weshalb jeder Kulturwandel Ängste und Widerstände auslöst [vgl. Schein 2010, S. 41].
Schein empfiehlt zur Überwindung der zwangsläufig auftretenden Abwehrreaktionen und zur Schaffung psychologischer Sicherheit acht Schritte, die gleichzeitig erfolgen müssen [vgl. Schein 2010, S. 123f. und Schein 2004, S. 332f.]:

1) a compelling positive vision,
2) formal training,
3) involvement of the learner,
4) informal training of relevant “family” groups and teams,

5) practice fields, coaches, and feedback,
6) positive role models,
7) support groups in which learning problems can be aired and discussed,
8) a reward and discipline system and organizational structures that are consistent with the new way of thinking and working.

Nach Schein scheitern die meisten Transformationsprogramme (Initiierung von Veränderungsprozessen, die stabile Verhaltensänderungen auf tieferer Ebene bei den Mitarbeitern ermöglichen) immer dann, wenn diese acht Bedingungen nicht geschaffen werden.
Schein stellt in dieser chronologischen Aufzählung die Vision an den Anfang des Veränderungsprozesses. Eine zwingende positive Vision, die von der Unternehmensleitung formuliert wird und die deutlich macht, dass die neuen Denk- und Arbeitsweisen für die Organisation und für jeden Einzelnen besser sind, ist nach Schein damit eine zentrale Voraussetzung für die Akzeptanz von Veränderungen der Kultur.

2.2.3 Das Unternehmenskulturmodell nach Hülshoff

Nach Hülshoff ist die Unternehmenskultur die gelebte Philosophie des Unternehmens, die sich im konkreten Handeln der Mitarbeiter ausdrückt [vgl. Hülshoff 2010a, S. 6].
Fragen zum konkreten Handeln könnten wie folgt lauten: Wie verhalten sich die Mitarbeiter untereinander und gegenüber ihren Führungskräften? Wie werden Probleme gelöst und Konflikte aufgearbeitet? Wie wird gelernt bzw. was wird getan, um Lernen zu ermöglichen? Die, z. B. im Leitbild, niedergeschriebene Unternehmensphilosophie ist nicht damit gemeint, denn sie unterscheidet sich allzu häufig von der gelebten Realität.
Das Unternehmenskulturmodell nach Hülshoff geht weiter davon aus, dass sieben spezifische Kulturbereiche gemeinsam die Unternehmenskultur bilden.[8] Unternehmenskultur zu verändern bedeutet, „in den sieben Kulturbereichen Initiativen zu starten“ [Hülshoff 2010a, S. 8]. Dazu dient die „Unternehmensentwicklung“, die sich aus den Entwicklungsbereichen „Organisationsentwicklung“ und „Personalentwicklung“ zusammensetzt.

[8] An dieser Stelle werden die Begriffe „Unternehmen“ und „Unternehmenskultur“ anstatt „Organisation“ und „Organisationskultur“ verwendet, da Hülshoff für die Entwicklungsbereiche die Begriffe „Unternehmensentwicklung“ und „Organisationsentwicklung“ hierarchisch anordnet und ihnen unterschiedliche Bedeutung gibt. Da sich diese Unterscheidung aber auf die Entwicklungsbereiche beschränkt, wird im weiteren Verlauf der Arbeit wie bisher der Oberbegriff „Organisationskultur“, auch im Sinne der „Unternehmenskultur“ nach Hülshoff, verwendet.

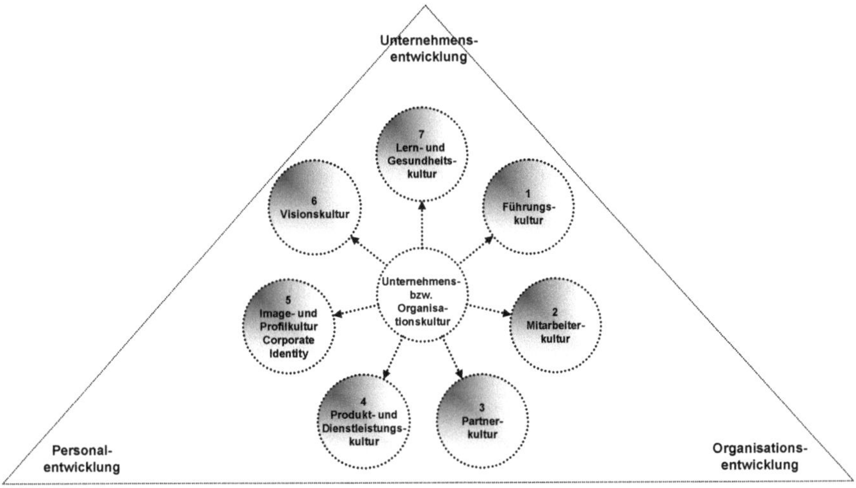

Abbildung 8: Kultur- und Entwicklungsbereiche (Quelle: Darstellung nach Hülshoff [Hülshoff 2010a, S. 5])

Die Unternehmensentwicklung umfasst alle Veränderungsprozesse eines Unternehmens und hat in erster Linie die Aufgabe, Zukunftsprozesse in Gang zu setzen und Visionen zur Entfaltung zu bringen. Hier werden zudem Fragen zur generellen Ausrichtung und zur Mission des Unternehmens geklärt.

Die Organisationsentwicklung sorgt als Teil der Unternehmensentwicklung für eine systematische und zielorientierte Veränderung der organisatorischen Strukturen auf Basis eines gemeinsamen Lernprozesses aller Beteiligten. Sie sorgt für einen organisatorischen Rahmen, in dem sich die Potenziale für eine zukunftsorientierte Unternehmensentwicklung überhaupt erst entwickeln können. Z. B. können sich nur dort Ideen optimal entwickeln bzw. entfalten, wo auch die Möglichkeit zum konstruktiven Austausch unter Mitarbeitern und Führungskräften gegeben ist.

Die Personalentwicklung ist neben der Organisationsentwicklung angeordnet. Sie „umfasst alle Maßnahmen, die darauf abzielen, die bestehenden Potenziale und Fähigkeiten der Beschäftigten im Unternehmen zu erweitern und für die Erreichung der Unternehmensziele nutzbar zu machen“ [Gmür / Thommen 2007, S. 185]. Damit kommt der Personalentwicklung die Aufgabe zu, die Handlungskompetenzen der Mitarbeiter so weiterzuentwickeln, dass sie ihr persönliches Qualifikationsprofil (IST) dem Anforderungsprofil (SOLL) angleichen können.

Als Instrument für eine maßgeschneiderte Personalentwicklung empfiehlt Hülshoff sog. situative, tätigkeitsbezogene Anforderungsprofile (STAP) [vgl. Hülshoff 2008]. Ausgehend von dem Leitbild des Unternehmens werden Aufgaben auf Tätigkeiten und diese wiederum auf Arbeitsschritte heruntergebrochen. Im STAP wird dann festgelegt, welche Kompetenzen vorliegen müssen, um die Tätigkeiten handlungskompetent[9] ausführen zu können. Die Lücke zwischen Anforderung und Gegenwart stellt den Förderbedarf dar.

Anhand dieser Beschreibungen wird deutlich, wie eng die Entwicklungsbereiche miteinander verbunden sind. Diese enge Verflechtung und gegenseitige Abhängigkeit gilt auch für die sieben Kulturbereiche. Wenn z. B. Initiativen in der Mitarbeiterkultur gestartet werden sollen, die die Mitarbeiter zu einer teamorientierten Arbeitsweise führen sollen, gleichzeitig aber die Führungskultur, die durch strikte Anweisungen und individuelle Anreizsysteme geprägt ist, unverändert bleibt, wird der Veränderungsprozess scheitern. Im Veränderungsprozess ist es daher ausschlaggebend zu erkennen, in welchem Kulturbereich welche Veränderungspotenziale aktiviert werden müssen und wie diese Veränderungen sich wiederum auf die anderen Kulturbereiche auswirken. Hülshoff betont aber zugleich, dass sich Kulturen stetig weiterentwickeln, da immer dort, wo Menschen zusammen sind, auch soziale Prozesse ablaufen und für Veränderungen sorgen. Im Gegensatz dazu können die drei Entwicklungsbereiche zum Stillstand kommen, da sie aktiv, in der Regel von der Unternehmensführung, in Gang gesetzt werden müssen.

Aus den sieben Kulturbereichen ragen nach Hülshoff die drei Bereiche „Lern-“, „Führungs-“ und „Visionskultur“ heraus [vgl. Hülshoff 2010a, S. 24]. In diesen drei Bereichen werden die Voraussetzungen geschaffen, Menschen auf Grundlage ihrer individuellen Begabungen und Potenziale zu handlungskompetenten Persönlichkeiten zu machen. Hülshoff verknüpft an dieser Stelle sein Unternehmenskulturmodell mit seinem Handlungskompetenzmodell.

Unter dem Begriff der Handlungskompetenz subsumiert er Fachkompetenz, Methodenkompetenz, soziale und personale Kompetenz. Auf die betriebliche Lebenswelt bezogen ergeben sich folgende Bedeutungen [vgl. Hülshoff 2008]:

Fachkompetenz

- fachliches Wissen besitzen,
- fachliches Wissen situationsgerecht umsetzen können,
- zum fachlichen Engagement bereit sein.

[9] Zu den Begriffen „Handlungskompetenz“ und „handlungskompetent“ siehe die Erläuterungen auf Seite 62f.

Methodenkompetenz
- wissen, welcher Weg zu gehen ist,
- diesen Weg gehen können,
- bereit sein, diesen Weg zu gehen.

Soziale Kompetenz
- Gedanken, Gefühle, Einstellungen wahrnehmen können,
- sich situations- und personenbezogen verständigen können,
- zur Verständigung bereit sein.

Personale Kompetenz
- ein realistisches Selbstbild haben,
- der eigenen Überzeugung gemäß handeln können,
- zur sozialen Verantwortung bereit sein.

Ein Schwerpunkt bei der Veränderung von Organisationskulturen liegt nach Hülshoff auf der ganzheitlichen (in allen vier Kompetenzbereichen) Entwicklung von Handlungskompetenzen, was dazu führen soll, den Organisationsmitgliedern zu Höchstleistungen zu verhelfen und letztlich die Organisation erfolgreich zu machen.

Dabei wird auch das Menschenbild von Hülshoff deutlich. Er sieht „den Menschen als ein Wesen, das von Anfang an Fragen stellt und nach entsprechenden Antworten sucht" [Hülshoff 2008]. Im Menschen wohnen Potenziale inne, die es zu aktivieren und zu entfalten gilt. Eine erfolgreiche Organisationskultur schafft also Rahmenbedingungen, in denen sich die Mitarbeiter ihre Kompetenzen selbst aneignen können.

Das Unternehmenskulturmodell nach Hülshoff und Scheins Ebenenmodell ergänzen sich auf vielfältige Art und Weise. Von den vielen Überschneidungen sollen drei zentrale an dieser Stelle aufgeführt werden:

- Sowohl Schein als auch Hülshoff gehen bei ihren Überlegungen von dem Menschen aus. Schein spricht von grundlegenden Annahmen als Quelle der Werte und des Handelns. Hülshoff spricht von Potenzialen und Begabungen, die es zu entfalten gilt.
- Beide gehen davon aus, dass Kultur alle Aspekte der Organisation abdeckt. Schein spricht allgemein davon, dass Kultur Aufgaben und Struktur beeinflusst und sich davon auch nicht trennen lässt, geschweige denn unabhängig

davon zu betrachten wäre. Hülshoff bildet mit seinen sieben Kulturbereichen das Gesamtunternehmen differenziert ab.

- Beide betonen die Bedeutung von Visionen bei der erfolgreichen Entwicklung von Unternehmenskulturen. Schein verweist dabei insbesondere auf die Wirkung von Visionen hinsichtlich der Schaffung psychologischer Sicherheit. Hülshoff geht an dieser Stelle deutlich weiter und schafft einen eigenen Kulturbereich, die Visionskultur, dem er zudem eine herausragende Rolle unter den Kulturbereichen einräumt.

Wie diese besondere Rolle der Visionskultur im Unternehmen aussieht, wird im nachfolgenden Kapitel beschrieben.

2.3 Visionskultur als entscheidende Stellschraube der Organisationskultur

Visionen werden in den Modellen von Schein und Hülshoff eine wichtige Rolle zugeschrieben. Hülshoff spricht gar von einem eigenen Kulturbereich, der Visionskultur.

Was zeichnet nun diesen Kulturbereich aus und warum ist dieser für die gesamte Organisationskultur so bedeutend? Dazu wird zunächst noch einmal die zentrale Bedeutung der Vision für eine Organisation herausgestellt.

2.3.1 Vision im Zentrum der Organisationskultur

Auf Grundlage des Kulturmodells nach Hülshoff sowie der vorangegangenen Erkenntnisse wird die Organisationskultur nun folgendermaßen dargestellt (vgl. Abbildung 9):

Die sieben Kulturbereiche sind wie beim Kulturmodell nach Hülshoff als einzelne Kreise dargestellt. Sie ergeben zusammen die Organisationskultur, denn jeder Kulturbereich beeinflusst die anderen Kulturbereiche. Im Zentrum der Organisationskultur steht die Vision, die am Ende ihres Entwicklungsprozesses in ein Leitbild gegossen wird. Sie wirkt nicht nur in alle Kulturbereiche hinein, sie ist auch Ausgangspunkt für alle anderen Kulturbereiche. Die Vision entfacht Begeisterung und ist die Basis für das Engagement der Mitarbeiter. Daher geht in diesem Organisationskulturmodell, wie beim Erdkern, die Wärme (Energie) vom Zentrum aus. Besonders deutlich wird das bei Unternehmensgründungen. Am Anfang steht häufig eine Idee, die dann zu einer Vision reift, wenn sie andere Menschen begeistert. Zu diesem frühen Zeitpunkt besteht häufig allein diese Vision, die einzelnen

Kulturbereiche entwickeln sich erst später. Die Energie ist aber bereits so groß, dass weitere Schritte bis zur Unternehmensgründung folgen.

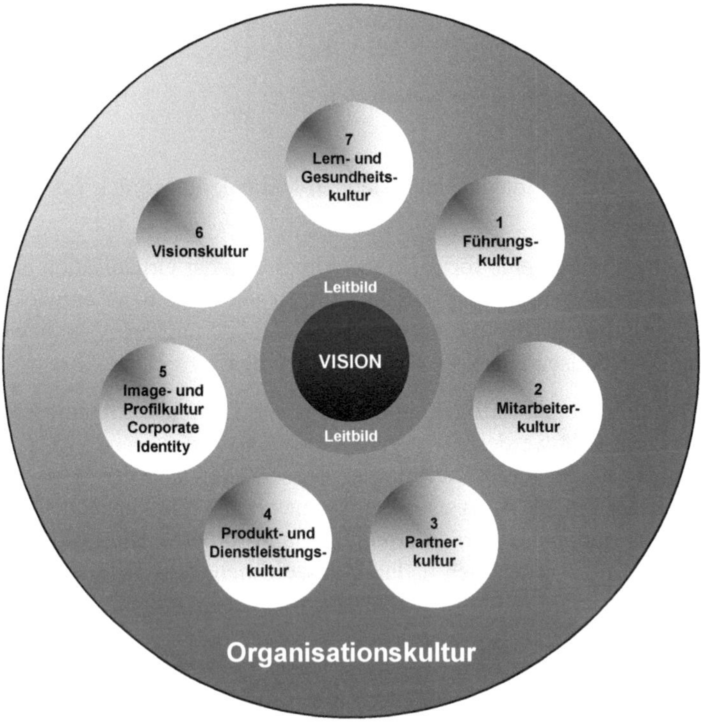

Abbildung 9: Vision und die sieben Organisationskulturbereiche (Quelle: Eigene Darstellung)

2.3.2 Visionskultur und Veränderungsprozesse

Eine Vision, die am Anfang einer Unternehmensgründung stand, reicht jedoch nicht für alle Zeiten aus. Vielmehr müssen Visionen fortlaufend geprüft, entwickelt und ggf. neue Visionen formuliert werden. Denn die Welt und das Umfeld jeder Organisation verändert sich stetig und durch die Möglichkeiten der Informationsgesellschaft, wie es scheint, auch immer rasanter. Kosten-, Wettbewerbs- und Innovationsdruck sind schon längst geläufige Begriffe geworden.
Diese Drucksituationen entstehen durch Entwicklungen auf unterschiedlichsten Ebenen:

- die Kundenbedürfnisse ändern sich
- die Konkurrenzsituation ändert sich
- die Zulieferer ändern ihre Strategien
- der Arbeitsmarkt ändert sich
- die gesellschaftlichen Werte ändern sich
- u. v. a. m.

Organisationen müssen daher einen stetigen Veränderungsdruck bzw. Modernisierungsdruck meistern.

Dieses geschieht durch eine fortdauernde Anpassung der Organisation an das dynamische Umfeld. Erfolgreiche Organisationen verfügen bzw. entwickeln eine Organisationskultur, in der die notwendigen Veränderungsprozesse bewusst gemacht und systematisch gelenkt bzw. initiiert werden.

In wieweit nun Visionen Einfluss auf diese Prozesse nehmen, soll am Beispiel der Lernkultur dargestellt werden:
Die „lernende Organisation“[10], ein in der Wissenschaft und der Wirtschaft vielfach diskutiertes Modell, setzt eine Lernkultur voraus, die konsequent individuelles und organisationales Lernen ermöglicht und fördert. „Die Spitzenorganisationen der Zukunft werden sich dadurch auszeichnen, dass sie wissen, wie man das Engagement und das Lernpotential auf allen Ebenen einer Organisation erschließt“ [Senge 2008, S. 12].
Denn nur auf diese Weise, so die Vertreter dieses Modells, kann die Organisation schneller und besser als die Konkurrenz lernen. Folgt man Senge, so lernen wir „leidenschaftlich gerne“ [Senge 2008, S. 12]. Auch Hülshoff geht davon aus, dass der Mensch aus einem inneren Antrieb heraus lernt [vgl. Hülshoff 2009c, S. 12]. Dennoch sind Organisationen mit, wie es oberflächlich scheint, lernunwilligen Mitarbeitern keine Seltenheit. Es müssen also Voraussetzungen geschaffen werden, die die Leidenschaft für das Lernen wecken. Dazu gehören:

- Rahmenbedingungen, die eine ganzheitliche [siehe die vier Kompetenzfelder S. 50f.] Persönlichkeitsentwicklung ermöglichen,
- Visionen im Sinne der in 2.1.1.2 aufgestellten Definition für die Gesamtorganisation.

Eine Vision gibt den Organisationsaktivitäten einen Sinn. Und wenn Mitarbeiter den Sinn für z. B. neue Wege bei der Produktgestaltung erkannt haben, werden

[10] Zur „Lernenden Organisation“ siehe Senge [Senge 2008] oder Argyris / Schön [Argyris / Schön 2006].

sie eher bereit sein, für die Beschreitung dieser neuen Wege auch neue Methoden zu erlernen. Die Akzeptanz für bestimmte Lernprozesse wird dann steigen, wenn das Engagement der Mitarbeiter dafür steigt, Lernen in der Organisation stetig weiterzuentwickeln.
Wenn zum Beispiel eine in Afrika sehr erfolgreiche Hilfsorganisation auch in Asien aktiv werden möchte, hat sie vielleicht als Vision, in drei Jahren genauso vielen Menschen in Pakistan helfen zu können, wie die Organisation das bereits aktuell im Sudan schafft. Die Mitarbeiter teilen diese Vision und fiebern der neuen Herausforderung entgegen. Als Ziel und wichtige Voraussetzung für die erfolgreiche Umsetzung der Vision sollen sich die Mitarbeiter mit der Sprache und den Umgangsformen auseinandersetzen können.
Mit diesem Ziel vor Augen wird eine Strategie entwickelt, die jedem Mitarbeiter ermöglicht, jeden Tag mindestens eine Stunde während der Arbeitszeit sich auf die neue Herausforderung in Pakistan vorzubereiten. Daraus ergeben sich dann Maßnahmen wie z. B. „training on the job“ oder die Einrichtung von Lerngruppen.
Die Vision schafft somit Verständnis, Akzeptanz und im Idealfall Begeisterung für die, vielleicht auch mühevolle, Neugestaltung von Lernprozessen. Die Realisierung der Ziele und Strategien, die ausgehend von der Vision formuliert wurden, wird wiederum durch die neu gestalteten Lernprozesse ermöglicht. „Während adaptives Lernen auch ohne Vision möglich ist, ist ein schöpferisches Lernen nur möglich, wenn Menschen nach etwas streben, das ihnen wahrhaft am Herzen liegt“ [Senge 2008, S. 252]. Auf diese Weise beeinflussen Visionen auch alle anderen Bereiche der Organisationskultur.
Die Visionskultur ist wiederum die Grundlage für Visionen im Sinne der in 2.1.1.2 formulierten Definition. Abbildung 10 [S. 56] veranschaulicht das anhand des Bildes eines starken Baumes.

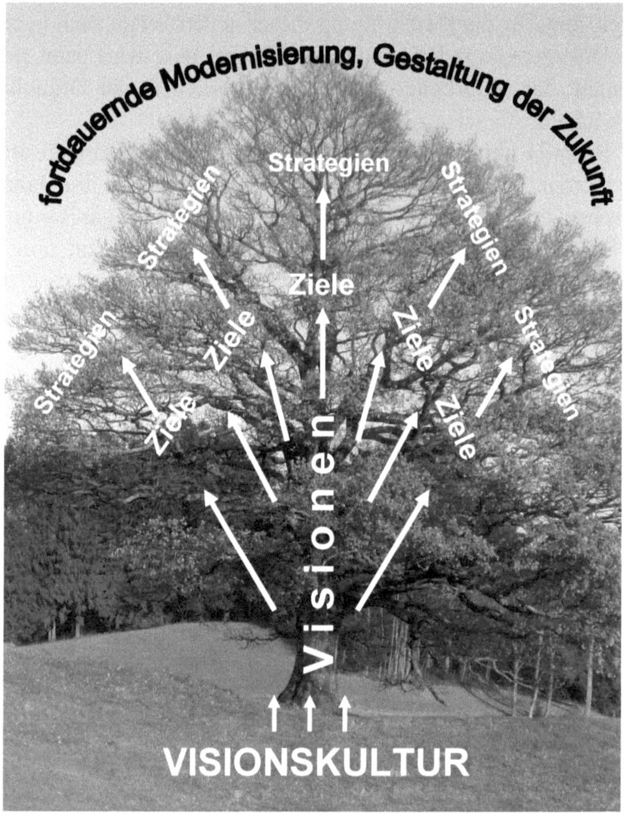

Abbildung 10: Die Visionskultur als Nährboden für Veränderungsprozesse (Quelle: Eigene Darstellung)

Der Baum ist fest im Boden verwurzelt und bezieht seine Nährstoffe aus dem Boden. Der „Nährboden" für Visionen ist eine wirksame Visions**kultur**. Sie sorgt dafür, dass Visionen in Organisationen überhaupt entstehen können. Der Stamm gibt dem Baum Stabilität und besteht aus Festigungs-, Wasserleitungs- und Speichergewebe. Über die Rinde werden die organischen Nährstoffe weitergeleitet. Der Stamm führt dem Baum also einerseits über Äste und Zweige bis zu den Blättern Energie zu und dient ihm andererseits als Energiespeicher.
Beiden Eigenschaften wurden bereits Visionen in Bezug auf die Entwicklung von Organisationen nachgewiesen, daher bilden die Visionen auch in der Abbildung den Stamm des Baumes. Aus den Visionen werden Ziele abgeleitet, für die an-

schließend wiederum Strategien entwickelt werden. Die Strategien wirken unmittelbar auf die Umwelt und ermöglichen im besten Fall eine fortdauernde Modernisierung der Organisation (ähnlich der jährlichen Erneuerung der Baumblätter) und eine erfolgreiche Gestaltung der Zukunft der Organisation.

Die Visionskultur nimmt daher, insbesondere bzgl. der Initiierung und Gestaltung von Veränderungsprozessen, unter den sieben Kulturbereichen eine herausragende Rolle ein und ist eine entscheidende Stellschraube für eine erfolgreiche Entwicklung der Organisation. Sie sollte in allen Kulturbereichen wirken und ist die wichtigste Voraussetzung dafür, dem stetigen Veränderungsdruck Stand zu halten.

2.3.3 Qualitätsmerkmale einer wirksamen Visionskultur

Es wurde dargelegt, dass eine wirksame Visionskultur notwendig ist, um Veränderungsprozesse erfolgreich zu initiieren und zu gestalten. Wie bereits erörtert, hat jede Organisation eine Kultur und jede Kultur erzielt wiederum Wirkungen. Wirkungen sind die Folge von Ursachen, hinterlassen Eindruck und zeigen einen Effekt. Sie können sowohl positiv als auch negativ empfunden werden.
Der Begriff „wirksam" hingegen ist enger gefasst und heißt, dass etwas die richtige bzw. gewünschte Wirkung ausübt [vgl. Wahrig Redaktion 2010, S. 1665]. Ins Englische übersetzt heißt wirksam „effective" und auch im Deutschen wird als Synonym häufig der Begriff „effektiv" verwendet. Eine Visionskultur kann demnach als wirksam bezeichnet werden, wenn sie die Ursache für gewünschte Wirkungen ist.
Dabei muss bedacht werden, dass Ursache und Wirkung nur selten räumlich und zeitlich eng miteinander verknüpft sind. Nach Senge „herrscht ein fundamentales Missverhältnis zwischen dem Wesen der Realität in komplexen Systemen und der Art und Weise, wie wir über diese Realität denken" [Senge 2008, S. 83]. Demnach machen wir zu leichtfertig vordergründige Merkmale als Ursache für Probleme aus. So wurden z. B. in der Vergangenheit (und werden häufig noch heute) schwächelnden Sportlern in der Regel härtere Trainingseinheiten verordnet, bis festgestellt wurde, dass insbesondere ein ausgewogener Wechsel von Trainings- und Ruhephasen[11] zu den gewünschten physiologischen Effekten führt.
Die gewünschten Wirkungen einer Visionskultur sind die Entwicklung und Entfaltung von wirksamen Visionen in allen Kulturbereichen einer Organisation.

[11] Siehe dazu das „Prinzip der biologischen Anpassung" (Superkompensation) und das Prinzip der optimalen Relation von Belastung und Erholung [Boeckh-Behrens / Buskies 2002, S. 25ff.].

Eine Aufstellung eines lückenlosen Kriterienkataloges, mit dem sich bestimmen ließe, ob und in welchem Maße eine Visionskultur wirksam im hier beschriebenen Sinne ist, wäre sicherlich wünschenswert, würde aber wahrscheinlich an der Komplexität und Einzigartigkeit von Organisationen und deren kulturellen Ausprägungen scheitern. Die zuvor schon diskutierte Tiefe, Breite und Macht von Kulturen [siehe dazu z. B. 2.2.2] und die damit einhergehende stark eingeschränkte Standardisierbarkeit steht zudem im Widerspruch zu der Idee eines universellen, allgemein verbindlichen Kriterienkataloges.
Dieser Widerspruch lässt sich dadurch auffangen, indem statt eines Kriterienkataloges zentrale, breit angelegte Qualitätsmerkmale für eine wirksame Visionskultur formuliert werden, an denen sich die Analyse von Visionskulturen orientieren kann. Die International Organization for Standardization (ISO) definiert in ihrer Norm EN ISO 9000:2005 Qualität als „Grad, in dem ein Satz inhärenter Merkmale Forderungen erfüllt" [Deutsches Institut für Normung e. V. 2005]. Anders ausgedrückt: Qualität ist die Gesamtheit von Eigenschaften und Merkmalen eines Produktes, einer Dienstleistung oder eben auch einer Kultur, die sich auf deren Eignung zur Erfüllung gegebener Erfordernisse bezieht.

Die im Folgenden aufgeführten Qualitätsmerkmale sollten bei ihrer Anwendung, je nach Organisation und Fragestellung, konkretisiert und ggf. ergänzt werden. Sie erheben damit keinen Anspruch auf Vollständigkeit. Sie werden jedoch als wesentlich angesehen, da sie sich auf die dieser Arbeit zu Grunde liegenden Literatur stützen und von der in dieser Arbeit eingeführten Definition von „Vision" [siehe 2.1.1.2] ausgehen:

- Qualitätsmerkmal 1: gelebtes wertorientiertes Leitbild
- Qualitätsmerkmal 2: aufmerksame Orientierung
- Qualitätsmerkmal 3: ganzheitlicher Prozess
- Qualitätsmerkmal 4: konkrete Verankerung

Qualitätsmerkmal 1: gelebtes wertorientiertes Leitbild

Wird die Visionskultur in einer Organisation ernst genommen?

Analyse und Gestaltung von Organisationskulturen ist ein komplexes Phänomen, das eine Vereinfachung oder Nichtbeachtung grundlegender Facetten („Kultur ist tief", „Kultur ist breit", „Kultur ist stabil") nicht erlaubt [vgl. Schein 2010, S. 40f.]. Organisationskultur muss ernst genommen und bei allen, zumindest bei allen wichtigen, Entscheidungen und Handlungen in einer Organisation berück-

sichtigt werden. Einen Anhaltspunkt dafür, welchen Stellenwert die Kultur hat, kann die Analyse der Leitbilder der Organisationen bieten.
Die Visionskultur als entscheidende Stellschraube der Organisationskultur sollte in einem wertorientierten Leitbild zukunftsichernd geklärt sein [vgl. Hülshoff 2010a, S. 34]. Ein Leitbild gibt Orientierung, bestimmt den Kurs, ist die Grundlage für Strategien und enthält die Mission (Wo liegt unsere Daseinsberechtigung?) der Organisation. Wertorientiert bedeutet in diesem Zusammenhang, dass fixiert wird, was die Organisation für richtig und was sie für falsch hält. „Die Grundwerte beantworten die Frage: ‚Wie handeln wir in Übereinstimmung mit unserer Mission, während wir die Verwirklichung unserer Vision anstreben?‘ [...]. Sie definieren, wie der Alltag eines Unternehmens aussehen soll, während es die Vision verfolgt“ [Senge 2008, S. 273].
In einem Leitbild könnte z. B. festgelegt werden, dass Mitarbeiter dazu ermutigt werden sollen, Visionen zu entwickeln. Es könnte darin auch ein Bekenntnis zu einer Visionskultur und zu einem Menschenbild, das jedem Mitarbeiter visionäre Energien / Potenziale zuschreibt, formuliert werden.
Fehlen Aussagen über Werte, Kultur und Visionen in einem Leitbild, oder fehlt ein Leitbild sogar gänzlich, sind das Warnsignale dafür, dass dem Kulturgedanken in der Organisation nicht ausreichend Aufmerksamkeit entgegengebracht wird.
Ein Leitbild sollte schriftlich fixiert sein, damit es auch Orientierung für neue Mitarbeiter und externe Partner der Organisation bieten kann. Es gibt allerdings auch Organisationen, die kein schriftliches Leitbild haben und dennoch die Vision und Mission für alle Organisationsmitglieder und auch für Außenstehende klar zu sein scheint.
Z. B. verfügt der deutsche Fußballclub FC Bayern München über kein, zumindest öffentlich zugängliches, Leitbild, dennoch kann derjenige, der sich ein bisschen intensiver mit dem Club beschäftigt, Muster erkennen, die sich bei einer Formulierung eines Leitbildes wahrscheinlich wiederfinden würden:

Der FC Bayern München verfügt über

- eine Vision (→ in den nächsten zwei bis drei Jahren die Champions League gewinnen),
- eine Mission (→ attraktiven Sport für Mitglieder und Fans bieten und als einer der Vorzeigevereine der Welt den deutschen Fußball international vorbildlich vertreten),

- definierte Werte und Verhaltensregeln (→ Traditionsbewusstsein und Selbstbewusstsein bewahren und stärken, „mia san mia"-Mentalität[12] pflegen, Ausgewogenheit zwischen sportlichem Erfolg und finanziellem Risiko sicherstellen).

Solche Organisationen profitieren von einem seit Jahrzehnten überlieferten Leitbild und einer großen öffentlichen Präsenz, die ihnen die Plattform zur Verbreitung der Leitgedanken [siehe dazu Senge 2008, S. 273] bietet. Eine schriftliche Fixierung ist in diesen Fällen nicht entscheidend.
Deshalb muss bei der Analyse der Visionskultur beachtet werden, dass auch bei fehlender *schriftlicher* Fixierung ein Leitbild durchaus in einer Organisation gelebt werden kann.

Es gibt aber auch Leitbilder, die einer wirksamen Visionskultur entgegenstehen, da in ihnen z. B. Grundsätze formuliert wurden, die einen konstruktiven Austausch unter den Mitarbeitern behindern, damit keine gruppendynamischen Prozesse zulassen und die Entfaltung visionärer Kräfte unterbinden (Beispiel: „Bei uns arbeitet jeder eigenverantwortlich für sich: schnell, effektiv und durch ein individuelles Belohnungssystem motiviert!").
Die bloße Analyse eines Leitbildes reicht bei weitem noch nicht dafür aus, eine Visionskultur zu beurteilen, geschweige denn, ihre Wirksamkeit zu überprüfen. Denn natürlich gibt es auch zahlreiche Leitbilder, die, einmal formuliert, nie wieder eine Rolle gespielt haben bzw. mit der Realität in der Organisation nichts gemein haben.
Dennoch helfen die Leitbildanalyse und der dazugehörige Praxistest dabei, einen ersten Überblick über den Stellenwert und die Verankerung (Wird das Leitbild in der Organisation gelebt?) der Visionskultur in der Organisation zu erhalten. Ohne eine solche Verankerung kann die Visionskultur nicht wirksam sein, weshalb ein gelebtes, wertorientiertes Leitbild ein wichtiges Qualitätsmerkmal einer wirksamen Visionskultur ist.

Qualitätsmerkmal 2: aufmerksame Orientierung

Werden in der Visionskultur alle Zeithorizonte (Vergangenheit, Gegenwart, Zukunft) ausreichend berücksichtigt?

Die Visionskultur ist die Veränderungskultur für Organisationen, daher könnte angenommen werden, dass der Blick in diesem Kulturbereich strikt in die Zu-

[12] „Mia san mia" (= Wir sind wir) ist ein beliebter Spruch der Anhänger des FC Bayern München und heißt so viel wie „uns kann keiner besiegen, denn wir sind die Bayern". Der Spruch soll das große Selbstbewusstsein dokumentieren und soll zudem zeigen, dass der FC Bayern keinem nacheifert, sondern selbst die Richtung vorgibt.

kunft auf die anstehenden Herausforderungen / Veränderungsbedarfe gerichtet ist. Um wirksame Visionen zu entwickeln, gibt es allerdings prinzipiell „drei Quellen von denen man sich leiten lassen kann – die Vergangenheit, die Gegenwart und alternative Vorstellungen künftiger Möglichkeiten“ [Bennis / Nanus 1987, S. 94]. Eine wirksame Visionskultur richtet den Blick daher auch auf die Geschichte und die Gegenwart.

Eine Kultur entwickelt sich dann, wenn eine Gruppe genügend gemeinsame Erfahrungen gesammelt hat [vgl. Schein 2010, S. 29]. Um eine Kultur zu verstehen, müssen also die gemeinsamen Erfahrungen und Traditionen einer Organisation betrachtet werden und damit muss auch die Geschichte, die Wurzeln der Organisation, mit einbezogen werden. „Wurzeln geben Halt, auch im Sturm, Wurzeln schaffen Vernetzungen, aus Wurzeln entsteht neues Leben“ [Hülshoff 2010a, S. 50]. Eine wirksame Visionskultur zeichnet sich deshalb auch dadurch aus, dass erforscht wird, was die Organisation in der Vergangenheit so erfolgreich gemacht hat, worauf die Mitarbeiter stolz sind, welchen Stellenwert die Organisation sich in der Gesellschaft erarbeitet hat. Wichtig ist auch zu analysieren, welchen Antrieb der Gründer bzw. die Gründer der Organisation hatte(n). “Because they had the original idea, [...]” [Schein 2010, S. 227]. Und diese „ursprüngliche Idee“ beeinflusst das Denken und Handeln der Organisationsmitglieder häufig noch Jahrzehnte bis Jahrhunderte nach dem Tod der Gründer.

Wird dies alles nicht berücksichtigt und alles bisher Erreichte in Frage gestellt, wird dies auch zu einer Abwehrreaktion gegenüber neuen Visionen führen. Niemand möchte gesagt bekommen, dass die vergangenen Jahre mit sinnloser Arbeit verbracht wurden.

Stehen tief greifende Veränderungen an, können häufig auch vergleichbare Situationen aus der Geschichte der Organisation herangezogen werden, die bereits erfolgreich gemeistert wurden. „Ein Unternehmen lernt aus seiner Geschichte eine ganze Menge darüber, welche Strategien funktionieren und welche nicht“ [Schein 2010, S. 48].

Gleichzeitig muss ein Bewusstsein dafür geschaffen werden, welche gegenwärtigen Stärken die Organisation bzw. die Organisationskultur hat. Denn es sollte nicht immer davon ausgegangen werden, dass Kultur verändert werden muss. Schließlich muss nicht jeder kurzfristige Absatzeinbruch mit einer Änderung der Kultur beantwortet werden. Zumal für kurzfristige Lösungen eine Kulturveränderung ohnehin nicht ratsam und aufgrund des langen Veränderungsprozesses wahrscheinlich auch nicht durchzuführen wäre.

Schon gar nicht sollte der Fokus auf die Schwächen von Kulturen gerichtet werden. Schein empfiehlt, die Kultur zunächst als Kraftquelle und Niederschlag des vergangenen Erfolges zu betrachten: „Wenn Veränderungen im Unternehmen

nötig sind, sollten Sie auf den vorhandenen kulturellen Stärken aufbauen, statt zu versuchen, die Schwächen zu verändern" [Schein 2010, S. 177].
Wenn man nun weiß, was die Organisation in der Vergangenheit erfolgreich gemacht hat und welche Stärken sie gegenwärtig besitzt, müssen in einem dritten Schritt die zukünftigen Entwicklungschancen ermittelt werden. Dies kann durch Marktanalysen erfolgen, die Daten und Erkenntnisse liefern, aus denen sich realistische Visionen ableiten lassen [vgl. Hülshoff 2010a, S. 52]. Trends, Prognosen, Analysen von Wirtschafts- und Gesellschaftsforschern bzw. Instituten – die Flut von Informationen ist groß. Bennis / Nanus schrieben bereits 1989: „Die eigentliche Kunst der Führung liegt somit in der Interpretation dieser Informationen" [Bennis / Nanus 1987, S. 98].

Die Einbeziehung der Geschichte, das bewusste Wahrnehmen des gegenwärtigen Umfeldes und der gegenwärtigen Stärken der Organisation sowie die Ermittlung zukünftiger Entwicklungschancen sind damit entscheidende Aspekte für erfolgreiche Veränderungen. Eine wirksame Visionskultur zeichnet sich daher dadurch aus, dass die Entwicklung von Visionen auf der sorgfältigen und systematischen Analyse (hier: aufmerksame Orientierung) aller drei Zeithorizonte basiert.

Qualitätsmerkmal 3: ganzheitlicher Prozess

Werden die visionären Potenziale in der Organisation ganzheitlich entfaltet?

„Gemeinsame Visionen entwickeln sich aus persönlichen Visionen" [Senge 2008, S. 258]. In einer wirkungsvollen Visionskultur fördern Führungskräfte einerseits die Entwicklung persönlicher Visionen und vereinigen anderseits die vielen individuellen Visionen zu einer gemeinsamen Vision. Diese ganzheitliche Vorgehensweise ist schwierig und anstrengend, aber zugleich alternativlos. Wenn Visionen ausschließlich von der Führungsspitze vorgegeben werden und dann den Mitarbeitern „verkauft" werden müssen, entsprechen sie nicht der in dieser Arbeit vertretenen Definition. Denn auf diese Weise kann die Vision nicht das Feuer der Begeisterung entfachen. Abwehrreaktionen aufgrund von Überlebensängsten der Betroffenen (Was bedeutet die von der Führungsspitze vorgegebene Vision für mich? – Wahrscheinlich nichts Gutes!) sind vorprogrammiert.

„Der Ursprung einer gemeinsamen Vision ist weit weniger wichtig als der Prozess, durch den sie zu einer gemeinsamen Vision wird" [Senge 2008, S. 262]. Wirksame Visionskulturen fördern Prozesse, die Menschen dazu ermutigen, ihre unentdeckten (visionären) Potenziale für ihre Organisation nutzbar zu machen. Dies geschieht in allen und für alle Kulturbereiche einer Organisation. Häufig gibt es bereits viele Visionen in den Köpfen, sie werden nur nicht ausgesprochen.

Um sie sichtbar und erlebbar zu machen, schlägt z. B. Hülshoff vor, sie von betroffenen und sachkundigen Mitarbeitern und Mitarbeiterinnen in „Zukunftswerkstätten“ entwickeln zu lassen [vgl. Hülshoff 2010a, S. 53].
Sind Visionen in einem Konsens entwickelt worden, fällt es anschließend leichter, sie in der Organisation zu verbreiten, Aufmerksamkeit zu erringen und echtes Engagement (man will etwas aus tiefstem Herzen) zu erzielen. Die erfolgreiche Entfaltung der visionären Energien in der Organisation beruht außerdem darauf, dass Organisationsmitglieder sich freiwillig zu den Prozessen bekennen. Führungskräfte können Angebote unterbreiten und begeisternde pädagogische Situationen („Gespräch“, „Spiel“, „Arbeit“, „Feier“)[13] schaffen, die visionäre Kräfte freisetzen können. Ein Zwang zu Engagement ist allerdings nicht möglich.
In einer wirksamen Visionskultur werden die Prozesse so gesteuert, dass möglichst großes Engagement erzielt werden kann. Werden Prozesse vereinfacht und auf eine Verkündigung der Vision durch die Führung reduziert, kann die Visionskultur nicht wirksam sein.

Qualitätsmerkmal 4: konkrete Verankerung

Sind die Visionen die Grundlage für Strategien?

„Strategische Managementkonzepte ohne begeisternde Visionen bleiben „zahnlose Tiger“ [Hülshoff 2010a, S. 55]. Umgekehrt bleiben auch Visionen wirkungslos, wenn sie nicht als Grundlage für Strategien dienen und daraus konkrete Taten erwachsen. In drei Jahren das erste Elektroauto auf den Markt zu bringen, ist eine begeisternde Vision. Sie wird aber nicht zur Realität werden, wenn die gesamte Produktion und Forschung noch auf die Verbesserung der bestehenden Modelle gerichtet ist.
Organisationen mit wirksamen Visionskulturen begeistern daher nicht nur mit Visionen, sie verankern Visionen konkret in Strategien, sodass sie sich effektiv entfalten können. Ein wesentliches Qualitätsmerkmal einer wirksamen Visionskultur sind daher Strategien, die aus Visionen entwickelt werden.

Werden die hier aufgeführten wesentlichen und offensichtlich widerspruchsfreien Qualitätsmerkmale weitgehend erfüllt, kann davon ausgegangen werden, dass die Visionskultur eine hohe Qualität hat und damit auch entscheidende Voraussetzungen für ihre Wirksamkeit vorliegen. Daraus kann allerdings nicht automatisch geschlussfolgert werden, dass die Organisation erfolgreich ist. Dazu müssen auch alle anderen Kulturbereiche betrachtet werden.

[13] Zur „pädagogischen Situation“ siehe ausführlich S. 154.

Dennoch ist es wahrscheinlich, dass, aufgrund der zentralen Bedeutung dieses Kulturbereiches, bei einer wirksamen Visionskultur auch die anderen Kulturbereiche erfolgreich gestaltet sind bzw. werden können. Zumindest sind mit einer erfolgreichen Visionskultur wichtige Grundlagen geschaffen, um ggf. notwendige Veränderungsprozesse anzustoßen.

2.4 Definition Visionskultur

In diesem Kapitel wurde herausgearbeitet, dass wirksame Visionen eine zentrale Voraussetzung für den Erfolg von Organisationen sind. Viele wissenschaftliche Arbeiten kommen zu diesem Schluss und auch die meisten „Visions-Kritiker" beanstanden lediglich eine inflationäre und falsche Verwendung des Visions-Begriffes.

Wenn Visionen von zentraler Bedeutung sind, sollten sich Organisationen nicht nur dieser Bedeutung bewusst sein, sondern auch Wege finden und nutzen, Visionen zur Entfaltung zu bringen. Hülshoff definiert dafür einen eigenen Kulturbereich. Durch die Definition einer Visionskultur schafft Hülshoff eine Fokussierung auf einen Bereich, dem ohne eine entsprechende Spezifizierung vermutlich nicht die notwendige Aufmerksamkeit zukommen würde.
Organisationen, denen es gelingt, diesen Kulturbereich im Sinne der in 2.3.3 beschrieben Qualitätsmerkmale zu entwickeln, werden besser in der Lage sein, Veränderungsprozesse zu initiieren und damit dem gewachsenen Veränderungsdruck eines dynamischen Organisationsumfeldes erfolgreicher begegnen können.

Zusammenfassend soll Visionskultur aus *betriebspädagogischer* Sicht daher folgendermaßen definiert werden:

Eine wirkungsvolle Visionskultur ist der Nährboden für die Entstehung von Visionen in allen Kulturbereichen der Organisation und schafft somit die Voraussetzung, dem stetigen Veränderungsdruck der sich wandelnden Umwelt durch effektive, aufmerksame, ganzheitliche und konkrete Veränderungsprozesse erfolgreich zu begegnen.

Damit kann die Visionskultur auch als Veränderungskultur in der Organisation und für die Organisation bezeichnet werden.

3 Gemeinnützige Großsportvereine – Zukunftsmodell im organisierten Sport?

Seit Anfang des 19. Jahrhunderts gibt es Sportvereine.[14] Dass die Sportvereine nach wie vor und trotz weit reichender gesellschaftlicher, politischer und wirtschaftlicher Veränderungen einen zentralen und bemerkenswerten Beitrag zum Gemeinwohl leisten, belegen zahlreiche aktuelle Studien. Exemplarisch dafür seien an dieser Stelle die Sportentwicklungsberichte (zuletzt erschienen 2009 [Breuer 2009], der Bericht der Enquete-Kommission „Zukunft des Bürgerlichen Engagements“ (2002) [Enquete-Kommission 2002] sowie die Freiwilligensurveys (zuletzt erschienen 2010) [Gensicke / Geiss 2010] genannt.

„Wirtschaftsfaktor, Integrationsmotor, Gesundheitsversorger und Leistungssportförderer: Deutschlands Sportvereine[15] geben wichtige wirtschaftliche Impulse, sind einer der wichtigsten Träger bürgerlichen Engagements, sie leisten einen nachhaltigen Beitrag zur Gesundheit der Bevölkerung und sind zudem immer häufiger Arbeitgeber“ [DOSB Presse Redaktion 2009, S. 2]. So vielfältig die Betätigungsfelder und Aufgaben der Sportvereine sind, so vielfältig sind auch die Herausforderungen, denen sich die Sportvereine heute gegenübersehen. Die stetigen Wandel der Gesellschaft und des Sportverhaltens verändern auch die Rahmenbedingungen für Sportvereine, die damit unter einem fortdauernden Veränderungsdruck stehen.
Diesem Veränderungsdruck begegnen Sportvereine auf unterschiedlichste Weise. Begriffe wie „Professionalisierung“, „Dienstleistungsorientierung“ und „Sportmanagement“ haben seit langem Einzug in die Sportlandschaft gehalten. Dem Sportverein, als in seiner idealtypischen Form gemeinnützige Institution, die vornehmlich das Ziel hat, ihren Mitgliedern eine aktive sportliche Betätigung zu ermöglichen, wird dabei ein Spagat zwischen Dienstleistungseinrichtung und Solidargemeinschaft im Sinne des traditionellen Selbstverständnisses zugemutet.

---

[14] Zu Beginn handelte es sich hierbei um reine Turnvereine. Erst Mitte des 19. Jahrhunderts entstanden vermehrt Sportvereine mit unterschiedlichsten Sportarten. „Am Ende überflügelte der Sport das Turnen und wurde zum Begriff für die Gesamtheit der Leibesübungen“ [Krüger 1993, S. 54].

[15] „Die Sportvereine sind eine typisch deutsche Institution“ [Nagel / Conzelmann et al. 2004, S. 7]. Zudem ist das deutsche Vereinswesen, geschichtlich bedingt, im Vergleich zu anderen Nationen mit Besonderheiten ausgestattet [vgl. hierzu besonders Heinemann / Horch 1981, S. 123ff.]. Nachfolgende Ausführungen beziehen sich daher in erster Linie auf das deutsche Sportvereinswesen und, betrachtet man die letzten sechzig Jahre, hier insbesondere auf das westdeutsche Sportvereinswesen. Dieses wurde weitgehend durch die Vereinigung der deutschen Sportorganisationen am 15.12.1990 auch im Osten adaptiert.

Den gemeinnützigen Großsportvereinen fällt dabei eine besondere Rolle zu, da sie häufig aufgrund ihrer langen Tradition, ihrer vielschichtigen Ausrichtung und ihres Professionalisierungsgrades eine Vorreiterrolle in der Sportvereinslandschaft einnehmen. Von ihnen wird erwartet, sich frühzeitig auf neue Rahmenbedingungen einzustellen, da sie ja schließlich auch in der Vergangenheit richtige, zukunftsorientierte Entscheidungen getroffen zu haben scheinen, die ihren (Mitglieder-)Erfolg begründen.

Im folgenden Kapitel wird zunächst allgemein das Wechselspiel zwischen gesellschaftlichem Wandel und Wandel des Sports bzw. der Sportsysteme beleuchtet. Besonderes Augenmerk wird dabei auf die Entwicklung und die Rolle der Sportvereine in der Gesellschaft gelegt. Anschließend wird eine Definition für den „gemeinnützigen Großsportverein“ eingeführt. Dazu ist es erforderlich, diesen Sportvereinstyp von anderen Sportvereinen abzugrenzen sowie dessen Ziele und Erfolgsfaktoren darzustellen. Im Sinne dieser Forschungsarbeit wird auf den Begriff der „Freiwilligenarbeit“ gesondert eingegangen und dessen Einfluss auf den Erfolg gemeinnütziger Großsportvereine analysiert.
Zum Abschluss des Kapitels werden der Veränderungsdruck auf gemeinnützige Sportvereine sowie allgemeine Handlungsalternativen zur Bewältigung des Veränderungsdruckes aufgezeigt. Dabei wird auch eine Einschätzung darüber gegeben, unter welchen Voraussetzungen der gemeinnützige Großsportverein als Zukunftsmodell für den organisierten Sport tauglich ist.

3.1 Sport und Gesellschaft im Wandel

Jede Organisation und damit auch jede Organisation des Sports ist Teil einer Gesellschaft, in der sie entsteht bzw. in der sie wirkt. „Ihre Leitbilder, ihre Philosophie und ihre Ziele sind in den Wertvorstellungen einer Kultur verwurzelt; sie müssen in einer Gesellschaft akzeptiert und als legitim eingeschätzt werden; [...]“ [Heinemann 2004, S. 21].
Sport findet nicht außerhalb der Gesellschaft statt, sondern er ist Teil davon. Die Entwicklung des Sports und die der Sportvereine kann daher nicht losgelöst von der Entwicklung der Gesellschaft betrachtet werden.

Selbst die Definition des Begriffes „Sport“ muss im gesellschaftlichen Kontext vorgenommen werden. Im sportwissenschaftlichen Lexikon findet sich dazu folgende Formulierung: „Was im allgemeinen unter Sport verstanden wird, ist weniger eine Frage wissenschaftlicher Dimensionsanalysen, sondern wird weit mehr vom alltagstheoretischen Gebrauch sowie von den historisch gewachsenen und tradierten Einbindungen in soziale, ökonomische, politische und rechtliche Gegebenheiten bestimmt. Darüber hinaus verändert, erweitert und differenziert das faktische Geschehen des Sporttreibens selbst das Begriffverständnis von Sport" [Röthig / Prohl 2003, S. 493].

Eine umfassende Diskussion des Sportbegriffes würde an dieser Stelle zu weit führen. Der Fokus der vorliegenden Arbeit liegt auf Sportvereinen und zwar auf solchen, die für die deutsche Sportlandschaft typisch sind und damit auch in den jeweiligen Sportverbänden organisiert sind. Daher wird in dieser Arbeit zur Klärung des Sportbegriffes die Definition des Deutschen Olympischen Sportbundes (DOSB), der Dachorganisation des deutschen Sports, herangezogen:

- Die Ausübung der Sportart muss eine eigene, sportartbestimmende motorische Aktivität eines jeden zum Ziel haben, der sie betreibt.
- Die Ausübung der eigenmotorischen Aktivitäten muss Selbstzweck der Betätigung sein.
- Die Sportart muss die Einhaltung ethischer Werte wie z. B. Fairplay, Chancengleichheit, Unverletzlichkeit der Person und Partnerschaft durch Regeln und / oder ein System von Wettkampf- und Klasseneinteilungen gewährleisten.

(vgl. Aufnahmeordnung des DOSB, §3 „Sportliche Voraussetzungen" [DOSB 2006, S. 2f.]).

Mit „organisiertem" Sport wird heute die unabhängige Turn- und Sportbewegung bezeichnet, die sich selbst verwaltet und eine ganz eigene Struktur, angefangen bei den Sportvereinen über lokale und regionale Sportverbände bis hin zum DOSB, entwickelt hat.
Zu Beginn des organisierten Sports in Deutschland stand das Gemeinschaftsgefühl im Vordergrund. Turnvater Friedrich Ludwig Jahn (*1787 - †1852), der als Begründer der Turnbewegung und damit auch als Vorreiter einer neuen, rationalisierten Form der körperlichen Bewegung gilt, hatte das Turnen Anfang des 19. Jahrhunderts aus pädagogischen Idealen und politischen Ideologien gefördert. Mit dem Leitspruch vom „gesunden Geist im gesunden Körper" sollte mittels disziplinierter Übungen, Körper und Geist sowie nationales und demokratisches Bewusstsein bei den Turnkameraden ausgebildet werden. „Es wirkte weit über die Schule hinaus und wurde [...] zu einer Volksbewegung, die mit ihren patriotischen Zielen allerdings nur im Schatten der Befreiungskriege richtig verstanden werden kann" [Mevert 2003, S. 6].

Die ersten ab 1816 gegründeten Turnvereine waren nach dem Jahnschen Vorbild auch stark politisch ausgerichtet. „Aber der Sieg in den Befreiungskriegen war auch und vor allem ein Sieg des europäischen Adels über die französische Revolution, und so war bereits 1820 wieder fast in ganz Deutschland jegliches Turnen

verboten. Mit einer kurzen Unterbrechung im Jahre der gescheiterten Revolution 1848 trat nun auch die Turnbewegung, wie insgesamt das Bürgertum mit seinen Vereinen, gezwungen durch die gesellschaftlichen Machtverhältnisse, die Flucht in die unpolitische Welt der hehren Ideale an" [Heinemann / Horch 1981, S. 130]. Der individuelle Leistungsvergleich und die Wettkämpfe im Sport wurden in Deutschland erst später, zum Argwohn der Turner, vom englischen Sportmodell übernommen. In dem durch die frühe Industrialisierung geprägten England erhielt der Sport, hauptsächlich zum kontrollierten Aggressionsabbau sowie zum Erlernen von Führungsqualitäten und kooperativen Verhaltensweisen, Einzug in englische Schulen. Später verbreiteten sich die immer stärker reglementierten Sportspiele wie Rugby und Fußball auch rasch in der gesamten Bevölkerung [vgl. Lamprecht / Stamm 2002, S. 15].
Auch die Unterscheidung von Amateur- und Profisport hat seinen Ursprung in England. In der englischen Oberschicht wurde Sport aus reinem Freizeitvergnügen und ritualisierter Status-Wette gepflegt, während das Proletariat bereits Berufssportler hervorbrachte. Damit die Eliten ihre Vormachtstellung im Sport halten konnten, wurde schließlich die Amateurregel eingeführt: Über das Verbot des Geldverdienens sollte so die Arbeiterschaft von den Wettkämpfen ausgeschlossen werden.

Der Wettkampfgedanke ist heute immer noch wesentlicher Bestandteil des Sports und Ausdruck einer individualisierten, auf Effizienz getrimmten Leistungsgesellschaft. Der Wohlstand und die Zunahme der Freizeit in weiten Teilen der westlichen Welt führten allerdings zu einem regelrechten Sportboom, der Mitte des zwanzigsten Jahrhunderts begann und viele Veränderungen für den Sport brachte. So ist heute die Unterteilung von Breiten-, Leistungs- und Spitzensport sowie Amateur- und Profisport längst nicht mehr ausreichend. Trend-, Extrem-, Gesundheits- und Funsport, die hier stellvertretend für neue Wege der Freizeitbeschäftigung stehen, werden in erster Linie nicht betrieben, um seine Leistung mit anderen zu messen oder um Gemeinschaft zu erfahren, sondern vielmehr um an „seine Grenzen zu gehen" und „um Spaß zu haben". Immer öfter dient der Sport auch der Stressbewältigung und der Behebung oder Vorbeugung von Krankheiten (Gesundheits- und Rehabilitationssport).
Aber nicht nur die Möglichkeiten, Sport aktiv zu betreiben, haben sich vervielfacht, auch der passive Sportkonsum, der vom Besuch im Stadion bis hin zum täglichen Blick in die Zeitung und dem stündlichen Blick ins Internet reicht, ist enorm gewachsen. Der Sport bestimmt den Tagesablauf von Millionen von Sportlern und Sportfans und ist Gesprächsthema in allen Bevölkerungsschichten. Das Bild vieler Städte und sogar Landschaften (z. B. Skigebiete) wird durch Sportan-

lagen geprägt. „Der Sport ist zu einem Phänomen der modernen Welt geworden“ [Mevert 2003, S. 5].

Aufgrund der Popularität ist auch das Interesse bei der Wirtschaft und den Medien sehr groß und wächst weiterhin. Der Sport ist im Allgemeinen mit sehr positiven Attributen besetzt und eignet sich daher hervorragend zu Werbezwecken und zum Imagetransfer. Durch den Rückgang staatlicher Zuschüsse einerseits und dem zunehmenden Engagement von Unternehmen andererseits kommt es in Teilbereichen des Sports zu einer Kommerzialisierung, die auch in anderen Teilen der Gesellschaft (z. B. im kulturellen Bereich: Museen / Ausstellungen, Orchester / Bands) beobachtet werden kann.
Mit den neuen Wegen der Finanzierung und dem gesteigerten öffentlichen Interesse werden jedoch auch die Auswüchse der Kommerzialisierung im Sport alltäglich sichtbar. So setzte sich Kleiner bereits 1992 sehr kritisch mit der Werte-Wandel-Diskussion im Sport auseinander und formulierte provozierend: „Noch einige weitere Blitzlichter zur Situation der Werte im Sport: Kauf und Verkauf von Spitzensportlern als zeitgenössische Form des Menschenhandels, Doping als Antwort auf die Frage: Was ist das menschliche Leben heute noch wert?“ [Kleiner 1992, S. 460].

Die hier von Kleiner angesprochene Diskussion über den Werte-Wandel im Sport knüpft an die allgemeine Werte-Wandel-Diskussion an. Unter Werte sollen, ganz allgemein, „innere Führungsgrößen des menschlichen Tuns und Lassens, die überall dort wirksam werden, wo nicht biologische „Triebe“, Zwänge, oder „rationale“ Nutzungserwägungen den Ausschlag geben“ [Klages 1984, S. 9f.], verstanden werden. Sie übernehmen damit eine zentrale Steuerungsfunktion des menschlichen Verhaltens. Zwei Vertreter der allgemeinen Werte-Wandel-Diskussion sind Ronald Inglehart und Helmut Klages.

Inglehart spricht von einer Verschiebung der Wertprioritäten in der westlichen Öffentlichkeit von materialistischen Werten (wie u. a. physiologische Bedürfnisse, wirtschaftliche Stabilität, Sicherheit) hin zu postmaterialistischen Werten (Soziales, Selbstverwirklichung, Zugehörigkeitsgefühl, Mitsprache). “The values of Western publics have been shifting from an overwhelming emphasis on material well-being and physical security toward greater emphasis on the quality of life” [Inglehart 1977, S. 3]. Inglehart beschreibt den Übergang von der Modernisierung (Industriegesellschaften) in die Postmodernisierung, die den „abnehmenden Grenznutzen des ökonomischen Determinismus“ [Inglehart 1998, S. 467] widerspiegelt. Aufbauend auf der Mangelhypothese nach Abraham Maslow vertritt er die These, dass unter ökonomischen Mangelbedingungen ökonomische

Faktoren tendenziell eine entscheidende Rolle einnehmen, während nach Überwindung dieses Mangels Gesellschaften von anderen Faktoren geprägt werden. Zudem vertritt Inglehart die Sozialisationshypothese. Diese besagt, dass „die Unterschiede in den subjektiven Orientierungen unterschiedliche Sozialisierungserfahrungen widerspiegeln, wobei die frühen Lernprozesse die späteren Prozesse derart determinieren, dass sie kaum noch umgekehrt werden können" [Inglehart 1998, S. 33]. Wer also in einer Situation existenziellen Mangels aufgewachsen ist (z. B. Kriegssituation), wird tendenziell eher materialistische Wertvorstellungen vertreten als jemand, der einen solchen Mangel nicht erfahren hat.

Klages spricht im Gegensatz zu Inglehart von einer „Wertesynthese" wonach alte und neue Werte nicht in Opposition zueinander stehen müssen. Er zweifelt an, dass der, auch von ihm festgestellte, Werte-Wandel komplett in eine Richtung verlaufe. „Kurz gesagt handelt es sich bei der Wert-„Synthese" um ein Miteinander von Pflicht- und Akzeptanz- und von Selbstverwirklichungswerten" [Klages 1984, S. 165]. „Wir fanden in der Tat einen Persönlichkeitstypus, der gleichermaßen „moderne" und „traditionelle" Werte besonders schätzt" [Klages 2001, S. 10]. Nach Klages war der Werte-Wandel „ein Wertewandlungsschub[16], der gewissermaßen in der Mitte des Weges abbrach, ohne dass dies allerdings zu einem Zurückpendeln der Werte in irgendeine wertkonservative Normallage führte" [Klages 1988, S. 115]. Er wendet sich damit auch gegen das häufig in der Öffentlichkeit proklamierte Bild des Werteverfalls sowie eine damit einhergehende Sehnsucht nach der Rückkehr zu den „alten Werten". Er gelangt zu einer optimistischen Deutung des gesellschaftlichen Wandels, da er davon ausgeht, dass durch die Wertesynthese, als Leitlinie des Werte-Wandels, die Zukunftsfähigkeit der Menschen in modernen Gesellschaften gestärkt wird [vgl. Klages 2001, S. 10ff.].

In der noch recht jungen Diskussion über den Werte-Wandel im Sport werden die Positionen von Inglehart und Klages aufgegriffen. So wurde 1987 auf dem Kongress „Menschen im Sport 2000", den der DSB[17] in Berlin organisierte, von einem grundsätzlichen Werte-Wandel in der Gesellschaft ausgegangen. „Der Wert ‚Im Leben etwas leisten' sei zurückgedrängt worden vom Wert ‚Das Leben genießen' [...]" [Nagel / Conzelmann et al. 2004, S. 9]. Zudem käme es zu einer Auflösung traditioneller Strukturen, in dessen Zentrum der Prozess der Individualisierung stünde. Damit folgte man weitgehend der (eindimensionalen) Theorie

[16] Klages spricht von einem Wertewandlungsschub in den 1960er und 1970er Jahren, dessen Antriebskraft in der zweiten Hälfte nachgelassen habe.

[17] DSB ist die Abkürzung für „Deutscher Sportbund". Vor Zusammenschluss der beiden großen Sportdachverbände zum DOSB am 20. Mai 2006 existierte er neben dem Nationalen Olympischen Komitee (NOK).

Ingleharts und leitete entsprechende Schlussfolgerungen, wie z. B. dass Sport als „Dienstleistung“ [siehe dazu auch S. 75] angeboten werden müsse, ab.

Je mehr Ingleharts Theorie in der Folge, insbesondere aufgrund seiner für viele Kritiker zu starken Vereinfachung, in Frage gestellt wurde[18], je differenzierter wurde auch der Werte-Wandel im Sport betrachtet. So werden inzwischen im Spitzensport andere Wertemuster vermutet als im Breiten- bzw. Funsport [siehe dazu Kleiner 1992, S. 461ff.]. Zudem wird heute davon ausgegangen, dass traditionelle Werte weiter Einfluss auf die Menschen im Sport haben werden. Im Freiwilligensurvey 2009 heißt es dazu unter anderem: „Dennoch zeigen die meisten Umfragen, die im Zuge des Wertewandels durchgeführt wurden, dass die meisten Menschen den Gegensatz des Individuellen und Gesellschaftlichen nicht wollen und im Grunde auch nicht sehen“ [Gensicke / Geiss 2010, S. 115]. Und Nagel spricht inzwischen von einem „Wertepluralismus“ im Sport [vgl. Nagel 2006, S. 61].

Diese Ausführungen zeigen, dass sich die Akteure im organisierten Sport nicht auf ein eindimensionales Modell, das den Wandel von materialistischen Werten zu postmaterialistischen Werten abbildet, beschränken dürfen. Werte-Wandel ist komplex und zeigt sich besonders vielfältig in freiwilligen Organisationen. Hier treffen unterschiedliche Generationen, unterschiedliche Lebensmodelle und unterschiedliche Zielvorstellungen zusammen. So lassen sich z. B. in gemeinnützigen Großsportvereinen zwar Tendenzen der Individualisierung erkennen (Fitnessstudio mit flexiblen Trainingszeiten) und dennoch werden Gemeinschaft und Solidarität z. B. bei Ehrungen oder geselligen Veranstaltungen von den Vereinsmitgliedern (zum Teil von den gleichen Mitgliedern, die auch das Fitnessstudio besuchen) gelebt.

Mit seiner „Wertesynthese“ trägt Klages dieser Komplexität Rechnung, indem er ein Miteinander von traditionellen und modernen Werten deklariert [vgl. Klages 1984, S. 165]. Wobei betont werden muss, dass Klages zwar einen Wertepluralismus nicht bestreitet, sein Konzept der Wertsynthese aber darüber hinausgeht. Für ihn liegt die Auflösung der Werte-Wandel-Diskussion nicht in einem Ausspielen von Pflicht- und Akzeptanzwerten auf der einen und den Selbstentfaltungswerten auf der anderen Seite. Nach Klages liegt die Problemlösung „nicht in einem Wertverzicht nach irgendeiner Seite hin, sondern vielmehr in einer Wertverstärkung nach allen Seiten hin [...]“ [Klages 1988, S. 133].

Inwieweit die Theorien von Klages auch erste Erklärungsansätze liefern, warum der organisierte Sport nach wie vor und entgegen vieler Prognosen auf einem festen Fundament steht, wird an anderer Stelle noch einmal diskutiert [siehe S. 90]. Festzuhalten bleibt jedoch, dass trotz rasanter gesellschaftlicher Entwick-

[18] Zur Kritik an der Inglehartschen Theorie siehe u. a. Klages [1992, S. 5ff.].

lungen und des damit einhergehenden Werte-Wandels es dem organisierten Sport in Deutschland gelungen ist, sich als einer der wichtigsten Akteure im sog. Dritten Sektor zu behaupten. Beispielsweise stellt er mit 2.1 Millionen ehrenamtlich besetzten Positionen nach wie vor den quantitativ bedeutsamsten Träger bürgerschaftlichen Engagements dar [vgl. Breuer 2009, S. 34].

„Der Dritte Sektor wird von jenen Organisationen gebildet, die sich zwischen den Polen ‚Markt' und ‚Staat' und ‚informeller Sektor' angesiedelt haben" [Heinemann 2004, S. 77]. Sie erfüllen im Gegensatz zum Staat keine hoheitlichen Aufgaben, verfolgen im Gegensatz zu Unternehmen keine eigenwirtschaftlichen Ziele (daher auch „Non-Profit-Organisation", abgekürzt NPO) und haben im Gegensatz zum informellen Sektor eine formale Organisationsform.

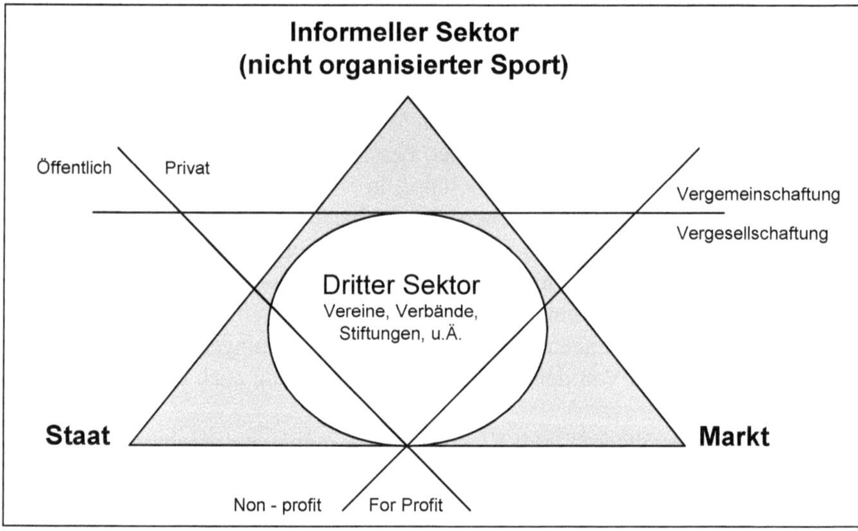

Abbildung 11: Der Dritte Sektor zwischen Staat, Markt und informellem Sektor (Quelle: Darstellung nach [Heinemann 2004, S. 77])

Der Dritte Sektor ist ein Phänomen moderner Gesellschaften. Die in diesem Sektor agierenden Organisationen entlasten den Staat von der Erfüllung öffentlicher Aufgaben (z. B. Sportförderung) und erhalten dafür Sonderrechte (z. B. Steuerprivilegien) und Unterstützung (z. B. Zuschüsse) vom Staat. Auf den Sport bezogen bedeutet dies: „Der Staat stellt rechtliche Absicherung und Geld für die Erfüllung von Aufgaben zur Verfügung, die Vereine oft auch aufgrund anderer Lohnstrukturen und des ehrenamtlichen Engagements billiger und auch unbürokratischer als der Staat sichern können. Im Übrigen kommt der Staat mit solchen

Förderungen dem Wunsch der Bürger entgegen, besser die sinnvolle Verwendung von Steuereinnahmen kontrollieren zu können“ [Heinemann 2004, S. 79].

In Deutschland garantiert Artikel 2 Abs. 1 des Grundgesetzes [Art. 2 Abs. 1 GG] die freie Entfaltung der Persönlichkeit und Artikel 9 Abs. 1 [Art. 9 Abs. 1 GG] sichert das Grundrecht zur Gründung von Vereinen. Der organisierte Sport mit seinen Vereinen und Verbänden steht somit, ganz im Gegenteil zu den frühen Anfängen der Sportbewegung, auf einem rechtlich starken Fundament. Gleichzeitig bekennt sich der Staat zur Förderung des Sports, was neben den zahlreichen Fördermaßnahmen der Kommunen und Länder auch die Sportberichte der Bundesregierung (letztmalig als Zwölfter Sportbericht der Bundesregierung erschienen am 03.09.2010 [Bundesministerium des Innern 2010, S. 12]) zeigen. In diesen Berichten werden regelmäßig „die stabilisierenden und wertvermittelnden Institutionen“ [Bundesministerium des Innern 1995, S. 15] und „die gesellschaftspolitischen Effekte“ [Bundesministerium des Innern 2002, S. 13] des Sports herausgehoben. Zudem wird betont, dass Sport für viele eine sinnvolle Freizeitbeschäftigung ist, eine gesunde Lebensführung fördert und Gemeinschaft stiftet [Bundesministerium des Innern 2010, S. 12].

Diese Eigenschaften werden auch immer wieder von den Sportverbänden und Sportvereinen proklamiert. Der gesellschaftliche Wandel, der letztlich auch ausschlaggebend für die Ausformung und Stärkung des Dritten Sektors war, geht allerdings weiter. Und so stellen die bereits skizzierten wandelnden Bedürfnisse der Mitglieder, die Kommerzialisierung im Sport und weitere gesellschaftliche Veränderungsprozesse die Sportvereine vor die Frage, ob die derzeitige Ausrichtung und Struktur des Vereins noch zeitgemäß ist. Im organisierten Sport werden als Reaktion auf diese Fragestellung Anpassungsprozesse sichtbar, die im nachfolgenden Kapitel näher erläutert werden.

3.2 Der Sportverein im Wandel

In Deutschland sind Sportvereine traditionell als Idealvereine nach §21 BGB (Bürgerliches Gesetzbuch) organisiert und damit im Vereinsregister eingetragene, rechtsfähige, nicht wirtschaftliche, sondern gemeinnützige Vereinigungen, die zum Wohl ihrer Mitglieder handeln [vgl. §21 BGB].

Klassische Vereinsmerkmale sind:

- Gemeinnützigkeit (staatlich anerkannte ideelle Zwecke),
- Ehrenamtlichkeit (insbesondere in der Führung) und Freiwilligenarbeit,
- Solidargemeinschaft (Interessengemeinschaft, in der die Mitglieder füreinander eintreten),
- Soziale Verantwortung (offen für Jedermann, Integrations- und Demokratisierungsfunktion),
- Freiwillige Mitgliedschaft (offen für Jedermann, Ein- und Austritt bestimmt das Mitglied),
- Pädagogische Verantwortung (insbesondere in der Kinder- und Jugendförderung),
- Orientierung an den Interessen der Mitglieder (Bindung der Mitglieder ist für den Sportverein substantiell),
- Demokratische Entscheidungsstrukturen (verbindlich nach §32 BGB),
- Autonomie (unabhängig von Dritten, insbesondere vom Staat),
- Rollenidentität (Mitglieder sind Produzenten und Konsumenten zugleich),
- Keine Gewinnorientierung / Non-Profit (Orientierung am Vereinszweck und nicht an monetären Zielen)

[vgl. Heinemann / Horch 1981, S. 123ff. und Nagel / Conzelmann et al. 2004, S. 8ff.].
Aufgrund dieser Merkmale und der ihnen zugesprochenen gesellschaftlichen Bedeutung [vgl. S. 72f.] werden Sportvereinen weit reichende Erleichterungen bei z. B. der Besteuerung oder bei den Anforderungen an die Rechnungslegung eingeräumt. Noch heute entsprechen zahlreiche der über 90 000 Sportvereine [vgl. Breuer 2009, S. 26] diesem Idealtypus. Doch die in 3.1 beschriebenen veränderten gesellschaftlichen Rahmenbedingungen, die Zunahme von Konkurrenz-Sportangeboten, die außerhalb des organisierten Sports wahrgenommen werden (können) und der damit einhergehende Verlust des Anbietermonopols im Sport sowie der Bedarf an neuen Finanzierungswegen hat zu einer vielfältigen Ausformung von Sportvereinen, auch allein aus Selbsterhaltungstrieb, geführt.

Diese Ausdifferenzierung findet in einem Spannungsfeld statt, an dessen Rändern auf der einen Seite der Sportverein als Dienstleistungseinrichtung und auf der anderen Seite der Sportverein als Solidargemeinschaft steht. Diese Diskussion wird verstärkt seit dem bereits oben genannten DSB-Kongress 1987 geführt. „Insbesondere Ommo Grupe plädierte damals dafür, dass sich die Vereine trotz vielfältiger gesellschaftlicher Veränderungen auch in Zukunft als Solidargemeinschaft verstehen sollten. Dagegen forderte Klaus Heinemann eine Öffnung und Modernisierung des organisierten Sports in Richtung Dienstleistungseinrichtung" [Nagel / Conzelmann et al. 2004, S. 43].

Der Sportverein als Solidargemeinschaft betont das „Füreinander da sein" und das „Wir-Gefühl" im Sinne des oben beschriebenen traditionellen Selbstverständnisses des Idealvereins. Der Sportverein als Dienstleistungseinrichtung versteht sich als Marktteilnehmer in einer diversifizierten Sportlandschaft und passt seine Angebote den Bedürfnissen der aktuellen und potenziellen „Kunden" an.[19]

Der Sportverein als Dienstleistungseinrichtung agiert am Rande des Dritten Sektors und bedient sich der Werkzeuge und Strukturen der Bereiche „Markt" und „Informeller Sektor" [siehe Abbildung 12, S. 75]. Die Vertreter dieser Strategie führen, ganz in der Tradition der Inglehartschen Theorie, als Argumente für diese Reaktion insbesondere den gesellschaftlichen Werte-Wandel an, der u. a. durch die Auflösung traditioneller Strukturen, durch einen Prozess der Individualisierung und durch eine Entwicklung von der Leistungs- zur Spaßgesellschaft gekennzeichnet sei.

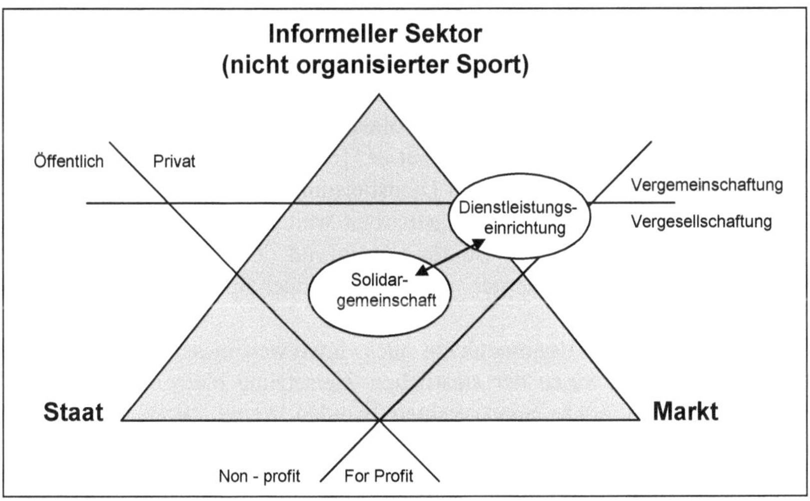

Abbildung 12: Spannungsfeld Solidargemeinschaft und Dienstleistungseinrichtung (Quelle: Eigene Darstellung angelehnt an Heinemann [Heinemann 2004, S. 77])

[19] Die Betrachtung von Sportclubs, die als Kapitalgesellschaften organisiert sind, erfolgt in dieser Arbeit nicht, da sie nicht mehr als gemeinnützige Vereine agieren und anerkannt sind und damit nicht der Forschungsfrage unterliegen.

Kurssysteme ohne Mitgliedschaftsbindung, individuelle Angebote, Trend- und Gesundheitsport sowie hauptamtliche Strukturen im sportlichen Bereich und in der Vereinsführung sind Merkmale dieses Sportvereintyps. Zudem wird die in der Solidargemeinschaft typische Rollenidentifikation insofern aufgelöst, als dass es einen Produzenten (Verein) und einen Konsumenten (Mitglied) gibt und die Beziehung auf Leistung (z. B. Sportangebot) und Gegenleistung (z. B. Beiträge) beruht. Diese Marktorientierung und Konzentration auf die individuellen Bedürfnisse scheint ein vielversprechendes Modell zu sein. So prognostizieren Nagel / Conzelmann et al.: „Die dienstleistungsorientierten Sportvereine können [...] weiterhin mit einem Zuwachs an Mitgliedern rechnen“ [Nagel / Conzelmann et al. 2004, S. 189].

Doch diese Strategie ist nicht unumstritten. Schon gar nicht besteht in der Wissenschaft Konsens darüber, dass eine Transformation (Solidargemeinschaft → Dienstleistungsunternehmen) die Voraussetzung für das Überleben der Sportvereine ist. Ganz im Gegenteil kann festgestellt werden, dass in der Sportwissenschaft verstärkt die Erkenntnis reift, „dass Sportvereine ungeachtet gesellschaftlicher Veränderung durchaus stabile Organisationsmuster darstellen und keineswegs zwangsläufig strukturelle Wandlung erfolgt“ [Fahrner 2008, S. 31]. Für die Zukunftsfähigkeit des Sportvereins als Solidargemeinschaft spricht unter anderem die weiter wachsende Zahl der Sportvereine [siehe DOSB 2010], von denen nach wie vor die Mehrzahl durch „eine eher solidargemeinschaftlich orientierte Handlungslogik der Mitglieder gekennzeichnet ist“ [Nagel 2006, S. 59].

Zudem ist zu vermuten, dass in den Dienstleistungseinrichtungen das ehrenamtliche Engagement bzw. die Freiwilligenarbeit weiter zurückgehen, die Vereinsbindungen nachlassen und die Beiträge (aufgrund der Finanzierung hauptamtlicher Strukturen sowie moderner, nicht-kommunaler Sportanlagen) weiter steigen werden.

Fraglich ist in diesem Zusammenhang auch, inwieweit diese Sportvereine noch förderungswürdig im Sinne der staatlichen Zielsetzung bleiben. In zahlreichen dienstleistungsorientierten Sportvereinen werden keine Wettkampfsportarten mehr angeboten, bürgerschaftliches Engagement wird durch hauptamtliche Strukturen ersetzt, teure Jugendarbeit weicht einem individuellen Kurssystem. Meist bleibt dann lediglich die Aufgabe als Gesundheitsförderer, die ein staatliches Engagement noch rechtfertigen könnte. Diese Aufgabe wird allerdings auch von kommerziellen Anbietern wahrgenommen, die nicht von Steuerprivilegien und Zuschüssen profitieren und damit einen erheblichen (durch staatliche Maßnahmen

verstärkten) Wettbewerbsnachteil gegenüber Sportvereinen haben.[20] Neben einer stärkeren Mitgliederbindung und einer höheren Bereitschaft zur Freiwilligenarbeit profitiert der als Solidargemeinschaft geführte Sportverein daher auch von einer soliden gesellschaftlichen und staatlichen Anerkennung als gemeinnützige Interessensgemeinschaft.
Die hier beschriebenen Unterscheidungskriterien (Solidargemeinschaft versus Dienstleistungseinrichtung) sind grundsätzlicher Art und werden in dieser Arbeit als wesentlich angesehen. Erfolgsmodelle für Sportvereine lassen sich, wie man aus der in dieser Arbeit bereits skizzierten wissenschaftlichen Diskussion erkennen kann, davon ausgehend jedoch nur schwer herleiten. Inzwischen haben sich unzählige Vereinstypen entwickelt. Sie lassen sich differenzieren durch, auch beliebig kombinierbare, Merkmale wie

- Mitgliederzahl,
- (Sport-)Angebot,
- Entscheidungsstrukturen,
- Beitragsstrukturen,
- Wertschöpfungsprozesse [siehe Graumann / Thieme 2010, S. 42ff.]
- u. v. a. m.

Jeder Sportverein ist auf seine Weise einzigartig. Daher ist es auch nicht verwunderlich, dass heute viele Sportvereine, unabhängig von ihrer Größe, Merkmale sowohl einer Solidargemeinschaft als auch einer Dienstleistungseinrichtung aufweisen. Nagel / Conzelmann et al. empfehlen sogar diese beiden Modelle zu kombinieren und sprechen von einer „dienstleistungsorientierten Solidargemeinschaft“, in der die positiven Eigenschaften beider Ausprägungen kombiniert werden [vgl. Nagel / Conzelmann et al. 2004, S. 191].

Welche Voraussetzungen und Erfolgsaussichten der noch näher zu definierende „gemeinnützige Großsportverein“ diesbezüglich hat, wird im folgenden Abschnitt beleuchtet. Der Fokus liegt auf den gemeinnützigen Großsportvereinen, da die Forschungsarbeit auf einer Fallstudie beruht, die im TSC Eintracht Dortmund, einem nach Definition dieser Arbeit typischen gemeinnützigen Großsportverein, durchgeführt wurde.

[20] Zur seit Jahren geführten Diskussion über die Sinnhaftigkeit der abgabenrechtlichen Privilegierung von Sportvereinen siehe exemplarisch das Gutachten des Wissenschaftlichen Beirats beim Bundesministerium der Finanzen vom August 2006 [Bundesministerium der Finanzen 2006].

3.3 Gemeinnützige Großsportvereine

3.3.1 Abgrenzung und Ziele

Für den „gemeinnützigen Großsportverein“ bietet die Literatur kaum Definitionen an. Der Begriff „Großsportverein“ oder „Großverein“ wird allerdings im organisierten Sport regelmäßig, z. B. bei Klassifizierungen durch die Sportverbände, verwendet. Die Eingruppierung der Vereine erfolgt dabei aufgrund ihrer Mitgliederzahlen. Wie viele Mitglieder aber ein Sportverein haben muss, um als Großsportverein zu gelten, ist völlig unterschiedlich definiert; dazu hier zwei Beispiele:
Der Landessportbund Nordrhein-Westfalen (LSB NRW) gibt auf seiner Internetplattform www.vibss.de vier Vereinstypen für Deutschland an [Hörsgen / van Oepen 2011]:

- Kleinvereine bis zu 100 Mitgliedern (ca. 35 %)
- Mittelvereine bis zu 300 Mitgliedern (ca. 34 %)
- Mittelgroße Vereine zwischen 300 und 1 000 Mitgliedern (ca. 25 %)
- Großvereine über 1 000 Mitglieder (ca. 6 %).

Der Badische Sportbund spricht von Großvereinen, wenn sie über 2 000 Mitglieder haben [Conzelmann / Gabler et al. 2003, S. 6].

Für eine zielführende Analyse ist eine Beschränkung auf das einzige Merkmal „Mitgliederzahl“ ohnehin wenig hilfreich. Auch Nagel / Conzelmann et al. kommen zu dem Schluss, dass eine solche Einteilung für konkrete Empfehlungen zu unpräzise sei [vgl. Nagel / Conzelmann et al. 2004, S. 31]. Daher wird an dieser Stelle eine eigene Klärung des Begriffes „gemeinnütziger Großsportverein“ vorgenommen und damit der Untersuchungsrahmen der Forschungsarbeit näher bestimmt.

Definition dem Wortlaut nach

Ein Großsportverein ist zunächst einmal ein **Verein** und damit „ein auf eine gewisse Dauer angelegter, körperschaftlich organisierter Zusammenschluss einer Anzahl von Personen, die ein gemeinschaftliches Ziel verfolgen“ [Sauter / Schweyer et al. 2001, S. 1].

Als *Sport*verein ermöglicht er Menschen, gemeinsam oder allein, Sport auszuüben, indem er ihnen z. B. Zugang zu Flächen / Sporträumen und Sportgeräten sowie Wettkämpfen und sonstigen den Sportvereinen vorbehaltenen Veranstaltungen ermöglicht. Ein Sportverein im Sinne der vorliegenden Arbeit ist zudem

Mitglied im DOSB oder einer zum DOSB gehörenden Untergliederung [siehe dazu auch S. 67].

Die Größe eines Sportvereins wird maßgeblich durch dessen Mitgliederzahl definiert. Als Orientierungshilfe für die (Mindest-) Mitgliederzahl eines *Groß*sportvereins sollen die Angaben in der Satzung des Freiburger Kreises e. V.[21] herangezogen werden. Demnach kann die Mitgliedschaft zum Freiburger Kreis von gemeinnützigen Sportvereinen erworben werden, „die folgende Voraussetzungen erfüllen sollen:

a) eine Mitgliederzahl von mindestens 2 500, [...]
b) hauptamtliche Mitarbeiter / innen

   und / oder Besitz vereinseigener Sportanlagen“
   [Freiburger Kreis 2007, §3, Abs. 1].

Ein Sportverein verfolgt *gemeinnützige* Zwecke, wenn seine Tätigkeit darauf gerichtet ist, die Allgemeinheit auf materiellem, geistigem oder sittlichem Gebiet selbstlos zu fördern [vgl. §§51-68 AO (Abgabenordnung)]. Fußballbundesligaclubs, die umgangssprachlich noch als Sportvereine bezeichnet werden, fallen daher, zumindest was ihren wirtschaftlich ausgerichteten Profibereich angeht, nicht darunter.

Definition dem Wesen nach

Großsportvereine sind in der Regel auch durch die bereits weiter oben genannten Merkmale eines Idealvereins gekennzeichnet [siehe S. 74]. Sie unterscheiden sich von anderen Sportvereinen aber nicht nur durch höhere Mitgliederzahlen, sondern meist auch durch ein umfangreicheres Angebotsspektrum und einen höheren Organisations- und Professionalisierungsgrad. Zudem verfügen sie in der Regel über vereinseigene Anlagen und sind häufig Vorreiter und Vordenker des organisierten Sports in ihrer jeweiligen Region.

Eine sehr umfassende und weitläufig anerkannte Typisierung von Sportvereinen nehmen Nagel, Conzelmann et al. vor [siehe Nagel / Conzelmann et al. 2004, S. 31ff.]. Auf Grundlage ihrer WLSB[22]-Vereinsstudie, durch die sie auf ca. 3 300 Vereinsfragebögen zurückgreifen können, versuchen sie, die Sportvereine anhand

[21] Der Freiburger Kreis e. V. ist ein Zusammenschluss großer gemeinnütziger Sportvereine, mit, Stand 2010, 165 Vereinen, in denen ca. 650 000 Mitglieder sportlichen und außersportlichen Aktivitäten nachgehen. Er ist die größte Kooperation von Sportvereinen auf Bundesebene und wurde 1974 in Freiburg im Breisgau durch 21 Großsportvereine gegründet. Er versteht sich als Interessen- und Arbeitsgemeinschaft (siehe www.freiburger-kreis.de [Freiburger Kreis 2011].

[22] Württembergischer Landessportbund.

mehrerer Kriterien möglichst homogen zu gruppieren. Dazu gehen sie folgenden übergeordneten Fragen nach:

- In welche *Strukturtypen* lassen sich die Vereine einteilen?
- Welche verschiedenen *Zielprofile* gibt es bei den Vereinen?
- Welche *Dienstleistungstypen* sind zu unterscheiden?

Bzgl. der Differenzierung nach *Strukturtypen* werden anhand der Merkmale „Vereinsgröße“, „Abteilungszahl“, „Alter (Gründungsjahr)“, „Haushaltsvolumen“ und „Beiträge“ neun Vereinstypen unterschieden:

ST[23] 1) Typische Einspartenvereine
ST 2) Alte Einspartenvereine
ST 3) Junge Einspartenvereine
ST 4) Teure Einspartenvereine
ST 5) Kleine Mehrspartenvereine
ST 6) Mittlere Mehrspartenvereine
ST 7) Große Mehrspartenvereine
ST 8) Großvereine
ST 9) Sehr teure Einspartenvereine

Bzgl. der Differenzierung nach *Zielprofilen* werden anhand der Ziel-Dimensionen „Qualität“, „Mitglieder“, „Breites Angebot / Offenheit“, „Leistungssport“ und „Geselligkeit“ und „Beiträge“ sechs Typen mit sehr unterschiedlichen Gewichtungen in den Vereinszielen ausgemacht:

ZPT[24] 1 Geselligkeitsvereine
ZPT 2 Breitensportorientierte Geselligkeitsvereine
ZPT 3 Kursorientierte Vereine
ZPT 4 Leistungs- aber auch breitensportorientierte Vereine
ZPT 5 Leistungssportorientierte Vereine
ZPT 6 Mehrperspektivisch orientierte Vereine

[23] Steht für „Struktur-Typ“.
[24] Steht für „Zielprofil-Typ“.

Bzgl. der Frage „Der Sportverein – *Solidargemeinschaft oder Dienstleistungseinrichtung?*“ werden weitere sechs Typen definiert:

DT[25] 1 Solidargemeinschaften

DT 2 Offene Solidargemeinschaften

DT 3 Nicht-professionalisierte Kursanbieter

DT 4 Teil-professionalisierte Kursanbieter

DT 5 Teil-professionalisierte Sportanbieter

DT 6 Professionalisierte Prestigesportanbieter

„Zwischen den Strukturtypen, Zielprofilen und Dienstleistungstypen bestehen eine Reihe von Zusammenhängen“ [Nagel / Conzelmann et al. 2004, S. 57]. So sind z. B. Einspartenvereine vielfach als Solidargemeinschaften zu charakterisieren und Mehrspartenvereine häufig kursorientiert.

Die Einordnung des gemeinnützigen Großsportvereins in einen *Strukturtyp* fällt relativ leicht. Als Großverein (ST 8) zeichnet er sich durch eine große Mitgliederzahl (WLSB-Studie: mind. 2 000 Mitglieder; Mittelwert: 6.497), eine hohe Abteilungsanzahl (Mittelwert 22.4), ein hohes Haushaltsvolumen (Mittelwert ca. 2.5 Mio.) und einen mittleren Mitgliedsbeitrag (Mittelwert ca. 170.00 € pro Jahr) aus [vgl. Nagel / Conzelmann et al. 2004, S. 36].

Die Einteilung des gemeinnützigen Großsportvereins in *Zielprofile* fällt dahingegen schwerer. So kann z. B. der eine Großsportverein das leistungsorientierte Ziel haben, in drei Ballsportarten mindestens in der Regionalliga zu spielen, der andere Großsportverein gibt als wichtigstes Ziel aus, mitgliederstärkster Verein der Region zu werden (oder zu bleiben) und ein dritter Großsportverein möchte jedes Jahr mindestens drei neue Trendsportarten in sein Programm aufnehmen.
Dennoch lassen sich Charakteristika hinsichtlich der Ziele gemeinnütziger Großsportvereine ausmachen. In der WLSB-Studie wurden die Funktionsträger der Sportvereine (i. d. R. Vereinsvorsitzende oder Geschäftsführer) zu den Vereinszielen befragt. Den beiden Ziel-Dimensionen „Qualität“ (mit u. a. den Ziel-Variablen „Qualität der Sportanlagen“ und „Qualität der Mitarbeiter“) und „Mitglieder“ (mit u. a. den Ziel-Variablen „Mitgliederzufriedenheit“ und „Mitgliedergewinnung“) wurden bei allen befragten Vereinen ein gleich hoher Stellenwert eingeräumt und sie eignen sich daher nicht als Abgrenzungskriterien. Diese Ziel-Dimensionen wurden bei der Einteilung der Sportvereine in Gruppen daher vernachlässigt.

[25] Steht für „Dienstleistungs-Typ“.

Unterschiedliche Tendenzen zeichneten sich hingegen bei den Ziel-Dimensionen „Breites Angebot / Offenheit“ (u. a. „Breitensport“, „Gesundheitssport“, „Trends“), „Leistungssport“ (u. a. „sportliche Erfolge“, „Talentförderung“) und „Geselligkeit“ (u. a. „Vereinstradition“, „außersportliches Angebot“) ab. Unter Berücksichtigung dieser drei Ziel-Dimensionen lassen sich daraus Zielprofil-Typen mit entsprechenden Zielprofilen ermitteln [siehe Abbildung 13, S. 82].

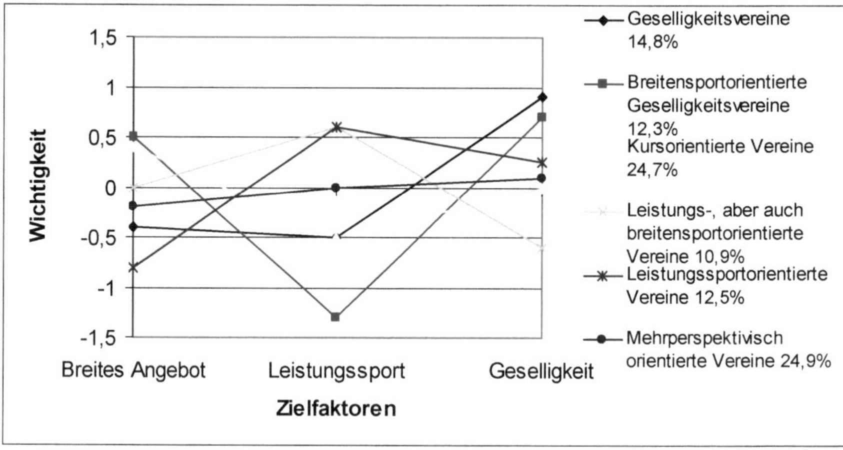

Abbildung 13: Zielprofile der Sportvereine. Auf der y-Achse ist jeweils der Grad der Wichtigkeit abgetragen (in standardisierten z-Werten) (Quelle: Darstellung nach Nagel / Conzelmann et al. [Nagel / Conzelmann et al. 2004, S. 42])

Besonders auffallend ist, dass ein Drittel aller Großvereine mit über 2 000 Mitgliedern der Gruppe der leistungs- aber auch breitensportorientierten Vereine (ZPT 4) angehört. Gleichzeitig wird davon ausgegangen, dass der größte Teil der Großsportvereine als sog. Mehrspartenvereine mit einem breiten Angebotsspektrum organisiert ist. Der Strukturtyp „großer Mehrspartenverein“ (ST 7) kommt daher dem Strukturtyp „Großverein“ (ST 8) am nächsten. Der Strukturtyp „großer Mehrspartenverein“ bildet wiederum hauptsächlich die Gruppe der „kursorientierten Vereine“ (ZPT 3). Auch wenn Nagel / Conzelmann et al. dazu keine Aussage treffen, kann davon ausgegangen werden, dass ein großer Anteil der Großvereine auch in der Gruppe der „kursorientierten Vereine“ vertreten ist.
Wird nun ein Mittelwert aus den Werten der Gruppen ZPT 3 und ZPT 4 gebildet und wird das Ergebnis mit „Zielprofil für gemeinnützige Großsportvereine“ überschrieben, ergibt sich daraus folgende Grafik:

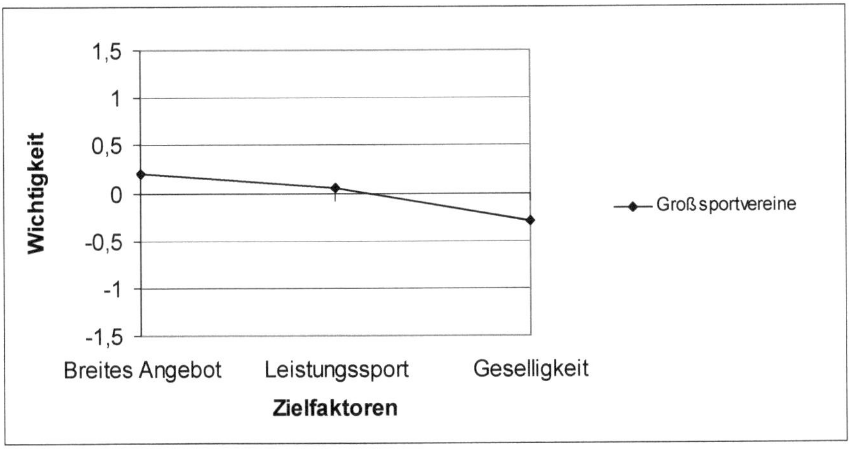

Abbildung 14: Zielprofil für gemeinnützige Großsportvereine (Quelle: Eigene Darstellung)

Das Ergebnis verwundert wenig, sind doch die Großsportvereine durch eine breite Ausdifferenzierung, die augenscheinlich auch mit den angestrebten Zielen einhergeht, gekennzeichnet.

Lediglich die Ziel-Dimension „Geselligkeit" wird unterdurchschnittlich bewertet. „In der Regel gibt es bei den Großvereinen keine Angebote mehr, die zum besseren Kennenlernen und Zusammenwachsen der Mitglieder über die Abteilungsgrenzen hinweg führen können und sollen. Das typische Vereinsleben findet innerhalb der einzelnen Abteilungen statt [...]" [Nagel / Conzelmann et al. 2004, S. 88]. Da in der Studie insbesondere die Vereinsführung befragt wurde, liegt die Vermutung nahe, dass Kriterien wie Geselligkeit, Gemeinschaft und außersportliche Angebote tendenziell niedriger bewertet wurden, als dies bei einer Befragung der Abteilungen bzw. Abteilungsleitungen der Fall gewesen wäre.

Zusammenfassend kann also davon ausgegangen werden, dass der überwiegende Teil der gemeinnützigen Großsportvereine allen Ziel-Dimensionen einen nahezu gleich hohen Stellenwert einräumt (mit kleinen Abstrichen beim Punkt Geselligkeit). Daraus ergibt sich für diesen Sportvereinstyp die Herausforderung, sich auf viele Anspruchsgruppen einstellen zu müssen und die Chance, dass zum einen negative Entwicklungen in einzelnen Bereichen des Vereins durch andere Bereiche aufgefangen werden können (→ Unabhängigkeit) und zum anderen Angebote sich gegenseitig befruchten können (→ Synergieeffekte).

Ein generelles Problem der Zielbestimmung in Sportvereinen macht Heinemann aus. Im Gegensatz zum z. B. mittelständischen Unternehmen, in dem die Geschäftsleitung oder der Inhaber den Weg vorgibt, müssen die Ziele eines Sportvereins mit den Zielen der Vereinsmitglieder übereinstimmen. Der Prozess der Zielbestimmung ist damit „ein politischer Prozess, in dem unterschiedliche Interessen, Einflusschancen und damit auch Konflikte ausgetragen werden. Dieser Prozess ist nie endgültig abgeschlossen“ [Heinemann 2004, S. 109]. Allzu häufig werden, um den unterschiedlichen Mitgliederinteressen Rechnung zu tragen, daher globale Ziele benannt, die sich kaum als Richtlinie organisatorischen Handelns eignen. Bei Großsportvereinen mit den oben beschriebenen weit gefächerten Zielprofilen, kann dieses Problem besonders zum Ausdruck kommen.

Bzgl. der Frage „Solidargemeinschaft oder Dienstleistungseinrichtung?“ besteht weitgehend Konsens darüber, dass sich Großvereine tendenziell immer mehr zu professionell geführten Dienstleistungseinrichtungen entwickeln:
„Je mehr Abteilungen und Mitglieder ein Verein hat und je größer das Haushaltsvolumen ist, desto stärker ist die Orientierung an modernen Entwicklungen“ [Nagel / Conzelmann et al. 2004, S. 78]. Die gemeinnützigen Großsportvereine sind Willens und in der Lage dazu, hauptamtliche Strukturen zu schaffen, um damit vermeintlich besser auf die Bedürfnisse aktueller und potenzieller Mitglieder eingehen zu können. „Insbesondere das Beispiel einer neuen Politik der Angebotserweiterung durch die Sportvereine zeigt, dass eine größere Leistungsfähigkeit der Organisationen (z. B. Großvereine) eng mit den Gesichtspunkten einer reflexiven Strukturation assoziiert ist, die die Organisationsveränderung und Neubildung [...] (z. B. Zusatzangebote, „Schnupperkurse“ etc.) in Abstimmung mit den veränderten Sportbedürfnissen und individualisierten Dienstleistungsansprüchen vornimmt“ [Stahl 2007, S. 11]. Daher lockert sich vor allem in Großvereinen „mit der Einführung von Kursangeboten die Vereinsbindung und es tritt immer häufiger ein dienstleistungsorientiertes Selbstverständnis der Sporttreibenden in den Vordergrund“ [Hörsgen / van Oepen 2011].

Gleichzeitig bestätigen allerdings viele Studien, dass insbesondere in den Abteilungen von Mehrspartenvereinen durchaus solidargemeinschaftlich geprägte Strukturen vorliegen. Die Abteilung fungiert in diesen Fällen meist als Verein im Verein [siehe dazu Nagel / Conzelmann et al. 2004, S. 87f.] und kann dann unabhängig vom Gesamtverein ein „Idealbild einer Solidargemeinschaft sein“ [Nagel / Conzelmann et al. 2004, S. 46]. Die kleinere Organisationseinheit eines Vereins mit abteilungsspezifischen Zielen (z. B. Aufstieg in die nächste höhere Spielklasse) ist häufig ähnlich wie ein Einspartenverein organisiert, während der Gesamtverein als eine Art kleiner Sportverband verstanden wird.

Der gemeinnützige Großsportverein ist damit eine Mischform beider Ausrichtungen. Nach außen hin wird er meist als professionelle Dienstleistungseinrichtung gesehen, weil er z. B. regelmäßig neue Sportarten ins Angebot aufnimmt oder eine täglich besetzte Geschäftsstelle mit entsprechendem Mitgliederservice vorzuweisen hat. Viele Abteilungen des Vereins kennzeichnen sich auf der anderen Seite aber wiederum durch ehrenamtliches Engagement und außersportliche Aktivitäten aus.

Fasst man die vorangegangen Ausführungen (Definitionen dem Wortlaut und dem Wesen nach) zusammen, lässt sich der gemeinnützige Großsportverein im Sinne der hier vorliegenden Arbeit durch folgende *Merkmale* abgrenzen:

- Er hat mindestens 2 500 Mitglieder.
- Er beschäftigt hauptamtliches Personal.
- Er verfügt über vereinseigene Anlagen.
- Er ist offen für neue Angebote und zeichnet sich durch eine große Angebotsvielfalt aus.
- Sein Zielprofil ist ausgeglichen, viele Ziele bestehen gleichwertig nebeneinander.
- Er entwickelt sich als Gesamtverein tendenziell zu einer Dienstleistungseinrichtung, fungiert in seinen Untergliederungen bzw. Abteilungen jedoch vielfach (weiterhin) als Solidargemeinschaft.

Auf dem Weg zur Beantwortung der Frage, ob der gemeinnützige Großsportverein ein Zukunftsmodell für den organisierten Sport ist, muss nun weiter geklärt werden, ob er über die erforderlichen Voraussetzungen verfügt, dem Veränderungsdruck des gesellschaftlichen Wandels erfolgreich zu begegnen. „Freiwilligenarbeit“, als entscheidender Erfolgsfaktor für Sportvereine, muss bezüglich dieser Fragestellung besonders aufmerksam betrachtet werden.

3.3.2 Freiwilligenarbeit

„Freiwilliges Engagement“, „Ehrenamt“, „Freiwilligenarbeit“ und zunehmend auch „bürgerschaftliches Engagement“ sind Schlagworte, die im organisierten Sport regelmäßig und auch häufig ohne eine klare Abgrenzung synonym verwendet werden. Denn „auch heute fehlt der Engagementforschung eine theoretische Integration von Begriffen wie öffentliche Beteiligung, freiwilliges, bürgerschaftliches oder ehrenamtliches Engagement, Zivilgesellschaft, dritter Sektor und soziales Kapital“ [Gensicke / Geiss 2010, S. 49]. Eine insbesondere „im letzten Jahrzehnt zunehmend verbreiterte Publikationslandschaft, in der die Zahl

der Neuerscheinungen phasenweise zu explodieren drohte" [Beher / Krimmer et al. 2008, S. 37] ist zugleich Ausdruck eines rasant gewachsenen gesellschaftspolitischen und wissenschaftlichen Interesses an diesem Themengebiet.
In dieser Arbeit wird hauptsächlich der Begriff der „Freiwilligenarbeit"[26] verwendet. Darunter „soll eine freiwillige, unentgeltliche Erstellung von Leistungen für und in freiwilligen Vereinigungen verstanden werden" [Heinemann 1992, S. 14]. Freiwillig insofern, dass die Mitarbeit nicht aufgrund physischen, rechtlichen oder ökonomischen Zwanges erbracht wird und unentgeltlich insofern, dass keine vertraglich geregelte monetäre Gegenleistung bezahlt wird. Die Leistung, die im oben genannten Sinne von dem freiwillig Tätigen erbracht wird, stellt zudem einen Mehrwert für den Verein dar (Wertschöpfung) und könnte alternativ auch auf dem Markt eingekauft werden.
Mit Ehrenamt wird meist eine formelle Freiwilligenarbeit bezeichnet, die dadurch gekennzeichnet ist, dass eine Person ein offizielles auf Dauer angelegtes Amt mit einer bestimmten Aufgabenstellung innehat (z. B. Vorsitzender oder Schatzmeister). Da dies aber für die vorliegende Arbeit nicht ausschlaggebend ist, wird auf diese Eingrenzung weitgehend verzichtet.
Der Begriff des „freiwilligen Engagements" schließt auch die informellen Arbeitsleistungen mit ein, „die nicht an ein Amt gebunden sind, sondern durch individuelle Absprachen, spontanes ‚Zupacken', Hilfsbereitschaft, selbstverständliche Unterstützung übernommen werden" [Heinemann 1992, S. 15] (z. B. Eltern, die für den Transport der Sportler zu den Turnieren sorgen). „Freiwilligem Engagement" wird verbreitet ein überpersönlicher Charakter zugeschrieben, „das Wohl des Gemeinwesens und anderer Menschen sollen im Vordergrund stehen" [Gensicke / Geiss 2010, S. 115]. Auch bei der Verwendung des Begriffes des „Bürgerschaftlichen Engagements", der insbesondere durch den Bericht der Enquete-Kommission im Jahr 2002 an Bedeutung gewonnen hat, wird davon ausgegangen, dass die freiwilligen Tätigkeiten Wirkungen zeigen, „die über die Motive und Zielsetzungen der Engagierten hinausgehen" [Enquete-Kommission 2002, S. 24]. Die Begriffe „Freiwilliges Engagement" und „Bürgerschaftliches Engagement" sind damit enger gefasst als „Freiwilligenarbeit", da sie neben der Freiwilligkeit und Unentgeltlichkeit auch in gewissem Maße gemeinwohlorientierte Motive bei den Engagierten voraussetzen.
In dieser Arbeit wird von einer großen Vielfalt von Motiven freiwillig Tätiger ausgegangen, die sowohl altruistisch als auch eigenwertorientiert sein können.

[26] Für Gewinnung und Bindung Freiwilliger eignet sich vermutlich besser der Begriff „Freiwilliges Engagement", da „Engagement" im Vergleich zu „Arbeit" mit positiveren Assoziationen verbunden ist.

Die Verwendung des weiter gefassten und weniger politischen Begriffes der „Freiwilligenarbeit“ erscheint daher zielführender.

Feiwilligenarbeit als entscheidende Ressource im Sportverein

„Der offensichtliche Nutzen freiwilliger Mitarbeit für den Verein besteht darin, dass sie unbezahlt ist“ [Heinemann 1992, S. 16]. Laut Sportentwicklungsbericht 2007 / 2008 engagieren sich in Sportvereinen jährlich ca. 2.1 Mio. Mitglieder als Ehrenamtliche (ca. 36.6 Mio. Stunden pro Jahr, aus der eine jährliche Wertschöpfung von ca. € 6.6 Mrd. resultiert) und zusätzlich ca. 6.6 Mio. Mitglieder als freiwillige Helfer [vgl. Breuer 2009, S. 34]. Durch diese unbezahlte Wertschöpfung können die Sportvereinsangebote zu erschwinglichen Beiträgen von einem großen Teil der Bevölkerung nachgefragt werden. Kommerzielle, gewinnorientierte Sportanbieter sind meist nicht in der Lage, vergleichbare Leistungen zum selben Preis anzubieten.

Neben diesem „Preisvorteil“ bringt Freiwilligenarbeit dem Sportverein aber auch noch weitere Vorteile, von denen einige hier aufgeführt werden:

- Die Arbeitsleistung von freiwillig Engagierten ist aufgrund der in der Regel größeren Motivation und vermutlich auch dem höheren Identifikationsgrad („Ich tue etwas Gutes“ oder „Ich ermögliche mir selbst ein besseres Sportangebot“) häufig der bezahlten Arbeit überlegen.
- In Sportvereinen kommen viele Menschen mit unterschiedlichen Kompetenzen zusammen, auf die der Verein zurückgreifen kann. „Der Rückgriff auf berufliche Qualifikationen ist ein durchgängiges Muster und entscheidender Leistungsvorteil freiwilliger Vereinigungen“ [Heinemann 1992, S. 16f.].
- Mitglieder haben Beziehungen aus ihrem privaten oder beruflichen Umfeld zu wichtigen Personen bzw. Institutionen, die sie zum Wohle des Vereins einbringen können. Sie verfügen zudem häufig über eigene Ressourcen (Computer, Fahrzeuge, Kopierer etc.), die auch für die freiwillige Vereinsarbeit eingesetzt werden können.
- Freiwilligenarbeit hat auch eine wichtige Rückkopplungsfunktion. So beeinflussen und kontrollieren die Mitglieder durch ihr Wirken die Arbeit und auch Ausrichtung des Vereins, indem sie ihr eigenes Sportangebot mitgestalten und damit die Basis für eine optimale Kundenorientierung bilden.
- Freiwilliges Engagement und Ehrenamt sind wichtig für das positive öffentliche Image der Sportvereine sowie deren gesellschaftliche und politische Anerkennung als besonders förderungs- und unterstützungswürdige Institutionen.

Trotz dieser Vorteile gehen viele Sportvereine, insbesondere auch die gemeinnützigen Großsportvereine, dazu über, hauptamtliche Strukturen mit bezahlten Mitarbeitern im sportlichen und organisatorischen Bereich aufzubauen. Heinemann macht als Gründe dafür u. a. „Strukturschwächen der ehrenamtlichen Mitarbeit", „Kosten der Freiwilligenarbeit"[27] und „gestiegene Anforderungen an ehrenamtliche Mitarbeiter" aus [siehe dazu Heinemann 1992, S. 22ff.].
So ist z. B. die begrenzte und unregelmäßige Verfügbarkeit der Freiwilligen für viele Vereine ein Problem. Auch unzureichende Qualifizierung der Ehrenamtlichen, sowie unprofessionelle, nicht selten zufällige, Rekrutierungsmaßnahmen, die häufig zu ungeeigneten Stellenbesetzungen führen („Hauptsache es macht einer!") schwächen die Sportvereine. Lange Reaktionszeiten aufgrund von unregelmäßiger Verfügbarkeit oder fehlender Kompetenz der (ehrenamtlichen) Entscheidungsträger führen dann zu Wettbewerbsnachteilen gegenüber reaktionsschnelleren Organisationsformen bzw. gegenüber professionell aufgestellten Sportvereinen.

Die vorangegangenen Ausführungen zeigen, dass Freiwilligenarbeit zwar eine der wichtigsten Ressourcen, aber zugleich auch die größte Herausforderung für Sportvereine ist. Während Sportvereine mit einer professionellen und zielorientierten Organisation der Freiwilligenarbeit die Vorteile einer gemeinnützigen Organisation optimal ausspielen können, werden Sportvereine mit unprofessioneller Freiwilligenarbeit geschwächt.
Der zukunftsorientierte Sportverein wird daher Freiwilligenarbeit als zentralen Erfolgsfaktor erkennen müssen. Weder der (ausschließliche) Austausch freiwillig Engagierter durch hauptamtliche Mitarbeiter, noch das Beharren auf alt(modisch)en Vereinsgebaren hinsichtlich der Gewinnung und Führung von Freiwilligen können angemessene Mittel sein, den Herausforderungen des gesellschaftlichen Wandels zu begegnen.
Dies gilt nach Auffassung des Autors dieser Arbeit auch für gemeinnützige Großsportvereine, obwohl die Tendenz zur Hauptamtlichkeit hier besonders ausgeprägt ist. Denn es gilt zu betonen, „dass die Verstärkung der bezahlten Mitarbeit nicht zwangsläufig mit dem Zurückdrängen der ehrenamtlichen Tätigkeit verbunden ist" [Nagel / Conzelmann et al. 2004, S. 191]. Nagel / Conzelmann et al. sehen in einer zu starken Dienstleistungsorientierung und damit einhergehenden Ablösung der Freiwilligenarbeit durch die Hauptamtlichkeit auch die Gefahr von Finanzierungsproblemen, die die Attraktivität von Sportvereinen beeinträchtigen könnten [vgl. Nagel / Conzelmann et al. 2004, S. 190f.]. In einem gemein-

[27] Freiwilligenarbeit belastet zwar nicht unmittelbar monetär den Haushalt eines Vereins, dennoch ist sie nicht kostenlos. Freiwillige müssen z. B. motiviert und geschult werden und ihr Einsatz muss koordiniert und kontrolliert werden.

nützigen Großsportverein als „dienstleistungsorientierte Solidargemeinschaft" [vgl. S. 77] sollten daher vielmehr die Stärken der Hauptamtlichkeit mit denen der Freiwilligenarbeit optimal kombiniert werden.

Freiwilligenarbeit im gemeinnützigen Großsportverein hat Potenzial

Als Gründe für die Zunahme der Hauptamtlichkeit im organisierten Sport macht Heinemann neben den bereits oben genannten auch eine „sinkende Engagementbereitschaft" aus [vgl. Heinemann 1992, S. 30f.]. Und auch im EU-Weißbuch heißt es: „Es zeichnen sich jedoch neue Trends im Sport ab, insbesondere bei jungen Menschen. Der Schwerpunkt verlagert sich immer mehr vom Mannschafts- und Vereinssport in organisierten Strukturen zum Individualsport, was zu einem Rückgang der Basis der Ehrenamtlichen in Amateursportvereinen führt" [Europäische Kommission 2007, S. 7].
Auch im letzten Sportentwicklungsbericht wurde die „Bindung und Gewinnung ehrenamtlicher Mitarbeiter" von den befragten Vereinen als größtes Problem angesehen [vgl. Breuer 2009, S. 39].
Gleichzeitig zeigen allerdings aktuelle Studien, dass sowohl die Engagementquote als auch das Engagementpotenzial in Deutschland auf einem hohen Niveau stabil ist. Einige Studien machen sogar einen Zuwachs aus: „Die so genannte Engagementquote, also der Anteil freiwillig Engagierter an der Bevölkerung, ist zwischen 1999 und 2009 von 34 % auf 36 % gestiegen […] Der Anteil der zum Engagement Bereiten hat sich in der Bevölkerung zwischen 1999 und 2009 von 26 % auf 37 % stark vergrößert […]" [Gensicke / Geiss 2010, S. 5ff.].
„Zusammengenommen geben 39 % der Jugendlichen an, in mindestens einem der von uns abgefragten Bereiche „oft" aktiv zu sein. Der Anteil ist im Vergleich zu 34 % im Jahr 2002 und 33 % im Jahr 2006 angestiegen" [Hurrelmann / Albert et al. 2010, S. 152].

Dieses Missverhältnis zwischen der geäußerten Bereitschaft in der Bevölkerung, sich zu engagieren, und dem geäußerten Mangel an freiwilliger Mitarbeit in den Sportvereinen wirft Fragen auf und könnte mehrere Ursachen haben:

1) Mit der Ressource der „freiwilligen unentgeltlichen Mitarbeit" in Vereinen könnte es sich ähnlich wie mit der Ressource „Geld" verhalten: „Beide sind im Verhältnis zu den Wachstumszielen von Vereinen strukturell bedingt (in aller Regel) chronisch knapp und schwer zu generieren, mit der Folge, dass bei ihrer Beurteilung die Einschätzung dominiert, davon im Grunde immer zu wenig zu besitzen" [Schubert / Horch et al. 2006, S. 24].
   Verstärkt wird dieser Eindruck allerdings durch die Tatsache, dass die Aufgaben im Sportverein immer komplexer werden und daher auch mehr Arbeitsstunden bei den freiwillig Engagierten anfallen. „Hierfür spricht auch, dass

entgegen der Entwicklung der Anzahl an Ehrenamtlichen der durchschnittliche Arbeitsumfang pro ehrenamtlich Engagiertem signifikant angestiegen ist" [Breuer 2009, S. 34].

2) Die Vereine erkennen nicht das Engagementpotenzial, das offensichtlich in der Gesellschaft vorhanden ist, und versuchen erst gar nicht oder zumindest nicht konsequent genug, dieses Potenzial zu nutzen.
Die Diskussion über den (Werte-)Wandel der Gesellschaft und die damit einhergehende Diskussion über den Wandel der Motive und anderer subjektiver Hintergründe des freiwilligen Engagements wurde in den 1980er und 1990er Jahren oft unter dem Titel „Krise des Ehrenamts" geführt [vgl. Gensicke / Geiss 2010, S. 111]. In vielen Vereinen bestimmen diese inzwischen vielfach kritisierten und weitgehend widerlegten Aussagen und Prognosen noch heute das Denken der Vereinsarbeit und verhindern einen realitätskonformen Umgang mit dem Thema.[28] Ganz zu schweigen davon, dass die Erkenntnisse Klages zur Werte-Synthese in den Sportvereinen als Chance für die Freiwilligenarbeit erkannt werden.

3) Die Vereine erkennen zwar das Engagementpotenzial, es gelingt ihnen aber nicht, professionelle Rahmenbedingungen für eine zeitgemäße Freiwilligenarbeit zu schaffen. Dies führt dazu, dass entweder Aufgaben nicht (mehr) erledigt werden können oder Aufgaben von hauptamtlichem Personal übernommen werden.

Professionelle Rahmenbedingungen für Freiwilligenarbeit können nur dann geschaffen werden, wenn die Motive der Menschen, die sich engagieren bzw. bereit sind, sich zu engagieren, bekannt sind.
Die vorliegende Arbeit folgt diesbezüglich der Argumentation von Klages, der sich im Rahmen seiner Werte-Wandel-Forschung gegen die gesamte Tendenz des Negativbildes, das die deutsche Gesellschaft seiner Meinung nach von sich selbst hat, wendet. Er löst sich von insbesondere in den 1990er Jahren proklamierten Begriffen wie „Ego-Gesellschaft", „Moral-Vakuum" etc. [vgl. Klages 2001, S. 8]. Seine optimistische Deutung des Werte-Wandels, den er bekanntlich nicht abstreitet, spiegelt sich auch in seiner Beurteilung über die Zukunft des freiwilligen Engagements wider: „[...] das in allen entwickelten Ländern beobachtbare Vor-

[28] Bezeichnenderweise für diese Grundeinstellung wurden Ingleharts Theorien auch weitgehend einseitig ausgelegt. Denn Inglehart geht, stärker noch als Klages, davon aus, dass im Zuge seines definierten Postmaterialismus auch die Bereitschaft zu hoher individueller Mobilisierung und damit hoher Engagementbereitschaft wächst. Während der organisierte Sport den Gedanken der Individualisierung (Der Sportverein als Dienstleistungseinrichtung) offensichtlich aufgegriffen hat, scheint Ingleharts Theorie der Tendenz zur höheren Engagementbereitschaft allerdings wenig Beachtung gefunden zu haben.

dringen von Selbstentfaltungswerten, das den Wertewandel zentral charakterisiert, [hat] die Engagementbereitschaft der Bevölkerung nicht geschwächt, sondern – gerade umgekehrt – gestärkt [...]. Es beeindruckt, wie deutlich Selbstentfaltungswerte mit der Bereitschaft zum Engagement in Verbindung stehen" [Klages 2001, S. 8]. Er sieht diese Entwicklung auch als Beleg für seine Theorie der Werte-Synthese [siehe S. 70] und auch die Shell Jugendstudie bestätigt: „Vielmehr versuchten viele Jugendliche zu einer Synthese von inzwischen entstaubten ‚traditionellen' Werten mit ‚modernen' Werten zu gelangen" [Hurrelmann / Albert 2006, S. 175].
Die Bereitschaft zur Freiwilligenarbeit geht also nicht grundsätzlich zurück, die Motive für ein solches Engagement werden aber vielfältiger und komplexer. „Der Freiwilligensurvey konnte bestätigen, dass zu den gesellschaftlichen und geselligen Motiven, sich zu engagieren, auch individuelle interessenbezogene Gründe gekommen sind, ohne allerdings gesellschaftliche und soziale Motive zu verdrängen" [Gensicke / Geiss 2010, S. 116]. So wird z. B. dem Faktor „Spaß" im Hinblick auf die Erwartungen an die freiwillige Tätigkeit eine große Bedeutung eingeräumt [vgl. Gensicke / Geiss 2010, S. 119, 123, 136]. Nach Klages verstehen heute aber unter Spaß „sehr viele Menschen das Erlebnis aktiven und erfolgreichen persönlichen Wirkens und Helfens in Verbindung mit Selbsterweiterungserfahrungen [...]" [Klages 2001, S. 8]. Eine strikte Trennung zwischen „Wir" und „Ich" muss daher nicht gegeben sein.

Die beschriebene Motiv-Vielfalt erfordert auch flexible Strukturen der Freiwilligenarbeit im Sportverein. Die Enquete-Kommission schlägt vor, „institutionelle Bedingungen und Passungsverhältnisse zu schaffen, die es den Engagierten ermöglichen, sich sowohl an Entscheidungen als auch an der Erbringung von Leistungen zu beteiligen" [Enquete-Kommission 2002, S. 92]. Und bezogen auf die Jugendlichen: „Auch Möglichkeiten zur Qualifikation und Weiterbildung sowie Formen der Anerkennung in Verbänden und Organisationen müssen darauf hin überprüft werden, ob sie den Interessen und Bedürfnissen von Kindern und Jugendlichen entsprechen" [Enquete-Kommission 2002, S. 99].

Auch die Sportverbände verstärken ihre Informations- und Beratungsbemühungen im Bereich der Freiwilligenarbeit. Zahlreiche Internetportale, Lehrbücher, Workshops und Seminare werden zu diesem Thema angeboten. Die Angebote stützen sich in erster Linie auf die bereits in dieser Arbeit behandelten Studien und so fordert z. B. der DOSB in seiner Broschüre „Texte zum Freiwilligen-Management": „Versetzen Sie sich in die Lage der Menschen, die Sie gewinnen wollen. Erspüren Sie ihre Bedürfnisse. Kommunizieren Sie in ihrer Sprache. Umso besser es Ihnen gelingt, desto erfolgreicher wird Ihr Freiwilligen-Management“ [DSB o. J., S. 19].

Die Schaffung von Strukturen, die auf eine kontinuierliche und nachhaltige Förderung der Freiwilligenarbeit abzielen, erscheinen allerdings sehr aufwendig. Insbesondere wenn davon auszugehen ist, dass, trotz eines stabilen Engagementpotenzials, sich die konkreten Motive der Freiwilligen auch in Zukunft verändern und ggf. erweitern werden.
Gemeinnützige Großsportvereine besitzen aber außerordentlich gute Voraussetzungen, Freiwilligenarbeit erfolgreich zu fördern. Sie verfügen über hauptamtliches Personal, das kontinuierlich Projekte verfolgen kann, auch wenn das freiwillige „Personal“ wechselt. Hauptamtliche sorgen für den Wissenstransfer, halten bei Bedarf die Fäden zusammen und dienen als Schnittstelle zwischen Vereinsführung und den freiwillig Engagierten. Sie können Qualifizierungen organisieren und ggf. selbst durchführen, sorgen für die erforderliche Anerkennung und eine koordinierte Öffentlichkeitsarbeit. Insbesondere können sie die Motive der Freiwilligen kontinuierlich beobachten, sodass der Verein ggf. mit Aufgaben und Angeboten auf mögliche Veränderungen reagieren kann.
Der gemeinnützige Großsportverein verfügt über vereinseigene Anlagen, in denen Arbeitsräume für Fortbildungen, kreativen Austausch (z. B. Zukunftswerkstätten) und Konferenzen sowie Sozialräume für das gesellige Miteinander (Feier, Party, Ruheraum, Gastronomie etc.) zur Verfügung stehen.
Aufgrund seiner großen Angebotsvielfalt und seiner Offenheit für neue Angebote bietet er zahlreiche Tätigkeitsfelder für die Freiwilligenarbeit und ist zudem besser als kleine Vereine in der Lage, neue Angebote, die auf Wunsch von freiwillig Engagierten ins Leben gerufen werden, erfolgreich in den Gesamtverein zu integrieren.
Zudem verfügt der gemeinnützige Großsportverein bereits über ein stabiles Fundament von Ehrenamtlichen, die insbesondere in den solidargemeinschaftlich organisierten Abteilungen tätig sind. Die Erfahrungswerte mit den Ehrenamtlichen helfen bei der Gewinnung und Bindung neuer freiwillig Engagierter. Zudem können die bereits Engagierten als Vorbild, Ansprechpartner und Mentor für neue Freiwillige fungieren.

Hinsichtlich der Freiwilligenarbeit im gemeinnützigen Großsportverein werden daher abschließend folgende zusammenfassende Aussagen getroffen:

- Freiwilligenarbeit ist ein entscheidender Erfolgsfaktor für Sportvereine. Dies gilt trotz der nachgewiesenen Tendenz zur Hauptamtlichkeit auch für die gemeinnützigen Großsportvereine.
- Es gibt keine Belege für eine grundlegende gesellschaftliche Krise des freiwilligen Engagements, des Ehrenamts oder der Freiwilligenarbeit.
- Im organisierten Sport scheinen jedoch Defizite oder Vorbehalte bzgl. der Gewinnung und Organisation von Freiwilligen vorzuliegen.
- Der gemeinnützige Großsportverein verfügt über sehr gute Voraussetzungen, Freiwilligenarbeit erfolgreich zu integrieren und damit die Stärken der Hauptamtlichkeit und der Freiwilligenarbeit unter einem Dach in einer „dienstleistungsorientierten Solidargemeinschaft" zu vereinen.

3.3.3 Veränderungsdruck durch gesellschaftlichen Wandel

Wie bereits in 3.1 ausführlich dargelegt, hat der gesellschaftliche Wandel einen entscheidenden Einfluss auf Sportvereine und erzeugt einen nachhaltigen und starken Veränderungsdruck. Ähnlich wie in 3.1 kann gezeigt werden, dass noch weitere wesentliche Veränderungen großen Einfluss auf den organisierten Sport haben:

- Der rasante technologische Wandel erfordert schnelle Anpassungsprozesse. Neue Trends verbreiten sich über die neuen Medien um ein vielfaches schneller als noch vor dem Internetzeitalter. Die Erwartungshaltung der Mitglieder an eine schnelle und unkomplizierte Kommunikation steigt. Neue Marktteilnehmer können sich schnell und kostengünstig positionieren und für sich werben.
- Die Auflösung traditioneller Schichtsysteme eröffnet den Sportvereinen neue Zielgruppen, fordert sie aber auch dahingehend heraus, dass die Mitgliederzusammensetzung unberechenbarer wird und die Fluktuation steigt. Die Kinder langjähriger Mitglieder werden von ihren Eltern nicht mehr wie selbstverständlich in dem Heimatverein angemeldet, sondern sie entscheiden immer wieder aufs Neue, wie sie ihre Freizeit gestalten wollen.
- Das Angebot und nicht die Stadtviertelzugehörigkeit oder die vermeintliche gesellschaftliche Gesinnung des Vereins sind entscheidend für die Vereinsauswahl und die Treue zum Verein.
- Die vor allem in den letzten Jahren rasanten Veränderungen der Bildungslandschaft stellen die Sportvereine vor weitere Herausforderungen. So sorgt die Offene Ganztagsschule und auch das Abitur nach 12 Jahren (G 8) für eine

Verlagerung der (Frei-)zeit der Schüler in die Schule sowie für eine Verknappung der Sporträume an der Stelle, an der Vereine und Schule die Sporthallen und Sportplätze gleichzeitig nutzen. Lebenslanges Lernen im Beruf führt außerdem zu neuen und unvorhergesehenen Karrierebiographien, die unter Umständen für eine erhöhte Fluktuation bei den Mitgliedern und dem (ehrenamtlichen) Führungspersonal der Vereine sorgen.

- Durch den demographischen Wandel verändern sich die Zielgruppen der Vereine. Die Gewinnung von Kindern und Jugendlichen wird aufgrund der sinkenden Geburtenraten erschwert, ältere Generationen gewinnen an Flexibilität und Einfluss und werden daher immer attraktiver für u. a. Industrie, Politik und gemeinnützige Organisationen.

Unter all den hier und bereits in 3.1 beschriebenen Herausforderungen für den organisierten Sport, sticht insbesondere die Herausforderung durch den in dieser Arbeit ausführlich diskutierten Werte-Wandel heraus. Der Werte-Wandel zeigt Wirkungen sowohl bei den freiwilligen und hauptamtlichen Mitarbeitern als auch bei den aktuellen und potenziellen Mitgliedern und Freiwilligen. Der Werte-Wandel wirkt sich natürlich auch auf Mitarbeiter und Kunden von wirtschaftlichen Unternehmen aus. Der Veränderungsdruck für gemeinnützige Großsportvereine ist aber besonders vielschichtig, weil diese neben dem hauptamtlichen Personal und den Kunden[29] auch und ganz besonders die Werte der Mitglieder und der Freiwilligen verstehen und berücksichtigen müssen [siehe Abbildung 15, S. 95].
Dem Veränderungsdruck durch den gesellschaftlichen Wandel können Sportvereine, unabhängig von ihren Zielen, unterschiedlich begegnen. Nicht veränderungswillige Sportvereine, die über keine zukunftsorientierte Vereinskultur und eine damit einhergehende wirksame Visionskultur verfügen, werden nicht bereit sein, neue Wege zu gehen („Früher war alles besser!"', „Weiter so!"). Sie können erstens versuchen, Probleme auszusitzen und auf bessere Zeiten zu warten. Dieses kann bei temporären Problemen durchaus ein gangbarer Weg sein, erscheint angesichts der oben genannten großen und vor allem nachhaltigen Herausforderungen allerdings wenig Erfolg versprechend.

[29] Kunden werden an dieser Stelle die Mitglieder und Kursteilnehmer (Nichtmitglieder) genannt, die den Verein als Dienstleistungseinrichtung verstehen und in Anspruch nehmen.

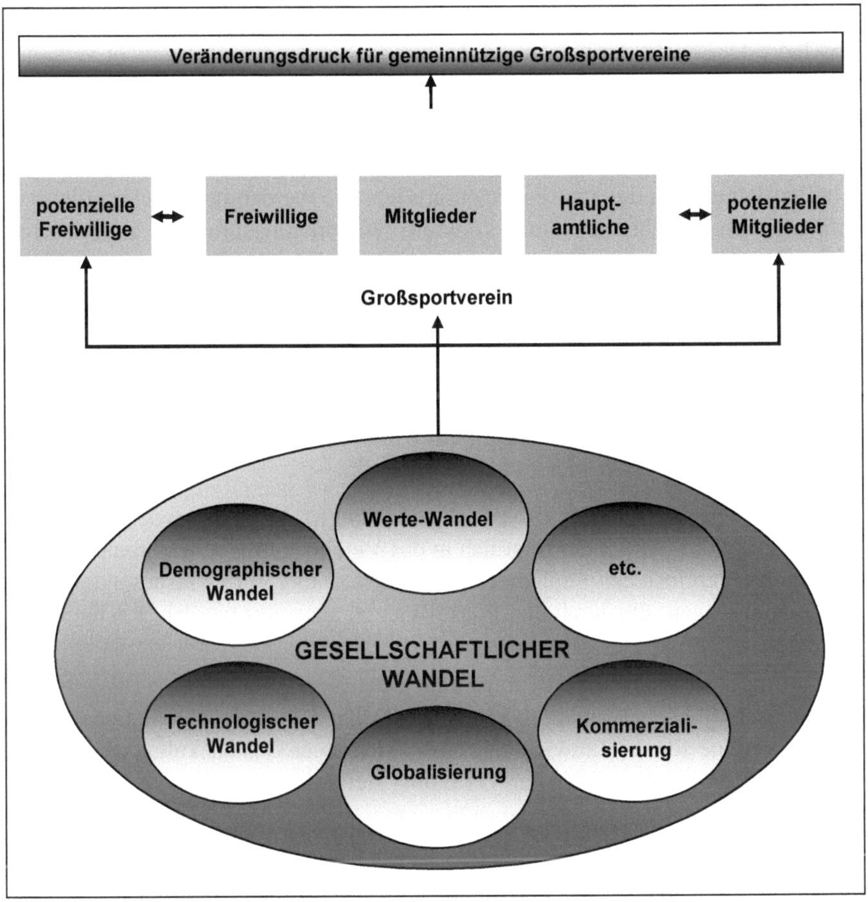

Abbildung 15: Veränderungsdruck für gemeinnützige Großsportvereine (Quelle: Eigene Darstellung)

Sie können zweitens auf die Unterstützung von außen setzen. Ist allerdings ein Sportverein auf die Hilfe eines Partners (z. B. Stadt oder Sponsor) angewiesen, besteht die Gefahr, dass er seine Unabhängigkeit verliert. Zwar können Probleme oder Krisen durch z. B. finanzielle Zuwendungen Dritter abgewendet werden, häufig müssen dann allerdings Entscheidungen mit den Partnern (Geldgebern) abgestimmt und unter Umständen gegen originäre Vereinsinteressen getroffen werden. Nicht selten führt eine derartige Abhängigkeit auch zu einem von außen auferlegten Veränderungsprozess (z. B. durch die Forderung nach einer neuen

Führungsstruktur), der dann allerdings nicht mehr (allein) in der Hand des Vereins liegt. Der letzte Ausweg für nicht veränderungswillige bzw. nicht veränderungsfähige Sportvereine ist das Ausscheiden aus dem Markt, also die Vereins- oder auch Abteilungsauflösung bzw. die Streichung von Vereinsangeboten.

Hingegen werden Sportvereine mit einer zukunftsfähigen Vereinskultur den gesellschaftlichen Wandel als Chance aufgreifen. Sie werden bereit sein, effektive, aufmerksame, ganzheitliche und konkrete Veränderungsprozesse zu initiieren [siehe S. 64] und damit die Grundlage für eine erfolgreiche Zukunft bilden. Diese Veränderungsprozesse erfordern eine wirksame Visionskultur. Wirksame Visionskulturen können wiederum nur dort entstehen, wo Menschen zusammenkommen und Visionen entwickeln und umsetzen können. In den gemeinnützigen Sportvereinen bilden dafür ein sehr großes Potenzial die freiwilligen Mitarbeiter.

Der gemeinnützige Großsportverein steht daher vor zwei grundlegenden Herausforderungen, die eng miteinander verknüpft sind:

1) Freiwilligenarbeit muss als entscheidender Erfolgsfaktor (wieder-)erkannt werden [vgl. S. 88] und erfolgreich in das Vereinsleitbild, die Vereinsstrategie und das Vereinsleben implementiert werden. Dabei gilt es insbesondere, den Veränderungen, die durch den Werte-Wandel ausgelöst wurden, Rechnung zu tragen.
2) Nur mit einer wirksamen Visionskultur wird es möglich sein, erfolgreich dem gesellschaftlichen Wandel zu begegnen. Daher müssen gemeinnützige Großsportvereine für die Entwicklung einer wirksamen Visionskultur die nötigen Ressourcen und Methoden zur Verfügung stellen.

Der gemeinnützige Großsportverein wird dann ein Zukunftsmodell für den organisierten Sport sein, wenn es ihm gelingt, diese beiden Herausforderungen erfolgreich zu meistern. Die Voraussetzungen dafür sind allerdings gut. Denn die vorangegangenen Ausführungen haben gezeigt, dass der gemeinnützige Großsportverein das Potenzial besitzt, Menschen zusammenzubringen und Feiwilligenarbeit zu fördern und effektiv einzusetzen [siehe S. 92]. Dafür müssen jedoch Methoden erprobt und ggf. entwickelt werden.

Die vorliegende Arbeit beschäftigt sich mit der Methode der Zukunftswerkstatt. Diese Methode wird, aufbauend auf den in diesem Kapitel gewonnenen Erkenntnissen, darauf hin untersucht, ob sie Potenziale besitzt, sowohl die Freiwilligenarbeit zu fördern als auch zur Entwicklung einer wirksamen Visionskultur beizutragen. Im nachfolgenden Kapitel wird dazu zunächst die Methode der Zukunftswerkstatt vorgestellt.

4 Die Zukunftswerkstatt

„Die Zukunft, die wir wollen, muss erfunden werden,
sonst bekommen wir eine, die wir nicht wollen."
Joseph Beuys
[zitiert in Burow 2000, S. 200]

Die Zukunftswerkstatt bietet einen methodischen Rahmen, in dem Menschen frei und zukunftsorientiert ihre Wünsche und Phantasien entfalten können. In Zukunftswerkstätten wird an der Zukunft „gewerkt", oder, um es mit den Worten von Beuys auszudrücken [vgl. oben genanntes Zitat]: In einer Zukunftswerkstatt wird die Zukunft erfunden. Robert Jungk, der als Begründer dieser Methode gilt, bezeichnet sie als ein „soziales Versuchslabor, in dem alternative Zukünfte von engagierten Bürgern entworfen und durchdacht werden" [Jungk / Müllert 1989, S. 79]. Dabei geht es um das Ergründen und Entwickeln wünschenswerter und machbarer Zukunftsbilder, also anders ausgedrückt, um die Entwicklung von Visionen [vgl. Definition S. 41].

Neben diesem zentralen Anliegen bestehen zahlreiche weitere Ziele, Unterziele und Nebeneffekte [vgl. 4.1.2]. In der vorliegenden Arbeit soll in erster Linie geklärt werden, ob die Methode der Zukunftswerkstatt Potenziale zur Entwicklung einer wirksamen Visionskultur [vgl. Definition S. 64] gemeinnütziger Großsportvereine bietet. Zudem soll überprüft werden, ob Zukunftswerkstätten auch das Potenzial besitzen, Menschen für Freiwilligenarbeit zu gewinnen. In diesem Kapitel werden dazu, auf Grundlage einschlägiger Literatur, zunächst die Möglichkeiten und Grenzen von Zukunftswerkstätten aufgezeigt sowie die theoretischen Grundlagen der Methode geklärt. Diese theoretische Verortung ist dann auch Ausgangspunkt für die sich anschließenden explorativen Studien ab Kapitel 5.

Am Anfang des Kapitels werden die historische Entwicklung der Methode sowie die Ziele der Zukunftswerkstatt, unter Berücksichtigung des gesellschaftlichen Kontextes, aufgezeigt. Anschließend werden die einzelnen Phasen der Werkstattarbeit, die Werkstatt-Typen sowie die Einsatzfelder, insbesondere auch die im Sport, vorgestellt. Es folgt eine Analyse der theoretischen Grundlagen sowie des hinter der Philosophie der Methode stehenden Menschenbildes, bevor abschließend am Ende des Kapitels noch die Grenzen der Zukunftswerkstatt dargestellt werden.

4.1 Einführung in die Methode

4.1.1 Historische Entwicklung

Die Ursprünge der Methode der Zukunftswerkstatt liegen in den 1960er Jahren und sind eng mit dem in Berlin geborenen Zukunftsforscher Robert Jungk (*1913 - †1994) verbunden. Er experimentierte über mehrere Jahre und veranstaltete, u. a. in Wien, zahlreiche, zu der Zeit noch nicht methodisch ausgeformte, Zukunftswerkstätten. In Wien gründete er 1965 auch das erste Institut für Zukunftsfragen. Anfangs verliefen die Zukunftswerkstätten noch in fünf Phasen, nach einer Zeit der Erprobung und Ausformung bildete sich aber allmählich der noch heute gültige methodische Verlauf der Zukunftswerkstatt heraus. Die Methode wurde dann zum ersten Mal 1981 in dem Buch von Robert Jungk und Norbert R. Müllert „Zukunftswerkstätten" [Jungk / Müllert 1981] eingehend beschrieben. Dies förderte den Bekanntheitsgrad der Methode weiter und in der Folge verbreitete sich auch das Anwendungsgebiet und es entwickelten sich verschiedene Werkstatt-Typen für unterschiedliche Bedürfnisse. Die Grundform mit dem Drei-Phasen-Modell [vgl. S. 101] blieb allerdings bestehen.

In den 1980er Jahren fand die Methode, neben der zahlreichen Verwendung in Bürgerinitiativen, besonders Beachtung im Gebiet der Forschung und Bildung. In den 1990er Jahren wurde die Methode weiter professionalisiert und etablierte sich als ein anerkanntes und viel genutztes Problemlösungsverfahren [vgl. Kuhnt / Müllert 2006, S. 17]. Heute existieren wohl kaum noch Personengruppen, sei es aus den Bereichen Politik, Wissenschaft oder auch Wirtschaft, die noch nie etwas mit Zukunftswerkstätten zu tun hatten. Zahlreiche Internetplattformen und Zukunftsvereine sowie verschiedene Publikationen setzen sich mit Zukunftswerkstätten auseinander (eine Übersicht findet sich u. a. auf der Homepage der Robert-Jungk-Bibliothek für Zukunftsfragen (www.jungk-bibliothek.at [Robert-Jungk-Bibliothek für Zukunftsfragen Redaktion 2011]).
Die Zukunftswerkstatt reifte zur anerkannten Methode in einer Zeit, in der viele partizipative Verfahren entwickelt wurden. Sie weist zahlreiche methodische Überschneidungen zu z. B. den „Encounter-Gruppen"[30] Carl Rogers und der „Planungszelle"[31] Peter Dienels, die beide in den 1970er Jahren entwickelt wurden, sowie zu der australischen „Search Conference"[32] (1960er), der amerikanischen „Futuring-Methode"[33] (1970er) oder zu der von David Cooperrider in den 1980er

[30] Zu „Encounter Gruppen" siehe u. a. [Rogers 1974].
[31] Zu „Planungszelle" siehe u. a. [Dienel 1992].
[32] Zu „Search Conference" siehe u. a. [Emery / Purser 1996].
[33] Zu „Futuring-Methode" siehe u. a. [Lippitt 1998].

entwickelten „Appreciative Inquiry“[34] (frei übersetzt: „Wertschätzende Erkundung“) auf. Alle diese Methoden haben das zentrale Anliegen, eine Ausgangsbasis für gemeinsames, zukunftsorientiertes Handeln in (großen) Gruppen zu schaffen.
Die größten Parallelen zur Zukunftswerkstatt weist die von Sandra Janoff und Marvin Weisbrod in den 1980er entwickelte „Zukunftskonferenz“ (Future search conference) auf [siehe dazu Weisbord / Janoff 2001]. Im Unterschied zur Zukunftswerkstatt wird sie bei größeren Gruppen ab 30 Personen eingesetzt, steht in der Regel immer am Anfang eines Prozesses (und ist nicht zwingend Auslöser eines solchen), bezieht stärker den systemischen Kontext mit ein, besteht aus sechs statt drei Kernphasen und zielt verstärkt auf eine Konsensbildung unter den verschiedenen Interessengruppen ab.
Die vielen verwandten Ansätze verdeutlichen, wie dynamisch sich das Feld der „Zukunfts-Methoden“ entwickelt hat. Auch die Entwicklungspotenziale der Methode Zukunftswerkstatt scheinen noch nicht ausgeschöpft zu sein, denn hinsichtlich Größe, Aufbau und Zeitrahmen werden immer wieder neue Varianten getestet. Dennoch ist davon auszugehen, dass die Zukunftswerkstatt ihren ursprünglichen Charakter mit einem formalen Strukturmodell und klaren Regeln, durch die sie bereits seit über 30 Jahren gekennzeichnet ist, auch in Zukunft beibehalten und sich damit als eigenständige, klar abgrenzbare Methode weiter behaupten wird.

4.1.2 Ziele und gesellschaftlicher Kontext

„Die Betroffenen kommen immer zu spät“ [Jungk / Müllert 1989, S. 11]. Dieser Ausspruch von Jungk und Müller zeugt nicht nur von einer tiefen Unzufriedenheit mit der Vorgehensweise bei der Herbeiführung von Entscheidungen in modernen Gesellschaften. Er macht auch deutlich, worin das ursprüngliche Hauptanliegen der Zukunftsforscher bei der Entwicklung der Methode bestand: „Ziel der Arbeit in Zukunftswerkstätten ist, jeden interessierten Bürger in die Entscheidungsfindung mit ein zu beziehen, die sonst nur Politikern, Experten und Planern vorbehalten ist“ [Jungk / Müllert 1989, S. 17] (sog. „Expertokratie“). Damit waren Zukunftswerkstätten anfangs vor allem ein politisches Instrument, mit dem Bürger in die Lage versetzt werden konnten, ihre Wünsche und Hoffnungen klar und für die entsprechenden Adressaten aus Politik und Wirtschaft auch unüberhörbar zu artikulieren.
Darüber hinaus sollten in den Werkstätten auch konkrete Handlungsalternativen aufgezeigt und damit die Bürger aktiv in die Gestaltung der Zukunft einbezogen werden. Unter dem Eindruck eines drohenden Atomkrieges, großer Umweltverschmutzungen, Ölkrisen und der Erkenntnis, dass die Zukunftsvorstellungen in

[34] Zu „Appreciative Inquiry“ siehe u. a. [zur Bonsen / Maleh 2001].

erster Linie von einem elitären Kreis aus Vertretern der Wirtschaft, des Militärs und der Politik [vgl. Kuhnt / Müllert 2006, S. 24] entworfen wurden, begann Jungk Ende der 1950er und Anfang der 1960er Jahre Methoden zu entwickeln, die möglichst viele Menschen mobilisieren und in die Lage versetzen sollten, die Zukunft mitzugestalten. Schließlich standen auch die sog. „Experten" scheinbar ohnmächtig vor den gewaltigen Herausforderungen.

Die gesellschaftliche Aufbruch- und Umbruchstimmung sowie der damit einhergehende Werte-Wandel [vgl. S. 69] in den 1960er und 1970er Jahren begünstigte die Akzeptanz und die Verbreitung von Zukunftswerkstätten. Außerparlamentarische Opposition und Studentenbewegungen waren in diesen Jahren deutliche Anzeichen für das wachsende Bedürfnis der Menschen, sich in die Zukunftsgestaltung einzumischen und sich nicht mehr alles von den vorherrschenden, mächtigen Interessengruppen vorgeben zu lassen. Insbesondere mehrten sich die Zweifel, ob die rein technisch ausgerichtete Zukunftsforschung, die nahezu einseitig auf die Steigerung des menschlichen Wissens und Könnens ausgelegt war, die gesellschaftlichen Herausforderungen lösen würde. „Die Gesellschaft erhielt durch die alles infrage stellende Aggression der jungen Rebellen einen Stoß, der zeitweilig das ganze System zu erschüttern schien" [Klages 1988, S. 60].

Jungk und Müllert erkannten diesen wachsenden Widerstand der Betroffenen gegen die, wie es Jungk und Müllert formulierten, „zunehmende Vereinnahmung und Entmenschlichung ihrer Existenz" [Jungk / Müllert 1989, S. 13]. Jungk und Müllert knüpften daher an die sozialkritisch, humanistisch und ökologisch orientierte Zukunftsforschung an, in der nicht blinder technischer Fortschritt, sondern menschliche Verantwortung sowie Bewahrung und Förderung der Menschen im Zentrum des Erkenntnisinteresses lag [vgl. Jungk / Müllert 1989, S. 22]. Sie erkannten aber auch, dass Unmutsäußerungen oder gar Resignation und Verzweifelung die Probleme und Ängste zwar verdeutlichen, aber nicht lösen würden.

Das Konzept der Zukunftswerkstätten sah und sieht daher vor, dass Zuhörer oder auch Protestierer zu Mitmachern sowie Gleichgültige zu Anteilsnehmern werden, die dann selber Antworten auf ihre Miseren finden und für ihre Zukunftsentwürfe letztendlich auch einstehen. Diese politische Aktivierung sollte nach Jungks Vorstellungen dadurch unterstützt werden, dass Zukunftswerkstätten überall dort entstanden, wo es gesellschaftliche Probleme zu lösen galt. Dazu sollten auch extra Räume in den Gemeinden bereitgehalten werden, sodass „eine lebendige Demokratie ‚von unten' entstehen könnte" [Dauscher / Maleh 2006, S. 111]. Jungk / Müllert gaben einer aufgewühlten Gesellschaft, dessen Bürger mehr Mitsprache einforderten und zugleich verunsichert in die Zukunft blickten, eine Methode an die Hand, die dazu beitragen konnte, genau diese Hemmnisse zu überwinden.

Die drei grundlegenden Ziele der Zukunftswerkstatt können somit folgendermaßen zusammengefasst werden:

1) Förderung einer Demokratisierung der Gesellschaft „von unten"
2) Entwicklung wünschenswerter Zukunftsentwürfe (Visionen)
3) (politische) Aktivierung der Betroffenen

Die starke Verbreitung der Methode seit den 1980er Jahren und dessen Etablierung in den 1990er Jahren sowie der rein quantitative Rückgang an außerparlamentarischen Initiativen [vgl. Apel / Günther 1999, S. 15] führte dann dazu, dass „die Förderung der Demokratisierung von der Basis aus" sowie „die politische Aktivierung" an Dominanz verloren. Verbände, Wirtschaftsunternehmen, Parteien etc. erkannten den Wert der Methode als Problemsondierungs- und Problemlösungshilfe und gingen dazu über, Zukunftswerkstätten nun vor allem als Problemlösungsverfahren im Rahmen der Organisationsentwicklung einzusetzen. Somit schloss sich der Phase der Etablierung der Methode in den 1990er Jahren eine Phase der Instrumentalisierung in den 2000er Jahren an, in der der politische Anspruch geringe Bedeutung behielt.[35]

4.1.3 Phasen und Organisatorisches

Da niemand vorhersehen kann, wozu die Freisetzung der bislang unabgefragten kreativen Ressourcen führen kann, handelt es sich bei der Zukunftswerkstatt um ein zieloffenes Verfahren. Dennoch ist es nicht beliebig, was in einer Zukunftswerkstatt passiert, sondern es wird eine relativ einfache und leicht zu handhabende Struktur vorgegeben.
Je nach Anwendungsgebiet, Rahmenbedingungen und Gruppenzusammensetzung werden Zukunftswerkstätten modifiziert. Die folgenden Ausführungen beziehen sich auf den Ablauf einer klassischen Zukunftswerkstatt, wie er in einschlägiger Literatur [z. B. Jungk / Müllert 1989 oder Kuhnt / Müllert 2006] beschrieben wird. Eine Zukunftswerkstatt besteht im Kern aus drei charakteristischen Hauptphasen, weshalb auch von dem „Drei-Phasen-Modell" gesprochen wird [siehe z. B. Kuhnt / Müllert 2006, S. 12]. Umschlossen wird dieser Kernbereich von einer Vorbereitungs- und einer Nachbereitungsphase.

[35] Das in Deutschland heftig umstrittene Bahnprojekt „Stuttgart 21" [siehe u. a. Pfeifer 2011] zeigt jedoch, wie aktuell das Thema der Mitbestimmung in der Gesellschaft ist. Inwieweit solche einschneidenden Protestbewegungen auch zu einer Zunahme partizipativer Methoden (auch hinsichtlich ihrer Demokratisierungsfunktion) führen, bleibt noch abzuwarten.

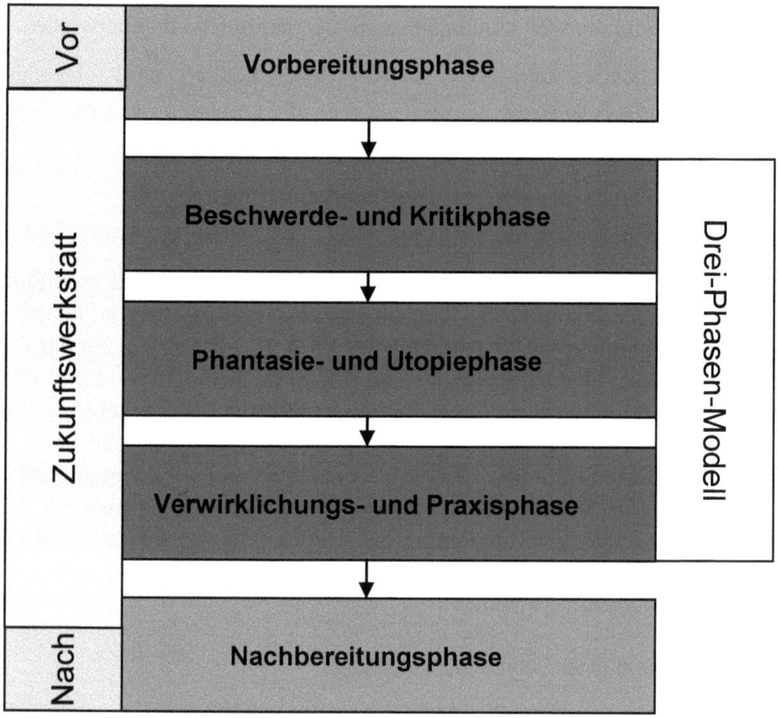

Abbildung 16: Die Phasen der Zukunftswerkstatt (Quelle: Eigene Darstellung [vgl. u. a. Jungk / Müllert 1989, S. 221; Dauscher / Maleh 2006, S. 123])

Die zeitlichen Anteile der einzelnen Phasen variieren nach Thema und der zur Verfügung stehenden Zeit. Steht die Problemanalyse im Vordergrund, fällt die Kritikphase länger aus, ist das Problem weitgehend bekannt und geht es um die Suche nach phantasievollen Lösungsmöglichkeiten, wird die Phantasiephase und ggf. die Verwirklichungsphase verhältnismäßig mehr Zeit beanspruchen. Den drei Kernphasen ist jeweils eine kurze methodische (Wie gehen wir vor? Wozu soll das gut sein?) und emotionale (z. B. motivierende Ansprache, Geschichte oder Video) Einführung vorangestellt.

Vorbereitungsphase

Zur Vorbereitungsphase gehört neben der Erledigung der Arbeiten, die zeitlich vor der eigentlichen Zukunftswerkstatt liegen (Materialien beschaffen, Räume organisieren, Werbung machen etc.) auch das Kennenlernen der Teilnehmer und die Einführung in den Ablauf und die Philosophie der Zukunftswerkstatt. In dieser Phase werden die Grundlagen dafür geschaffen, dass die Zukunftswerkstatt in einer Atmosphäre abgehalten werden kann, in der sich visionäre Kräfte frei entfalten können. Voraussetzung dafür ist, dass die Teilnehmer ungezwungen und ohne Vorbehalte und ohne vermeidbare Ablenkung zusammen werken können. Gruppengröße, körperliches Wohlbefinden (Verpflegung, Mobiliar) und räumliche Gegebenheiten sind dabei genauso wichtig wie ein abgesteckter und dennoch flexibler Zeitplan, entsprechende Materialien (DIN A4-Zettel in unterschiedlichen Farben, große Papierbögen, Scheren, Klebeband, Stifte etc.) und eine anregende, unterstützende Moderation [siehe dazu Jungk / Müllert 1989, S. 147].

Nach Jungk und Müllert sollte die **Gruppengröße** von Zukunftswerkstätten zehn Teilnehmer nicht unterschreiten und 15 bis 25 Teilnehmer nicht überschreiten [vgl. Jungk / Müllert 1989, S. 75f.]. Inzwischen werden allerdings bereits Zukunftswerkstätten mit mehreren Hundert Teilnehmern durchgeführt. Die Initiative „Zukunft Rhein-Neckar-Dreieck“ organisierte 2004 sogar eine Zukunftswerkstatt bei der über 10 000 Teilnehmer erwartet wurden [Stadtverwaltung Mosbach Redaktion 2004]. Da umgangssprachlich nicht immer eine klare Abgrenzung zwischen „Zukunftskonferenz“ und „Zukunftswerkstatt“ erfolgt, kann es sich bei diesem Verfahren auch um eine Zukunftskonferenz gehandelt haben. Dennoch können auch mit der Methode der Zukunftswerkstatt sehr viel mehr als 25 Teilnehmer eingebunden werden. Voraussetzung ist jedoch, dass sie dann in kleinere Gruppen aufgeteilt werden, die das gleiche Thema bearbeiten und die Ergebnisse am Ende zusammentragen [vgl. Jungk / Müllert 1989, S. 75].

Auch bzgl. der **Zeitplanung** gibt es zahlreiche Varianten. 1989 galt noch die Tageswerkstatt als häufigste Variante [vgl. Jungk / Müllert 1989, S. 80], inzwischen hat sich als Standard die „Wochenend-Werkstatt“ oder auch „Zwei-Tages-Werkstatt“ durchgesetzt [vgl. Kuhnt / Müllert 2006, S. 38]. Seltener sind Kurzwerkstätten, die eineinhalb bis drei Stunden dauern. Eine Ausnahme bilden sog. „permanente Zukunftswerkstätten“, die immer dann entstehen, wenn sich die Teilnehmer nach der eigentlichen Werkstatt regelmäßig treffen und an ihren Zukunftsentwürfen weiterarbeiten.

Bei der Zeitplanung sollte beachtet werden: „Je kürzer die Zeit für die gesamte Zukunftswerkstatt bemessen ist, desto mehr Anteile gewinnen im Allgemeinen Phantasie- und Realisierungsphase – wiederum natürlich abhängig vom Thema“ [Dauscher / Maleh 2006, S. 131].

Beschwerde- und Kritikphase

Die eigentliche Werkstatt beginnt mit der Kritikphase, in der die Teilnehmer ihren Ärger, ihre Sorgen und ihre Kritik möglichst präzise und radikal äußern sollen. Damit hat diese Phase auch eine befreiende Wirkung (Ventilfunktion). Die Teilnehmer können sich zunächst, wie Dauscher und Maleh es anschaulich umschreiben, „auskotzen" [Dauscher / Maleh 2006, S. 136]. Sie schaffen Transparenz in der Gruppe, stellen eine gemeinsame Problemsicht her und erzeugen dadurch wiederum eine solidarische Atmosphäre. Das ausgesprochene Problem wird erfahrungsgemäß weniger belastend empfunden und so können sich die Teilnehmer befreiter neuen Lösungsmöglichkeiten zuwenden.
In einem ersten Schritt werden dazu zunächst die Kritikpunkte der Teilnehmer, zum Beispiel auf Moderationskarten, gesammelt und zusammengetragen. Die Sammlung kann im Plenum oder in Kleingruppen geschehen, zusammengetragen wird sie dann aber immer vor der gesamten Gruppe.
In einem zweiten Schritt werden die Kritikpunkte systematisiert. Dafür kann inzwischen auf eine Vielzahl von Moderationstechniken [siehe z. B. Dauscher / Maleh 2006, S. 142ff.] zurückgegriffen werden. In Zukunftswerkstätten werden vor allem die „Rubrizierung" (Bündelung durch Themenkreise) und die „Punktevergabe" (Bewertung durch das Aufkleben von Punkten) genutzt. Ziel der Systematisierung ist es, Kritik zu präzisieren und herauszuarbeiten, welche Problemthemen den Teilnehmern besonders wichtig und demnach vorrangig zu bearbeiten sind. Unter Umständen kann eine Konkretisierung auch in Kleingruppen geschehen. Aber egal wie vielfältig auch der Methodenmix ausfällt, gilt es zu beachten, dass die Dinge auf den Punkt gebracht werden, denn in den wenigsten Fällen können alle Kritikpunkte mit in die nächste Phase genommen werden.
In der Beschwerde- und Kritikphase gelten folgende Regeln:

- Es sollen keine Lösungsvorschläge gemacht, sondern es soll ausschließlich Kritik geübt werden.
- Um den Fluss der Äußerungen nicht zu gefährden, werden im Plenum die genannten Kritikpunkte nicht diskutiert.
- Die Teilnehmer sollen sich auf Stichworte oder kurze Sätze beschränken.
- Die Kritikpunkte werden visualisiert und damit jedem zugänglich gemacht.
- Der Themenbezug soll bei den Äußerungen gewahrt bleiben.

Diese Regeln entsprechen im Wesentlichen den Regeln des Brainstormings [zur Methode „Brainstorming" siehe z. B. Andler 2009, S. 89ff.], weshalb diese Methode in Zukunftswerkstätten besonders häufig zum Einsatz kommt.

Phantasie- und Utopiephase

Die als besonders wichtig erachteten Kritikpunkte, Probleme und Ängste aus der vorangegangenen Kritikphase bilden die Grundlage für die Phantasie- und Utopiephase. Die Teilnehmer werden dazu aufgefordert, eine phantasievolle Utopie mit der Vorstellung zu entwickeln, dass sie alles Geld, alle Zeit und alle Macht besitzen, diese Utopien umzusetzen. „Im Mittelpunkt dieser Phase steht das Hinter-Sich-Lassen realer Begrenzungen […]" [Kuhnt / Müllert 2006, S. 78].
Ohne Vorbehalte und jegliche Einschränkungen wird zunächst die Kritik ins Positive gewendet. D. h. der Kritik wird ein positiver Gegenbegriff gegenübergestellt (z. B. wird der Kritik „mangelhafte und zu wenige Sportgeräte für den Leistungssport" der positive Gegenbegriff „die besten Sportgeräte, die es aktuell auf dem Markt gibt in ausreichender Anzahl" gegenübergestellt). In Form eines Brainstormings werden dann unter den oben genannten Voraussetzungen in Stichworten phantasievolle Vorschläge für eine wünschenswerte Zukunft erstellt (im hier verfolgten Beispiel: „spezielle auf die jeweilige Sportart zugeschnittene Sportgeräte, die es bislang noch gar nicht gibt"). Vergleichbar zur Vorgehensweise in der Kritikphase werden anschließend die Vorschläge gesammelt, systematisiert und es wird herausgearbeitet, an welchen Vorschlägen weitergearbeitet werden soll. Die verbliebenen Vorschläge werden in einem nächsten Schritt zu utopischen Entwürfen (Beispiel: spezielle Sportgeräte, auf denen die Sportler unter Anleitung prominenter Sportstars auf einer karibischen Sport- und Wellness-Insel trainieren) weiterentwickelt und anschließend kreativ, z. B. in Form von Collagen, Rollenspielen o. Ä. (z. B. könnten Entwürfe für neue Sportgeräte gebastelt werden) im Plenum präsentiert.

Mit dieser Vorgehensweise werden zwei Absichten verfolgt: Zum einen sollen durch die inspirierende Wirkung der unbegrenzten Möglichkeiten alte Denkstrukturen aufgebrochen werden. Dies ermöglicht einen neuen Blick für die zu bewältigenden Herausforderungen und fördert die Entdeckung von Veränderungsmöglichkeiten. Damit wird die Ausgangsbasis für die folgende Realisierungsphase geschaffen. Zum anderen wird durch die gruppendynamische Bewältigung der Aufgaben eine Identifikation mit der Gruppe und mit den Ergebnissen angestrebt.
In der Phantasie- und Utopiephase gelten sinngemäß die gleichen Regeln wie in der Beschwerde- und Kritikphase. Zusätzlich gilt es folgendes zu beachten:

- Alles ist möglich, daher gibt es auch keine unsinnigen Ideen.
- Ideenklau ist nichts Anstößiges, sondern erwünscht.
- Die Wahl der Präsentation ist frei.

Verwirklichungs- und Praxisphase

In dieser Phase entscheidet sich, ob die Zukunftswerkstatt ein Erfolg wird und wirksame Visionen hervorbringt, oder ob die Zukunftswerkstatt im Nachhinein als schöne Spielerei ohne erkennbaren Nutzen kritisiert wird. Die phantasievollen Zukunftsentwürfe werden in der Verwirklichungs- und Praxisphase auf ihre Machbarkeit hin geprüft. Nun ist nicht mehr alles möglich, sondern die gegeben Rahmenbedingungen (Gesetze, finanzielle Mittel, Machtverhältnisse etc.) müssen wieder beachtet werden.
Jungk und Müllert beschreiben drei Hauptschritte, die von den Entwürfen zur konkreten Aktion führen sollen [vgl. Jungk / Müllert 1989, S. 129]:

1) Zunächst werden die Zukunftsentwürfe auf ihre Durchführbarkeit hin überprüft. Dabei sollen Hindernisse und Chancen auf dem Wege der Umsetzung zusammengetragen werden.
2) In einem zweiten Schritt soll eine Durchsetzungsstrategie entworfen werden, die in aller Regel auch Abstriche der ursprünglich in der Utopiephase entstandenen Idealvorstellungen berücksichtigt.
3) Im letzten Schritt treten die Teilnehmer in Aktion. Sie planen ein gemeinsames Projekt und setzen unter Umständen Teile ihrer Konzeption, ggf. als Versuch oder Experiment, bereits in die Tat um.

Um beim Beispiel der Sportgeräte zu bleiben: Die Leistungssportler, die ihren Unmut über die mangelhaften und zu wenigen Sportgeräte geäußert hatten (Kritikphase), hatten als Utopievorstellung, dass sie an speziellen Sportgeräten, unter Anleitung prominenter Sportstars, auf einer karibischen Sport- und Wellness-Insel trainieren könnten (Phantasiephase). In der Verwirklichungsphase werden die Sportler mit den finanziellen Hindernissen konfrontiert, werden sich aber auch bewusst, dass einige Sportstars ganz in der Nähe ihre Trainingsstätte haben und zudem ein kommerzielles Fitnessstudio über herausragende Trainingsmöglichkeiten verfügt (Schritt 1). Es wird daraufhin eine Strategie entworfen, wie die Sportstars, das kommerzielle Fitnessstudio und die Leistungssportler zusammengebracht werden könnten (Schritt 2). Noch in der Zukunftswerkstatt selbst könnten im Internet Telefonnummern und Ansprechpartner recherchiert werden (Schritt 3). Zudem kann nach Förderprogrammen gesucht werden, wodurch ggf. Kooperationen mit Fitnessstudios finanziert werden könnten (z. B. Leistungssportförderprogramme der Sportverbände). Anschließend werden Aufgaben verteilt und Folgetermine vereinbart.
Die Verwirklichungs- und Praxisphase ist durch eine besondere psychische Verfassung der Teilnehmer charakterisiert. Eine euphorische Stimmung, mit der die

Teilnehmer aus der Utopiephase kommen, kann schnell in eine Resignation umschlagen, wenn kein Weg gefunden wird, die Zukunftsentwürfe umzusetzen.
Diese Stimmungslage muss vom Moderator berücksichtigt werden [siehe dazu Dauscher / Maleh 2006, S. 181ff.]. Unterstützt wird der Gruppenprozess in dieser Phase durch folgende Regeln:

- Die Teilnehmer müssen am Projektthema und den Projektzielen arbeiten und können sich nicht wie in der Utopiephase gedanklich entfernen.
- Die Teilnehmer müssen konkrete Maßnahmen klären und praktische Strategien der Umsetzung entwickeln.
- Die Ergebnisse werden in einem Projektumriss verdichtet und nach den „fünf W-Fragen" (Was – Wie – Wer / Mit wem – Wo – Wann) strukturiert.

Nachbereitungsphase

Die Nachbereitungsphase beginnt mit dem Abschluss der Veranstaltung (z. B. Feedback, Abschlussspiel etc.). Zur Nachbereitung gehört das Erstellen eines Protokolls, das auch die Fotografien der erarbeiteten Collagen und sonstigen Medien beinhalten sollte. Auf jeden Fall muss den Teilnehmern eine Möglichkeit eröffnet werden, bequem ihre Kontaktdaten auszutauschen. Dies kann über die Versendung von Listen geschehen, aber auch über die Einrichtung von entsprechenden Plattformen in sozialen Netzwerken (z. B. Facebook).
Öffentlichkeitsarbeit (Presse, Internet etc.) ist ein wichtiger Teil der Nachbereitung: Interessierte, die nicht an der Zukunftswerkstatt teilgenommen haben, werden neugierig und werden evtl. motiviert, beim nächsten Mal dabei zu sein. Die Teilnehmer können sich öffentliche Unerstützung einholen, erhalten öffentliche Anerkennung und fühlen sich gleichzeitig noch mehr verpflichtet, ihren, in der Werkstatt entwickelten, Projekten nachzugehen.

Trichterprinzip

Die drei Hauptphasen weisen ein Schema auf, das Kuhnt und Müllert als „Trichterprinzip“ bezeichnen [Kuhnt / Müllert 2006, S. 78]. Demnach beginnt jede Phase mit einem „Öffnen“ (meistens im Plenum) durch Sammeln von z. B. Kritikpunkten und geht dann über in das Rubrizieren und Präzisieren, bis schließlich eine „Entscheidung“ getroffen wird (z. B. Welche Kritikpunkte sind die entscheidenden und sollen als Grundlage für die Utopiephase dienen?). Dieser Prozess der „Einengung“ wird bildlich in einem Trichter dargestellt [siehe Abbildung 17].
Dieses „Einengen“ oder auch „Einkreisen“ schafft zum einen die Basis für die vertiefende Weiterarbeit an den in der jeweiligen Phase herausgestellten Punkten.

Zum anderen werden dadurch eine direkte Betroffenheit und ein unmittelbares Interesse bei den Teilnehmern sichergestellt bzw. herbeigeführt.

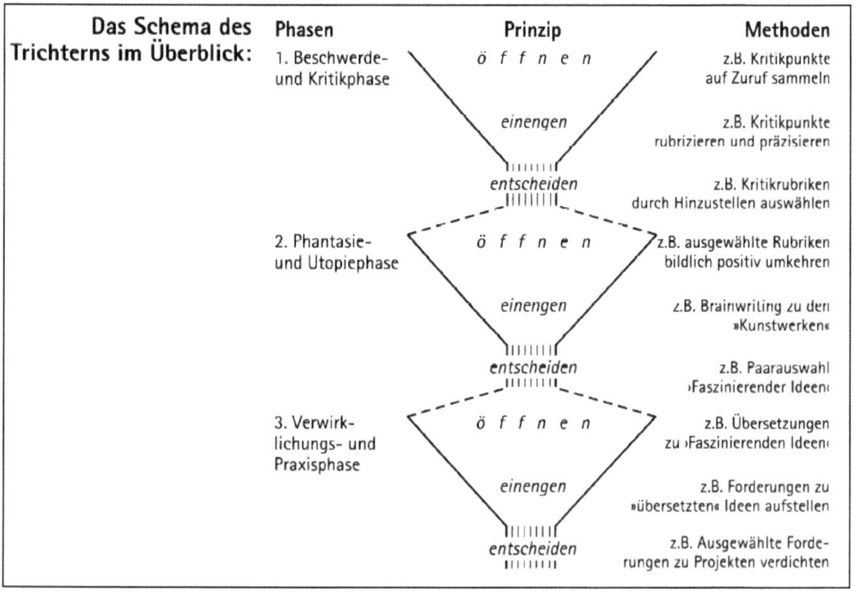

Abbildung 17: Das Trichterprinzip der Zukunftswerkstatt (Quelle: [Kuhnt / Müllert 2006, S. 60])

4.1.4 Werkstatt-Typen und thematische Vielgestaltigkeit

Zukunftswerkstätten haben sich nicht nur bzgl. „Gruppengröße“ und „Zeitplan“ weiterentwickelt [vgl. S. 103f.], je nach Interessenlage und Erwartungen der Teilnehmer haben sie sich auch hinsichtlich ihrer Ziele und ihrer Themen weiter differenziert.

Eine Übersicht über die unterschiedlichen Werkstatt-Typen, typische Teilnehmerkreise und Initiatoren sowie beispielhafte Einsatzbereiche liefert nachfolgende Tabelle.

Werkstatt-Typ	(typische) Teilnehmerkreise (typische) Initiatoren / Auftraggeber	Einsatzbereiche (Beispiele)
Problem-durchdringung	interessierte, diffus-betroffene Personenkreise Kirchen, Gewerkschaften, Parteien	Möglichkeiten und Chancen sichten; Hilfe und Aktivitäten anbieten; Strukturprobleme angehen; Projektentwicklungen vorantreiben; Zukunftsfragen klären
Problem-lösungshilfe	betroffene Personenkreise Bürgerinitiativen, Mietergruppen, Organisationen, Unternehmen	Programme und Pläne bei kommunalen Fragen entwickeln; Betriebliche Reorganisation vorantreiben; Gegengewicht zu Autoritäten bzw. Bevormundungen schaffen
Problem-sensibilisierung	inhaltlich interessierte Personenkreise Schulklassen, Ausbildungsgruppen, Berufsgruppen usw.	aktuelle Probleme thematisieren; laufende Aufgaben vertiefen
Problem-beratung	unzufriedene Personenkreise Teams, Arbeitsgruppen, Institute, Kollegien	Zusammenarbeit fördern; Routine überwinden; Verkrustungen aufbrechen; Perspektiven finden
Problem-anriss	allgemein, beruflich interessierte Personenkreise Tagungen, Seminare, Zusammenkünfte	schnell in eine Thematik hineinfinden; ein Anliegen dient als Diskussionseinstieg
Problem-lösungssuche, persönlich	individuell betroffene Personen Familien, Einzelpersonen, feste Gruppenmitglieder, usw.	Selbstbewusstsein stärken; persönliche Ängste abbauen; Beziehungsprobleme angehen

Abbildung 18: Werkstatt-Typen (Quelle: Darstellung nach Kuhnt und Müllert [Kuhnt / Müllert 2006, S. 20])

Die Ausformung unterschiedlicher Werkstatt-Typen ergab sich aus der wachsenden thematischen Vielfalt von Zukunftswerkstätten und den damit gestiegenen Anforderungen an die Methode. Trotz dieser Vielfalt gelang es Kuhnt und Müllert, für sie selbst überraschend, relativ einfach, die vielen Themen in größeren Komplexen zusammenzufassen.

Der größte Teil der Projekte befasst sich nach ihren Erfahrungen (über 70 Zukunftswerkstätten) mit „Menschgemäßer Kommunikation“ im umfassenden Sinne (ca. 30 Prozent). Es folgen Projekte mit dem Themenfeld „Neue Berufe, Arbeitsplätze und Tätigkeitsfelder“ (ca. 20 Prozent). Schon weniger vertreten sind die Komplexe „Offenes Lernen und Erleben“ sowie „Ökologisch ausgerichtete Lebensumwelt“ (beide ca. 15 Prozent). Auffällig schwach ausgeprägt ist der Komplex „Gesellschaftliches und politisches Aktivwerden“ (ca. 10 Prozent) [zu den Komplexen vgl. Kuhnt / Müllert 2006, S. 78]. Das ist wiederum Ausdruck der bereits erwähnten Instrumentalisierung der Methode [vgl. S. 101] in deren Zuge die politische Aktivierung an Einfluss verlor.

4.1.5 Zukunftswerkstätten im Sport

Auch der Sport bedient sich seit vielen Jahren der Methode der Zukunftswerkstatt. Christian Wopp führt in seinem Buch „Zukunftswerkstätten im Sport“ u. a. folgende Beispiele für Werkstätten in diesem Sektor auf:

- Zeitgemäßer Jugendsport
- Ehrenämter im Sport
- Kommerzialisierung im Sport
- Mädchen und Frauen im Sport
- Zukunftsweisende Sportstätten
- Sportgerechte Städte
- Ältere Menschen im Sport
- usw.

[vgl. Wopp 2000, S. 22].

Wopp beschäftigt sich damit als einziger dem Autor dieser Arbeit bekannter Wissenschaftler in einer Monographie mit dem Themenkomplex „Zukunftswerkstatt“ und „Sport“. Wopp beschränkt sich allerdings im Wesentlichen auf die Darstellung der Methode und die Aufzählung von Werkstatt-Beispielen aus dem Sport. Eine wissenschaftliche Auseinandersetzung damit, welche speziellen Probleme oder Chancen der Einsatz der Methode im „Sport“ oder für die vorliegende Arbeit noch entscheidender im „organisierten Sport“ bedeutet, erfolgt nicht bzw. nur am Rande.

Trotz des offensichtlich geringen wissenschaftlichen Interesses werden im Sport zahlreiche Werkstätten durchgeführt. Wopp geht davon aus, dass bislang insbesondere Sportverbände und Großvereine die Methode, insbesondere als Mittel der

Organisationsentwicklung, nutzen [vgl. Wopp 2000, S. 22]. Google zählt ca. 99 200 Internetseiten, die gleichzeitig die Wörter „Zukunftswerkstatt" und „Sport" enthalten [Google 2011]. Unter den ersten Treffern sind vor allem Sportverbände, die auf ihren Internetseiten entweder erfolgreiche Zukunftswerkstätten vorstellen [siehe z. B. DOSB 2009] oder auf denen die Methode selbst dargestellt und den Sportvereinen und untergeordneten Verbänden empfohlen wird [siehe z. B. Bayerischer Landes-Sportverband 2011 oder Karnbach 2011].

Auf Verbandsebene kommt dabei vorrangig der Werkstatt-Typ der „Problemsensibilisierung" zum Einsatz [vgl. S. 108]. Der Verband als regionaler (z. B. Kreis- oder Landessportbünde) oder nationaler (z. B. DOSB) Vertreter des Sports wird in erster Linie versuchen, allgemeine und umfassende Zukunftsfragen zu klären (Wie soll der Sport der Älteren in 10 Jahren aussehen? Wie soll der Leistungssport nachhaltig gefördert werden? Wie können Kooperationen mit Bildungseinrichtungen aussehen? etc.) [siehe z. B. DOSB 2009 oder StadtSportBund Köln e. V. 2010, S. 6].
Dafür können in Zukunftswerkstätten mit inhaltlich interessierten Personenkreisen aktuelle Probleme vertieft und z. B. die Rollen der Verbände und Vereine genauer bzw. neu definiert werden (Problemsensibilisierung). Eine Beschäftigung mit speziellen Problemen, die auch immer mit der individuellen Situation der einzelnen Sportvereine zusammenhängen, kann in den Zukunftswerkstätten der Verbände kaum erfolgen. Das Hauptziel dieses Werkstatt-Typs ist auch nicht unbedingt eine praktische Umsetzung der erarbeiteten Projektideen. Durch die Sensibilisierung der Teilnehmer für die behandelten Herausforderungen sollen diese vielmehr in die Lage versetzt werden, Lösungen und Ideen für ihre Arbeit vor Ort zu entwickeln. So könnte zum Beispiel eine vom DOSB durchgeführte Zukunftswerkstatt zum Thema „Umweltschutz im Sport" in einer Kampagne eines Landesverbandes mit dem Thema „Der umweltfreundliche Sportverein" münden.

In den Sportvereinen kommt vorrangig der Werkstatt-Typ „Problemlösungshilfe" zum Einsatz [siehe z. B. Bunk 2011 oder VfL Hameln von 1849 2011]. Mitglieder und / oder Vereinsführung sind „betroffen" von Problemen und möchten diese lösen. Am Ende der Werkstatt sollen nicht nur konkrete Maßnahmen benannt werden, es soll auch klar sein, wie diese Maßnahmen in welchem Zeitrahmen und von welchen Personen umgesetzt werden sollen. Häufig ist dieser Werkstatt-Typ die Initialzündung für eine Reorganisation des Vereins.

Manchmal kommt auch eine „Problemdurchdringung" zum Einsatz. Dies passiert immer dann, wenn neben Vereinsmitgliedern auch „diffus-betroffene" Personenkreise (beispielsweise Bürger, befreundete Vereine, Sponsoren) zu der Zukunftswerkstatt eingeladen werden. So hat z. B. der Sportverein Leingarten 1895 e. V.

2004 getitelt: „Welche Erwartungen haben die Bürgerinnen und Bürger an einen Verein in den nächsten 16 Jahren?“ [Sportverein Leingarten 1895 e. V. o. J.]. Solche offenen Zukunftswerkstätten haben neben der Aktivierung der Teilnehmer und der Entwicklung von Visionen noch den Nebeneffekt, dass der Sportverein sich öffentlichkeitswirksam als innovative Institution präsentiert.

4.2 Theoretische Grundlagen

Die Zukunftswerkstatt ist als Methode allgemein anerkannt. Doch was zeichnet sie genau als Methode aus? Was unterscheidet sie z. B. von einer Zusammenkunft von Personen, die spontan über die Zukunft reden?
Eine Methode ist ein „planmäßiges, folgerichtiges Verfahren“ [Wahrig Redaktion 2010, S. 1005]. Etymologisch betrachtet geht es um einen Weg (aus dem griechischen Substantiv „hodos“) der zu einem gewissen Ziel führt (griechische Vorsilbe „meta“ = „nach“). Analog zu dieser bildlichen Beschreibung bedeutet dies, dass durch die Wahl der Methode das Handeln einer Person oder einer Personengruppe so strukturiert wird, dass ein beabsichtigtes Ergebnis erzielt werden kann.
Die Planmäßigkeit ist bei der Zukunftswerkstatt durch den organisatorischen Rahmen (Gruppengröße, Zeitplan) und den weitgehend vorgeschriebenen Ablauf (Drei-Phasen-Modell) gegeben. Doch womit wird die Folgerichtigkeit begründet? Vor welchem theoretischen Hintergrund muss die Methode verstanden werden und welches Menschenbild liegt ihr zu Grunde?

Methoden basieren auf Annahmen und Vorentscheidungen über ihren Wirkungszusammenhang. Anders ausgedrückt: Sie gründen sich auf „Theorien“, die als Erklärung oder als Herleitung dafür dienen, warum diese Methoden funktionieren sollen. „Eine Methode steht also nicht nur in engem Zusammenhang mit einer bestimmten Praxis, sondern korrespondiert auch zu spezifischen Theorien [...]“ [Fey 2010, S. 2]. In diesem Abschnitt wird sich den oben genannten Fragen von drei theoretischen Richtungen genähert:

- Wissenschafts- und Erkenntnistheorie
- Menschenbild
- Lerntheorie

Diese Vorgehensweise lehnt sich an die Vorgehensweise von Fey an, der in seinem 2010 veröffentlichten Aufsatz die beiden Methoden „Zukunftswerkstatt“ und „Appreciative Inquiry“ auf Basis der Theorieebenen nach Siebert verglichen hat [siehe Fey 2010, S. 2f.]. Auf eine Betrachtung des gesellschaftlich-theoretischen

Kontextes wird verzichtet, da diese Auseinandersetzung bereits ausführlich in 4.1.2 erfolgte. Die Analyse der oben genannten drei zu Grunde liegenden Theoriegebiete bildet wiederum die Grundlage für die theoretische Analyse der Potenziale der Zukunftswerkstatt hinsichtlich der Entwicklung der Visionskultur und der Gewinnung freiwillig Engagierter im Zuge der theoriebasierten Exploration [siehe Kapitel 5].

4.2.1 Wissenschafts- und Erkenntnistheorie

Die Methode der Zukunftswerkstatt entzieht sich einer direkten Zuordnung zu einer Wissenschaftstheorie bzw. einem dezidiert theoretisch-wissenschaftlichen Kontext. Jungk betont in seinen Veröffentlichungen auch immer wieder, dass die Methode der Zukunftswerkstatt sich durch Ausprobieren (Versuch und Irrtum) und dem klassischen „Learning by doing" entwickelt habe und diese Entwicklung auch nach wie vor nicht abgeschlossen sei [siehe u. a. Jungk / Müllert 1989, S. 8]. „Erst nach und nach wurde mir klar, dass ich damit [Zukunftswerkstatt] eine „soziale Erfindung" gemacht hatte" [Jungk, zitiert in Kuhnt / Müllert 2006, S. 10]. Jungk hatte also viel mit Zukunftswerkstätten experimentiert und stellte nach einer gewissen Zeit fest, dass diese „Erfindung", zumindest in seinem Sinne, funktionierte. Und die Erfindung selbst gilt als eine Art Experimentiermethode zur Entwicklung alternativer Zukünfte.

Jungk spricht gar nicht von einer (wissenschaftlichen) „Methode" und er hatte, wie es scheint, auch nie den Anspruch, die Zukunftswerkstatt wissenschaftlich zu fundieren: „Ich bin im Grunde immer dafür eingetreten, dass nicht eine Methode Zukunftswerkstatt da sein soll, sondern Zukunftswerkstatt beinhaltet eine Haltung, die eben viele Methoden möglich macht, sonst widerspricht sie sich selbst" [Jungk zitiert in Burow 2000, S. 170]. Burow spricht in diesem Zusammenhang von einem „Werkzeug zur Freisetzung von Kreativität und zur Erfindung wünschenswerter Zukunftskonzepte" [Burow 2000, S. 170]. Da sich dieses Werkzeug allerdings weiterentwickelt hat, sich von anderen Werkzeugen und Instrumenten klar abgrenzen lässt und sich zudem, wie sich im weiteren Verlauf feststellen lässt, durchaus theoretische Zugänge nachweisen lassen, soll in der vorliegenden Arbeit weiter von der Zukunftswerkstatt als „Methode" gesprochen werden.

Die bislang geringe wissenschaftliche Auseinandersetzung mit der Methode ist u. a. darauf zurückzuführen, dass ja gerade die Expertokratie [vgl. S. 99] von den Begründern der Methode kritisiert wird und damit eine Skepsis gegenüber rationalen bzw. klassischen Erkenntniskategorien von Beginn an vorlag. Der Austausch von Argumenten und das rationale Analysieren werden in einer Zukunftswerkstatt ja geradezu verhindert (zum Beispiel beim Brainstorming oder der Entwicklung von Utopien). Zu Erkenntnissen kommen die Teilnehmer nicht vorwiegend aufgrund von rationalen Überlegungen, sondern zu allererst über eine „befreite“ Phantasie [vgl. Fey 2010, S. 8] weshalb Fey folgerichtig feststellt: „Phantasie selbst wird also innerhalb der Zukunftswerkstatt als primäre Erkenntnisquelle definiert, nicht menschliche Intellektualität bzw. Rationalität“ [Fey 2010, S. 9].

Durch das Loslassen der Teilnehmer von den Problemen und Problemchen der Gegenwart werden Denkbarrieren aufgebrochen, die sonst regelmäßig die Entwicklung von Visionen bzw. die Schaffung neuen Wissens verhindern. Die Teilnehmer lernen intuitiv und setzen Energien frei, die ohne eine phantasievolle Aktivierung und ohne die Außerkraftsetzung eingehender Bewertungsmaßstäbe nicht zum Vorschein kommen würden [vgl. Burow 1997, S. 17].

Die Freisetzung intuitiven Wissens wird insbesondere durch den Perspektivenwechsel gefördert, den die Teilnehmer einer Zukunftswerkstatt vollziehen. Sie gehen bei der Gestaltung der Zukunft nicht von einem schier unüberwindbaren, gegenwärtigen Problem, dessen Lösung an einer Überfrachtung mit Detailfragen und Sachzwängen scheitern würde, sondern von einem wünschenswerten Zukunftsbild aus. „An die Stelle des häufig anzutreffenden linearen Denkens, das nur die Vorstellungen aus der Vergangenheit in die Zukunft verlängert, entstehen so völlig neue Vorstellungsräume, wird der Gestaltungsspielraum kreativ erweitert“ [Burow 1997, S. 18]. In der nachfolgenden Grafik ist daher der Prozess des linearen Denkens als Zuspitzung und Verengung dargestellt (Sachzwänge), während der Blickwinkel aus der Zukunft heraus (Perspektivenwechsel nach Jungk) als offener Trichter dargestellt wird, der den Möglichkeitsraum vergrößert [siehe Abbildung 19].

Jungk und Müllert sprechen von einer ungenutzten Energiequelle [vgl. Jungk / Müllert 1989, S. 24], die ganz wesentlich durch den Perspektivenwechsel nutzbar gemacht werden kann.

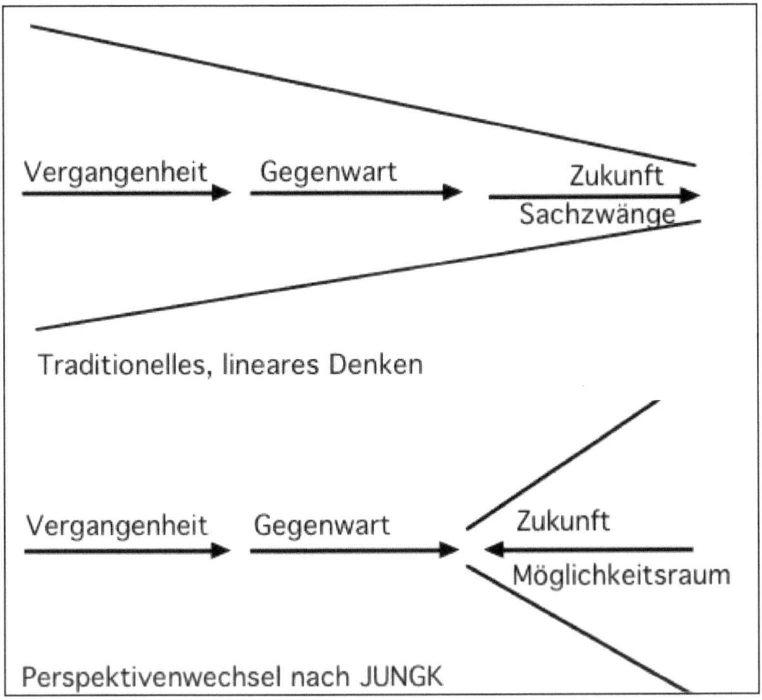

Abbildung 19: Perspektivenwechsel nach Jungk (Quelle: [Burow 2000, S. 181])

Bei Betrachtung des Perspektivenwechsels wird ein wesentlicher theoretischer Bezug erkennbar: In der Zukunftswerkstatt wird die Denkweise eines dialektischen Prinzips verwirklicht. Der Begriff der Dialektik wird in der Literatur unterschiedlich verwendet, an dieser Stelle steht er für ein Denken in Widersprüchen. Im Verlauf der drei Phasen einer Zukunftswerkstatt werden einer These (= Kritik) ihre Antithese (= Utopie) gegenübergestellt [vgl. Dauscher / Maleh 2006, S. 124]. These und Antithese bedingen sich gegenseitig. Denn ein wünschenswertes Zukunftsbild provoziert Kritik am IST-Zustand und Kritik am IST-Zustand bedingt wiederum die Formulierung von Idealvorstellungen von der Zukunft. Diese Wechselwirkung führt zu einem Veränderungsprozess, in dem sich These und Antithese durch die wechselseitige Antriebskraft weiterentwickeln und im Idealfall in einer Synthese aufgehoben werden [vgl. Dauscher / Maleh 2006, S. 124].
Diese Theorie folgt damit der Vorstellung Hegels, der in der Dialektik „das treibende Prinzip des Denkens und der Entwicklung der Welt – und zwar verstanden im Sinne einer Weiter- bzw. Höherentwicklung“ [Fey 2010, S. 10] sah. In Platons

Philebos wird der Dreiklang der Dialektik (These – Antithese – Synthese) sehr anschaulich beschrieben: Das Gute ließ sich nach Platon nicht allein auf Vernunft oder Lust zurückführen, sondern stellt sich für ihn als „Synthese von vernünftiger Einsicht und Lust dar, bei der sich diese Komponenten im richtigen Maß verbinden" [Röd 1994, S. 134]. Im Rahmen einer Zukunftswerkstatt soll diese Synthese in der Realisierungsphase hergestellt werden. Die Vernunft (Kritik und Realität → These) und die Lust (Phantasie und Utopie → Antithese) verbinden sich in einer Synthese, die sich wiederum der Realität stellen muss.
Im Anschluss an die Zukunftswerkstatt wird dieser Prozess in aller Regel immer wieder durchlaufen, da zwangsläufig neue Antithesen entstehen, die sich den ändernden Realitäten neu stellen müssen. Anhand einer permanenten Zukunftswerkstatt soll dieses Prinzip nachfolgend verdeutlicht werden [siehe Abbildung 20]. Die permanente Zukunftswerkstatt setzt sich aus einer Abfolge mehrerer Zukunftswerkstätten zusammen, die in regelmäßigen Abständen durchgeführt werden, um langfristige Probleme nachhaltig anzugehen. Dabei werden die Ergebnisse der Zukunftswerkstätten in der jeweils nachfolgenden Werkstatt auf Erfolg und Umsetzbarkeit geprüft und ggf. weiterentwickelt.
In jeder einzelnen Zukunftswerkstatt ist der dialektische Dreiklang dargestellt. Kritik entsteht aus der Realität in der wir leben. Durch den Perspektivenwechsel wird diese Kritik noch verstärkt, denn phantasievolle Zukunftsentwürfe provozieren Kritik an der mängelbehafteten Gegenwart. Der Erkenntnisprozess wird dadurch auf eine andere Ebene gehoben, indem durch die Negation der Kritik Energien bei den Teilnehmern freigesetzt werden. Die Synthese aus Vernunft (Kritik) und aus Lust (Utopie) führt zur konkreten Formulierung von Realisierungsmaßnahmen.

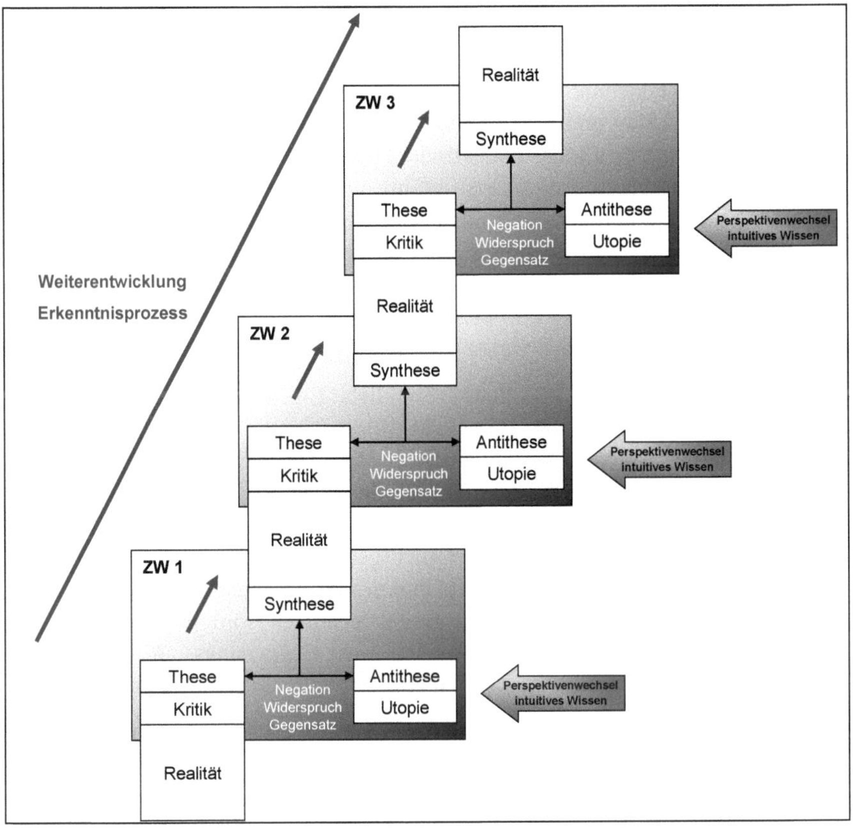

Abbildung 20: Das dialektische Prinzip und die permanente Zukunftswerkstatt (Quelle: Eigene Darstellung)

Diese treffen nach bzw. zum Teil schon während der Werkstattarbeit auf die Realität und unterziehen sich dem Praxistest. In der nächsten Zukunftswerkstatt wird dann die neue Realität als Ausgangsbasis (Kritik) für die Werkstattarbeit genommen. Die neue Ausgangsbasis befindet sich im Sinne einer idealistischen Dialektik, so wie sie Hegel versteht, auf einer höheren Ebene des Erkenntnisprozesses, als die Kritik der vorangegangenen Zukunftswerkstatt.

Dabei kommt es nicht darauf an, ob dieses „höhere Niveau der Erkenntnis" auch objektiv festgestellt werden kann. Ohnehin kann bezweifelt werden, ob Objektivität der Erkenntnis überhaupt erreicht werden kann. Der österreichisch-britische Philosoph Karl Raimund Popper (*1902 - †1994) schreibt dazu, dass Erkenntnis

„notwendigerweise immer subjektiv gefärbt“ [Popper / Hansen 2010, S. 109] sei, da Objektivität auch immer einer subjektiven Bewertung ausgesetzt sei.
Wenn also die Teilnehmer der Zukunftswerkstatt, die Betroffenen, den Verlauf als Weiterentwicklung und Erkenntnisgewinn subjektiv empfinden (das Neue ist besser als das Alte), erfüllt das dialektische Prinzip seinen Zweck und der Prozess der (permanenten) Zukunftswerkstatt erfährt die angestrebte Weiterentwicklung. Dies stützt auch die in der vorliegenden Arbeit vertretene Auffassung, dass insbesondere persönliche Betroffenheit und Begeisterung erfolgreiches Handeln (und Erkenntnisgewinn) ermöglichen [siehe u. a. Definition „Vision“ auf S. 41] und auf diese Weise gedankliche Barrieren (Zweifel, Skepsis, Angst etc.) hin zu einer besseren Zukunft überwunden werden können.

Eine bislang nur am Rande erwähnte wesentliche Eigenschaft der Zukunftswerkstatt ist der Erkenntnisgewinn durch das Wirken in der Gruppe. Eine weitere Erkenntnisquelle ist demzufolge die Gruppe selbst. Die Teilnehmer stellen in dem „offenen und kreativen Feld“ [vgl. dazu Burow 2000, S. 171] der Zukunftswerkstatt Informationen und Wissen bereit und konsumieren sie zugleich. Mit dem Zugriff auf diese in der Gruppe zugänglich gemachten Ressourcen erhalten alle eine differenzierte Sicht auf ihr eigenes und das Handeln anderer sowie die übergreifende zentrale Problemlage. Kreativitätstechniken fördern diesen Dialogprozess, den Burow auch als aufgabenzentrierten Begegnungs-, Austausch- und Informationsverarbeitungsprozess bezeichnet [vgl. dazu Burow 2000, S. 177].

Zusammenfassend kann damit festgehalten werden, dass der Erkenntnisgewinn in Zukunftswerkstätten insbesondere auf dem Zusammenspiel von Perspektivenwechsel, dialektischem Prinzip und Dialogprozess zurückgeführt werden kann. Auch wenn die Begründer keinen Anspruch darauf erheben, die Zukunftswerkstatt wissenschaftlich zu fundieren, zeigen die vorangegangenen Ausführungen jedoch, dass sich die Methode sehr wohl wissenschaftstheoretisch, insbesondere im Rahmen der Erkenntnistheorien, einordnen lässt. Kuhnt und Müllert stellen aber auch treffender Weise fest: „Zukunftswerkstätten sind kein statisches methodisches Instrumentarium, sondern ein dynamisches, das zu einer diskursiven Weiterentwicklung herausfordert“ [Kuhnt / Müllert 2006, S. 189].

4.2.2 Menschenbild

Die im vorangegangenen Abschnitt unterstellten theoretischen Wirkungszusammenhänge basieren auf einem ganz bestimmten Menschenbild. Das Konzept der Methode „Zukunftswerkstatt“ setzt voraus, dass jeder Mensch über kreative Poten-

ziale bzw. Phantasie verfügt, die es durch entsprechende Rahmenbedingungen zu entfalten gilt.
Jungk und Müllert sprechen von einer Wiedergutmachung der „massenhaften Phantasieverhinderung“ [Jungk / Müllert 1989, S. 27] und von ungenutztem „Wunsch-, Hoffnungs- und Vorstellungspotenzial, das auf seine Entfaltung wartet“ [Jungk / Müllert 1989, S. 28]. Den Menschen wird die Fähigkeit zugesprochen, ihre Probleme als „Experten in eigener Sache“ [Kuhnt / Müllert 2006, S. 183] selbst zu lösen.
Albers / Broux et al. gehen auch von einer solchen Sichtweise aus: „Bei den Werkstattteilnehmer/innen wird unterstellt, dass sie im Hinblick auf Problemlösungen, Ideen, neue Ziele usw. bereits über die notwendigen Innovationskräfte, die Fähigkeit zum visionären Denken, soziale Phantasie, Experimentierfreude verfügen – diese Potenziale müssen nur durch geeignete Werkstattmethoden und Rahmenbedingungen freigesetzt werden“ [Albers / Broux et al. 1999, S. 23]. Das Menschenbild, das der Zukunftswerkstatt unterliegt, gründet somit auf einer humanistischen Weltanschauung. Der Mensch wird als das schöpferische und sich selbst bestimmende Wesen aufgefasst, das sich aus vorgegebenen Bindungen befreit und seine eigene Geschichte hervorbringt [vgl. Böhm 2005, S. 87].
Diese Sichtweise entspricht dem positiven Menschenbild von Hülshoff [vgl. S. 51]. Nach Hülshoff setzt die Fähigkeit und das Bedürfnis zu fragen ein im Menschen verankertes Urwissen voraus. Zudem sei der Mensch mit einem tief in ihm angelegten Willen ausgestattet, Dinge besser zu machen bzw. zu verbessern. Dies spreche wiederum für die Annahme, dass „alle Kräfte menschlicher Seele auf Entwicklung und Entfaltung, auf ein zunehmendes ‚Existieren‘ hin angelegt sind“ [Hülshoff 2008]. Wobei unter menschlicher Seele die Verbindung aus vegetativen, emotionalen und kognitiv-intellektuellen Seelenkräften zu verstehen sei [vgl. Hülshoff 2008].
Dieses von Hülshoff und den Begründern der Zukunftswerkstatt verfolgte Menschenbild findet sich auch bei Schein wieder. Z. B. trifft Schein für die Gestaltung einer erfolgreichen Lernkultur folgende Grundannahmen:

“[1] • The world can be managed

[2] • It is appropriate for humans to be proactive problem solvers

[…]

[3] • Human nature is basically good and in any case mutable

[…]”

[Schein 2004, S. 405].

Schein geht somit davon aus, dass die Menschen die Welt mit ihren Abläufen und in ihrer Komplexität, grundsätzlich bewältigen können (Punkt 1). Die Welt ist nach Schein insbesondere deshalb „händelbar“, weil das menschliche Wesen darauf ausgerichtet ist, proaktiv, also initiativ und nicht ausschließlich reagierend, Probleme zu lösen (Punkt 2). In einer Zukunftswerkstatt wird genau diese Fähigkeit des „Problemlösens“ bei allen Teilnehmern vorausgesetzt. Ganz allgemein geht Schein außerdem davon aus, dass das menschliche Wesen grundsätzlich gut und in jedem Fall wandelbar ist (Punkt 3).
Die Zukunftswerkstatt unterstützt durch sein Phasen-Modell und mit dem bereits in 4.2.1 dargestellten Perspektivenwechsel, dem dialektischem Prinzip und dem Dialogprozess „die Entwicklung der verschiedenen Fähigkeiten, sich selbst und andere in sinnvoller Bezogenheit als aktiv handelnd in Gegenwart und Zukunft zu erleben. Damit vermittelt sie die Erfahrung, dass ein eigenes sinnvolles inneres Programm besteht, das die Handlungen in Vergangenheit, Gegenwart und Zukunft organisiert“ [Neumann-Schönwetter 1997, S. 65]. Demzufolge basiert die Zukunftswerkstatt nicht nur auf einem bestimmten Menschenbild, durch ihren Aufbau wird auch eine Reflexion der Teilnehmer über die eigenen Fähigkeiten und über ihr eigenes Menschenbild gefördert.
Das hier beschriebene, für die Zukunftswerkstatt zu Grunde liegende positive Menschenbild war bereits Ausgangspunkt für die Entwicklung der Definitionen für „Vision“ [S. 41] und „Visionskultur“ [S. 64] und soll auch im weiteren Verlauf der vorliegenden Arbeit Grundlage für die anstehenden Untersuchungen sein.

4.2.3 Lerntheorie

Für den Begriff „Lernen“ gibt es zahlreiche Definitionen [siehe u. a. Gerrig / Zimbardo 2008, S. 192; Gudjons 2008, S. 211f.; Raithel / Dollinger et al. 2009, S. 67ff.; u. v. a. m.]. Lernen ist ein nicht beobachtbarer Prozess aufgrund von Erfahrung und Übung. Er zeichnet sich durch einen relativ dauerhaften Erwerb neuer bzw. durch dauerhafte Veränderung und Weiterentwicklung bereits vorhandener Kompetenzen und Einstellungen aus. Unmittelbar beobachtbar sind die Ursachen, die den Prozess des Lernens ausgelöst haben sowie die geänderten Handlungsweisen oder Erlebensweisen als Ergebnis des Lernvorgangs [vgl. Hobmair 2008, S. 76]. Der Prozess der Erfahrung und Übung kann sehr unterschiedlich gestaltet werden und unabhängig von der Gestaltung auch unterschiedlich verlaufen. Das Lernen in Zukunftswerkstätten wird häufig als „innovativ“, „neu“ oder „anders“ bezeichnet [siehe z. B. Kuhnt / Müllert 2006, S. 184; Weinbrenner / Häcker 1997, S. 25]. Es weicht von traditionellen Lernformen, wie sie z. B. in der Schule praktiziert werden, ab, da es an einer Lernzielorientierung fehlt. Am Anfang der Zukunftswerkstatt steht nicht fest, was gelernt werden soll bzw. wie das Ergebnis aussehen soll. Daher gibt es auch keinen Lehrer, sondern einen Moderator, der den Gruppenprozess lediglich begleitet, Anregungen gibt und initiiert. Die Teilnehmer sollen nicht belehrt werden, sondern dazu ermutigt und in die Lage versetzt werden, selbstbestimmt und ganzheitlich zu lernen.

Selbstbestimmtes Lernen ist die Voraussetzung dafür, dass der Lernprozess nicht in ein vom „Lehrplan“ vorgeschriebenes Ergebnis mündet und lediglich zu einer Verlängerung des Gegenwärtigen führt, sondern die „Öffnung von Zukunft“ [Kuhnt / Müllert 2006, S. 185] ermöglicht. Durch das utopische Überschreiten der Gegenwart in Zukunftswerkstätten, wird den Teilnehmern die Angst vor der Zukunft genommen und sie werden dazu ermutigt, eigene Wege zu gehen. Diese eigenen Wege müssen selbst erfahren und erforscht werden. Eine Fremdbestimmung schließt sich aus. Dies bedeutet auch eine konsequente Partizipation der Teilnehmer an der (gesellschaftlichen) Gestaltung (Demokratisierungseffekt der Zukunftswerkstatt).

Ganzheitliches Lernen im Sinne einer Ausbildung von Fachkompetenz, Methodenkompetenz, sozialer und personaler Kompetenz (siehe S. 50f.) wird in Zukunftswerkstätten durch die „Einheit von Erkennen, Erleben und Handeln“ [Kuhnt / Müllert 2006, S. 186] ermöglicht. Dabei steht nicht nur die Produktion von Problemlösungen im Vordergrund, die Teilnehmer erleben außerdem, wie sie zu diesen Problemlösungen gelangt sind und wie sie zukünftige Herausforderungen angehen können. Sie werden zur Aktivität und Selbstständigkeit geführt. Kuhnt und Müllert sind der Ansicht, dass Handlungskompetenz selbst nur im Handlungsvollzug zu erlangen ist [vgl. Kuhnt / Müllert 2006, S. 186] und Hülshoff stellt fest: „Wir benötigen Rahmenbedingungen, damit Mitarbeiter sich selbst Kompetenzen aneignen können“ [Hülshoff 2008]. Denn Lernen kommt von innen heraus und kann nicht von außen erzwungen werden.
Folglich muss bei der Schaffung von Rahmenbedingungen für Lernen berücksichtigt werden, dass für den Lernerfolg die *Begeisterung und Betroffenheit* der Lernenden entscheidend sind. Aufbauend auf einem positiven Menschenbild [siehe 4.2.2] wird in der Zukunftswerkstatt auf die kreativen Potenziale und den Willen der Teilnehmer zur Problemlösung vertraut. Die Zukunftswerkstatt „integriert in sehr zwangloser Weise viele der bekannten didaktischen Prinzipien (zum Beispiel die Prinzipien der Situationsorientierung, Problemorientierung, Interessen- und Bedürfnisorientierung, Handlungsorientierung sowie das Betroffenheitsprinzip)“ [Weinbrenner / Häcker 1997, S. 25].

Nach Kuhnt / Müllert kommt auf spielerische Art „ein fortwährender Austausch an Erfahrungen, Kenntnissen und Ideen“ zustande, „bei dem alle Teilnehmer voneinander profitieren“ [Kuhnt / Müllert 2006, S. 14]. In Zukunftswerkstätten wird damit, anders als z. B. beim Frontalunterricht in der Schule, mit „Betroffenen“ an konkreten Lebenssituationen mit konkreten Problemen und unter Berücksichtigung der Interessen und Bedürfnisse von- und miteinander gelernt und gehandelt.

Dies ist der Nährboden für *pädagogische Situationen*, die durch interessengeleitete, psychische Anspannung bei den Teilnehmern gekennzeichnet sind. Nach Petersen ist eine pädagogische Situation „ein problemhaltiger Lebenskreis von Kindern, Jugendlichen [Erwachsenen] um einen Führer, von diesem in pädagogischer Absicht derart geordnet, dass jedes Glied des Lebenskreises [Zusammenleben einer Gruppe mit einem Führer] genötigt wird, als ganze Person zu handeln, tätig zu sein“ [Petersen 1984, S. 20].
Der Begriff „Führer“ ist nach den Schrecken des Naziterrors negativ belegt und ruft vor dem Hintergrund heutigen geschichtlichen Wissens vielfach Skepsis hervor. In der Pädagogik Petersens wirkt der Führer fürsorglich, selbstlos und muss sich seinem stellvertretenden Tun (er wirkt nicht unmittelbar, sondern über die Schaffung pädagogischer Situationen) bewusst sein. Petersen weist auch immer wieder auf die Wichtigkeit des Handelns der Lernenden hin: „Ich wähle und entscheide; ich entschließe mich, im Dasein ich selbst zu sein. Ich ertrage als Selbstsein nicht die Möglichkeit der Unfreiheit, und so wird durch meine Tat Freiheit“ [Petersen 1984, S. 19]. Petersens Idee der Entfaltung von Kompetenzen durch Handeln entspricht damit eher einer Aufforderung zur Freiheit der Gestaltung des pädagogischen Lebens als der Forderung nach einer verordneten Nachfolgerschaft.
Im Falle der Zukunftswerkstatt ist der Führer der Moderator. Ganz im oben beschriebenen, pädagogischen Sinne nimmt er sich in der Zukunftswerkstatt bescheiden zurück und kommt mit minimaler Autorität aus, ist aber zugleich Anreger, Stütze und Hilfe, Schlichter und Spielleiter [vgl. Jungk / Müller 1989, S. 147ff.]. Er sitzt gleichberechtigt im Gesprächskreis, ist aber zugleich konstitutiv für die Gruppe, denn „ohne ihn gäbe es keine gestalteten, absichtsvollen pädagogische Situationen“ [Hülshoff 2009b, S. 29].
Die spannungsvolle und bewusste Konzentration auf die Aufgabenstellung, die der Führer in pädagogischen Situationen entstehen lassen soll, ist eine entscheidende Voraussetzung für menschliches Lernen und führt zu zwei unterschiedlichen Urformen des Lernens und Sich-Bildens [vgl. Hülshoff 2009b, S. 31]. Hülshoff fasst die Aussagen Petersens zu den beiden Urformen wie folgt zusammen: „Einmal nimmt der Mensch die Spannungen in sich hinein und verarbeitet sie in sich, nimmt innerlich Stellung zu ihnen durch: Überlegen, Philosophieren, An-

schauung, Empfindung, Wahrnehmung. Diesen Vorgang nennt Petersen „Grundformen der Selbsterziehung". Zum anderen wird der Mensch nach außen hin tätig im Verein mit andern, und zwar in folgenden vier Urformen: Gespräch (Unterhaltung), Spiel, Arbeit und Feier" [Hülshoff 2009b, S. 31].
Die vier Urformen des Lernens, die im Menschen von Geburt an angelegt sind, führen zu Lernprozessen, die ohne die Gemeinschaft nicht möglich wären. Diesem natürlichen Bildungsstreben der Menschen, das sich auch im Menschenbild der Begründer der Methode wiederfindet (siehe 4.2.2), wird in Zukunftswerkstätten dadurch Rechnung getragen, dass den Gruppenprozessen, den Urformen des Lernens in der Gemeinschaft, vertraut wird und den Teilnehmern permanent Lernangebote unterbreitet werden. Es wird eine Lernkultur gepflegt, in der Querdenken gefördert, Schwächen akzeptiert und Fehler toleriert werden. Denn Synergien im Gruppenprozess können nur dann entstehen, „wenn wir Defensivroutinen aufgeben und neben unseren Stärken auch unsere Schwächen akzeptieren" [Burow 1996, S. 4].
Es werden Situationen herbeigeführt, die Prozesse des Bewusstwerdens auslösen. Dies kann zum einen zu den bekannten „Aha-Effekten" führen, zum anderen werden die Teilnehmer in die Lage versetzt und dazu ermutigt, Fragen zu stellen. Die Teilnehmer erlernen das Fragen (Wo liegt das Kernproblem? Was will ich wirklich? Entsprechen meine bislang formulierten Ziele vielleicht gar nicht meinen ureigensten Interessen?). Somit lernen die Teilnehmer neben dem kooperativen Umgang miteinander und der Nutzung von Synergien in der Gruppe außerdem ihre eigene individuelle Position im Prozess der gesellschaftlichen Entwicklung zu überprüfen.

In einer Zukunftswerkstatt bilden die Teilnehmer eine *pädagogische Gruppe*. Nach Petersen zeichnet sich eine pädagogische Gruppe dadurch aus, dass „alle Mitglieder, auch der Führer als Pädagoge, ihr intuitives Erleben und Gestalten mit planvollem Steuern, Irrationales mit Rational-Technischem miteinander verbinden" [Hülshoff 2009b, S. 30].

Mit der Methode Zukunftswerkstatt wird die Bildung einer pädagogischen Gruppe durch die Integration von intuitiv-emotionalem und rational-analytischem Lernen gefördert.

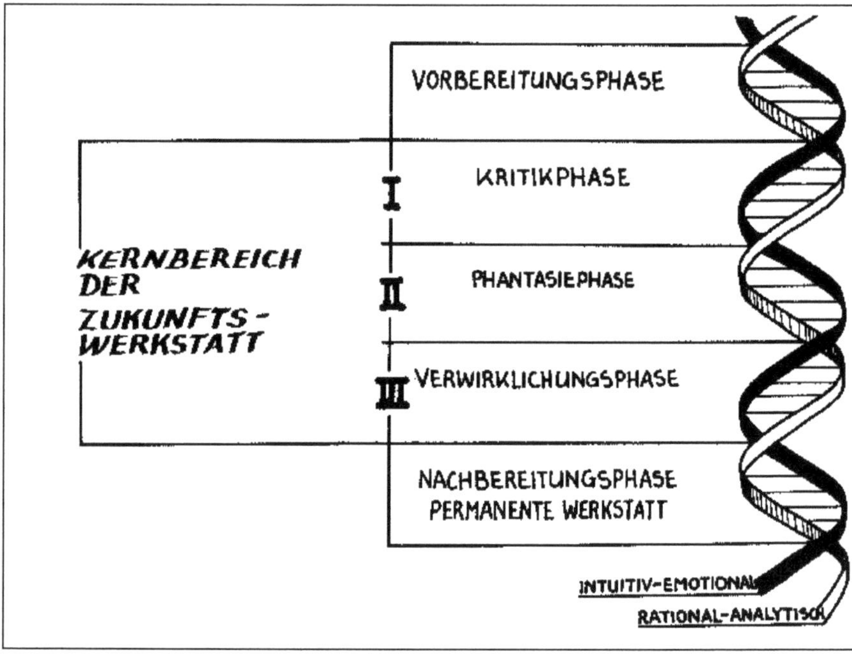

Abbildung 21: Die Phasen der Zukunftswerkstatt mit Doppelspirale (Quelle: [Jungk / Müllert 1989, S. 221])

Die Doppelspirale in Abbildung 21 veranschaulicht das Spannungsfeld zwischen den beiden Polen menschlichen Denkens und Handelns. In jeder einzelnen Phase der Zukunftswerkstatt sind demnach sowohl Logik und Vernunft (rational-analytisch), als auch Intuition und Emotionalität beteiligt.

In der Kritikphase zeigen sich die Wechselwirkungen z. B. wie folgt [siehe dazu auch Jungk / Müllert 1989, S. 224f.]:

Die Kritikphase beginnt mit der Analyse und Benennung des aktuellen Problems.

„Die Trainingsbedingungen sind mangelhaft.“

→ rational, analytisch

In einem weiteren Schritt machen die Teilnehmer ihrem Ärger Luft und äußern ungeschminkt ihre Kritik. Dieses geschieht unsortiert in Form eines Brainstormings und ist dadurch gekennzeichnet, dass es nicht zu einer rationalen Auseinandersetzung mit den genannten Punkten kommt. Vielmehr wird die Kritik aus dem Bauch heraus geäußert:

„Ich habe mich auf dem Rudergerät verletzt." „Die Halle ist immer dreckig." „Immer ist das Ergometer besetzt!" „Andere Vereine haben viel bessere Bedingungen."

→ intuitiv, emotional

Bei der anschließenden Kritikauswahl durch z. B. Punktevergabe sowie der damit verbundenen Verständnisdiskussion ist wiederum eine analytische Vorgehensweise gefragt.

„Welche Punkte sind doppelt aufgeführt?" „Was ist mit Beschwerdemanagement gemeint?" „Welche Kritikpunkte sind besonders wichtig und sollten weiter verfolgt werden?"

→ rational, analytisch

usw.

Das Wechselspiel setzt sich über alle Phasen hinweg bis zum Ende der Zukunftswerkstatt fort. Es erzeugt ein Spannungsfeld, das zusätzlich zur geistigen und emotionalen Anspannung der Teilnehmer beiträgt.

Zusammenfassend kann festgestellt werden, dass die Zukunftswerkstatt mehrere lerntheoretische Ansätze miteinander verknüpft. Für selbstbestimmtes, ganzheitliches Lernen wird in der Zukunftswerkstatt ein Feld kreiert, in dem pädagogische, spannungsgeladene Situationen entstehen können. Mit der Verzahnung von Handlung, kognitiven Prozessen, Begeisterung und Betroffenheit wird eine Bewusstseinsveränderung bei den Teilnehmern hervorgerufen. Die Bedeutung des Subjekts und die Unterstützung bei der Anreicherung von persönlichen Erfahrungen stehen dabei im Vordergrund. Bei den Teilnehmern wird eine Faszination für persönliches bedeutsames Lernen hervorgerufen. Aktivierung und Kompetenzentfaltung „von innen" und nicht eine wenig Erfolg versprechende Wissensvermittlung von außen sind die Folge. Dazu passend schließt dieser Abschnitt mit einem Zitat des irischen Dramatikers und Politikers George Bernard Shaw (*1856 - †1950):

„Wenn du einen Menschen etwas lehren willst,
wird er es niemals lernen."
G. B. Shaw
[zitiert in Gudjons 2008, S. 227]

4.3 Grenzen der Zukunftswerkstatt

Zukunftswerkstätten sind kein methodisches Allheilmittel. Sie werden zu bestimmten Zwecken, an bestimmten Orten, in bestimmten Organisationen und mit bestimmten Teilnehmern durchgeführt. Wann eine Zukunftswerkstatt sinnvoll ist,

muss individuell für die gegebene Situation entschieden werden. Wesentliche Entscheidungskriterien, die für den Einsatz dieser Methode sprechen, wurden bereits in diesem Kapitel angeführt.
Neben den bereits erwähnten Vorzügen der Methode bestehen jedoch auch organisatorische Grenzen und grundlegende Schwachstellen. Sind diese dem Entscheider bewusst, stehen ihm viele geeignete Maßnahmen zur Verfügung, die Schwierigkeiten zu bewältigen, oder er kann sich nach Abwägen der Vor- und Nachteile für alternative Methoden entscheiden. Aus diesem Grunde werden in diesem Kapitel die Grenzen der Zukunftswerkstatt umfassend dargestellt.

Organisatorisch ergeben sich Hemmnisse in Bezug auf Gruppengröße, Raumausstattung und Zeitbudget [siehe 4.1.3]. Die Ergebnisoffenheit der Methode erfordert insbesondere einen äußerst professionellen Umgang mit der Zeit. So kann jede einzelne Phase unter Umständen viel mehr oder auch viel weniger Zeit in Anspruch nehmen als ursprünglich geplant. Der Moderator muss hierauf flexibel reagieren können und dennoch mit seinem Zeitfenster, das ihm zur Verfügung gestellt wurde, auskommen. Der Moderator sollte daher genügend Zeitpuffer einplanen und zudem über ausreichende Moderationstechniken verfügen, die ggf. auch Prozesse beschleunigen können. Dabei sollte ihm bewusst sein, dass viel Zeit keineswegs viel Kreativität zur Folge haben muss [vgl. Apel / Günther 1999, S. 25].
Auch die Zusammensetzung der Gruppe ist entscheidend: „Ist die Betroffenheit bzw. das Wissen zu gering, so besitzen die Teilnehmer weder genügend Engagement noch genügend Ressourcen, um sich gegenseitig anzuregen" [Dauscher / Maleh 2006, S. 111]. Die Zukunftswerkstatt wird dann höchstwahrscheinlich nicht das kreative Potenzial entfalten können, das ihren Einsatz rechtfertigen würde. Als grundlegende methodische Schwachstellen der Zukunftswerkstatt können folgende Punkte ausgemacht werden [vgl. Apel / Günther 1999, S. 21ff.]:

a) Innere Dramaturgie und Konsistenz der Phasen
b) Die Kritikphase – immer der geeignete Einstieg?
c) Die Wirkung von Kreativitätstechniken – verordnete Utopie?
d) Der Umgang mit Hierarchien und disparenten Zielvorstellungen
e) Die Realisierung der Realisierung – wer hilft der Gruppe „danach"?
f) Die Rolle des Moderators.

Zu a) Innere Dramaturgie und Konsistenz der Phasen

Die Zukunftswerkstatt unterliegt einem Drehbuch mit einem anspruchsvollen Programm. Jede Phase baut auf der vorangegangenen Phase auf. Gibt es Pro-

bleme in der einen Phase, wird das automatisch Konsequenzen auf die nachfolgenden Phasen haben. Der Moderator steht daher unter einem großen Druck, dass in jeder der einzelnen Phasen sinnvolle und dramaturgisch kompatible Ergebnisse produziert werden. Dies kann dazu führen, dass bei der Selektion von Kritikpunkten, Utopien oder auch Realisierungsmaßnahmen, trotz der anvisierten „Ergebnisoffenheit“ [siehe S. 121], dennoch bewusst oder unbewusst ein „geheimer“ Lehrplan verfolgt wird, um den Erfolg der Methode nicht zu gefährden. Dies erhöht allerdings wiederum das Risiko, dass gerade die Punkte aussortiert werden, die die Entwicklung oder Entfaltung von wirksamen Visionen befördern würden.
Es gilt daher im Vorfeld (mit dem Initiator und / oder den Teilnehmern) zu klären, ob ein ergebnisoffener Prozess tatsächlich gewünscht ist. Steht für den Initiator einer Zukunftswerkstatt bereits im Vorfeld fest, welche Realisierungsmaßnahmen angegangen werden müssen, ist von der Methode abzuraten. Die Teilnehmer werden ansonsten sehr schnell merken, dass sie manipuliert werden und die Methode lediglich zur Aktivierung und Motivation aber nicht zur ernsthaften, demokratischen Entwicklung alternativer Zukünfte eingesetzt wird. Für den Fall eines nicht ergebnisoffenen Prozesses stehen andere Methoden zur Verfügung, deren Einsatz effektiver (zeitintensive Phasen können weggelassen werden) und risikoärmer ist [siehe z. B. S. 98].
Nach Apel und Günther sollte die Moderation daher am Ende einer Zukunftswerkstatt selbstkritisch die folgende „Konsistenzfrage“ verneinen können: „Hätte man sich eine Phase schenken können?“ [Apel / Günther 1999, S. 23].

Zu b) Die Kritikphase – immer der geeignete Einstieg?

„Das, worauf wir unsere Aufmerksamkeit richten, nimmt zu“ [zur Bonsen / Maleh 2001, S. 24]. Diese nachvollziehbare Schlussfolgerung von zur Bonsen und Maleh würde dafür sprechen, auf eine Kritikphase in der Zukunftswerkstatt zu verzichten. Denn im Gegensatz zur Auffassung von Jungk und Müllert hätte demnach die Kritikphase keine befreiende Ventilfunktion, sondern würde hemmend und demotivierend auf die Teilnehmer wirken, da sich der Eindruck des Negativen verfestigen und verstärken würde.
Im Sinne des dialektischen Prinzips [siehe S. 115] ist jedoch die Äußerung von Kritik erforderlich und auch die beabsichtigte befreiende („Das wollte ich immer schon einmal loswerden“) und gruppendynamische („Das regt uns alle auf“) Wirkung ist für den Verlauf der Zukunftswerkstatt entscheidend.
In dieser für den Aufbau der Zukunftswerkstatt unverzichtbaren Phase muss daher darauf geachtet werden, dass die Teilnehmer nicht so desillusioniert werden, dass der Wechsel in die Utopiephase zu schwer fällt. Dies kann z. B. dadurch gelingen, dass Kritik mit einem Lächeln und aufmuntert quittiert und unter Umstän-

den sogar mit Humor aufgenommen wird. Wichtig ist, dass zu Beginn der Utopiephase die Kritikphase als abgeschlossen betrachtet wird und sich alle auf die Formulierung von Wünschen und Ideen konzentrieren können. Es geht also darum, zunächst den Geist von aller Kritik zu befreien, um dann, ganz im Sinne auch von zur Bonsen und Maleh, sich auf das Wünschenswerte konzentrieren zu können.

Zu c) Die Wirkung von Kreativitätstechniken – verordnete Utopie?

Die Äußerung von Utopien und Ideen außerhalb der Denkschablonen erfordert nicht nur Kreativität, sondern auch Vertrauen gegenüber der Gruppe. „Die Angst vor Kontrollverlust, die Scham vor Bloßstellung muss überwunden und das Zulassen von Phantasien, die man nicht gleich bewertet, gelernt werden“ [Neumann-Schönwetter 1997, S. 59]. In sehr heterogenen Gruppen werden Teilnehmer, die Kreativitätstechniken kritisch gegenüberstehen, auch andere Gruppenmitglieder in ihrem Elan bremsen können. Manchmal reicht dafür nur ein Augenverdrehen als Reaktion auf die Formulierung einer phantasievollen Idee. Diese „Verhinderer“ wird es dort verstärkt geben, wo eine Teilnahme an der Zukunftswerkstatt, zum Beispiel durch den Arbeitgeber, vorgeschrieben wird.
Setzt sich die Gruppe hingegen aus Freiwilligen zusammen und sind diese zudem über den Ablauf der Zukunftswerkstatt im Vorfeld informiert, wird die Utopiephase ihre begeisternde Wirkung deutlich besser entwickeln können. Die im Rahmen dieser Arbeit durchgeführte Zukunftswerkstatt hat im Gegensatz zur Auffassung Apels [vgl. Apel / Günther 1999, S. 24] gezeigt, dass unter oben genannten Rahmenbedingungen eine erfolgreiche Utopiephase auch am Samstagmorgen gelingen kann [vgl. dazu die Beschreibung der Fallstudie in Kapitel 6].
Der zunehmende Einsatz der Methode als Problemlösungsverfahren im Rahmen der Organisationsentwicklung [vgl. S. 101] muss unter dem Gesichtspunkt der „verordneten Utopie“ daher kritisch gesehen werden. Werden zum Beispiel Mitarbeiter zur Teilnahme gezwungen, steigt die Wahrscheinlichkeit für ablehnende Haltungen. Aber auch eine freiwillige Teilnahme an Zukunftswerkstätten kann im Zuge eines Organisationsentwicklungsprozesses problematisch sein, da entweder die Mitarbeiter, trotz Freiwilligkeit, sich verpflichtet fühlen, mitzumachen oder, falls tatsächlich nur ein Teil der Organisationsmitglieder sich einbringt, die Akzeptanz der Ergebnisse in der gesamten Organisation fraglich sein wird.
Auch wenn die Zukunftswerkstatt stimulierende Rahmenbedingungen bietet, kann Kreativität nicht verordnet werden. Ist eine freiwillige Teilnahme nicht gewährleistet, ist daher eine Prüfung alternativer Methoden zu empfehlen.

Zu d) Der Umgang mit Hierarchien und disparenten Zielvorstellungen

Die Entwicklung der Zukunftswerkstatt hin zu einem Problemlösungsverfahren birgt weiteres Konfliktpotenzial. Grundsätzlich sind die Teilnehmer in einer Zukunftswerkstatt als gleichberechtigt anzusehen. Dies war in den Bürgerinitiativen mit den klassischen Thematiken der Siebziger Jahre eher unproblematisch. Gruppen Gleichgesinnter wollten alternative Zukünfte den Strategien der herrschenden Klasse gegenüberstellen („Erneuerbare Energien anstatt Atomkraft", „Fußgängerzonen und Straßenbahnen anstatt breite Straßen in der Innenstadt" etc.). Die Fronten waren geklärt, die Teilnehmer waren (schon vor Beginn der Zukunftswerkstatt) vereinigt hinter ihrem gemeinsamen Anliegen und dem, was sie nicht wollten.

Die Zukunftswerkstatt als Methode zur Organisationsentwicklung hat es demgegenüber schwerer. Die Teilnehmer unterliegen in Organisationen Hierarchien, die sich auch während der Werkstattarbeit nicht ausblenden lassen. Zudem bestehen nur selten einheitliche Zielvorstellungen in Organisationen. So kann der Abteilungsleiter nicht davon ausgehen, dass sich alle Mitarbeiter begeistert Strukturveränderungen wünschen. Genauso wenig kann der Mitarbeiter erwarten, dass sein Chef demokratische Entscheidungen auf allen Ebenen unterstützen würde. Eine utopische Vision des Einen kann ein Horrorbild im Verständnis des Anderen sein [vgl. Apel / Günther 1999, S. 30]. In Organisationen kann es allein schon schwierig sein, einen Konsens darüber zu finden, was alle nicht wollen.

Dennoch wird in der vorliegenden Arbeit die Auffassung vertreten, dass Zukunftswerkstätten unter bestimmten Bedingungen im Prozess der Organisationsentwicklung erfolgreich eingesetzt werden können. Hierarchisch bedingte Abhängigkeitsverhältnisse können durch entsprechende Gruppenzusammenstellungen (Mitarbeiter und Führungskräfte führen getrennte Werkstätten durch) oder durch klärende Vorgespräche (Thematisierung der Rollen in der Zukunftswerkstatt) relativiert werden. Zudem gibt es durchaus übergreifende Wunschvorstellungen in Organisationen, die es herauszukristallisieren gilt. So wird bei einem ambitionierten Fußballbundesligisten niemand widersprechen, wenn davon ausgegangen wird, dass sich alle den „Gewinn der Deutschen Meisterschaft" wünschen.
Apel und Günther schreiben, dass nach einer „Oppositionskultur", die insbesondere zu Zeiten der Entstehung der Methode vorherrschte, nun „Allianz-Konzepte" gefragt seien und werfen die Frage auf, ob dafür die Zukunftswerkstatt in der Lage sei [vgl. Apel / Günther 1999, S. 30]. Aber gerade die unkonventionelle Vorgehensweise in einer Zukunftswerkstatt zeichnet diese Methode aus. Provokative und unter Umständen nicht konsensfähige Forderungen (utopische Vorstellungen) lassen ja gerade die gewünschten Potenziale bei den Teilnehmern ent-

falten. Zudem war bereits in den Siebziger Jahren Konsensbildung notwendig, um Visionen tatsächlich, zur Not auch nur teilweise, umzusetzen. Wie damals, so ist aber auch heute das Ringen um Kompromisse eine Aufgabe, die es in der Realisierungsphase zu beachten und in der Umsetzung nach der Zukunftswerkstatt zu bewältigen gilt.

Zu e) Die Realisierung der Realisierung – wer hilft der Gruppe „danach"?

„Der Anspruch, in der Realisierungsphase zukunftsweisende Projekte festzuklopfen, ist reichlich überzogen und wird verhaltenspsychologischen Erkenntnissen nicht gerecht", urteilen Apel und Günther [Apel / Günther 1999, S. 27]. Sie sprechen damit das Problem an, dass nach einer kreativen Utopiephase die Formulierung von konkreten Maßnahmen häufig in einer euphorischen Stimmung erfolgt. Ist diese Euphorie einen gewissen Zeitraum nach der Zukunftswerkstatt erst einmal verflogen, besteht die Gefahr, dass die Maßnahmen als unrealistisch eingeschätzt werden und damit die Zukunftswerkstatt im Ganzen als „ganz nette Träumerei" abgetan wird.
Die Realisierungsphase kann daher nicht mit der eigentlichen Werkstatt abgeschlossen sein. Ergebnisse müssen überdacht (überschlafen) werden können und bedürfen einer individuellen Reflexion. Zudem werden die Teilnehmer Visionen und Erkenntnisse aus der Zukunftswerkstatt auch mit Menschen diskutieren, die nicht am Prozess beteiligt waren, wodurch ebenfalls Einstellungen und Entscheidungen beeinflusst werden. Schon kurz nach der Zukunftswerkstatt kann, je nach Rückmeldung aus den Gesprächen bzw. nach eigener Reflexion, daher schnell eine gewisse Ernüchterung eintreten. Die Welt erscheint wieder so kompliziert wie vor der Zukunftswerkstatt und die Teilnehmer kehren zurück zu ihren linearen Problemlösungsstrategien.
Hinzu kommt, dass die Durchsetzung von innovativen Handlungsstrategien, wie sie häufig in Zukunftswerkstätten entwickelt werden, in der Regel aufgrund ihres meist unkonventionellen Ansatzes auf Widerstand treffen. So müssen die Teilnehmer nicht nur die eigenen Zweifel richtig einordnen, sondern auch andere von ihren Ideen überzeugen können.
Es ist daher wichtig, dass den Teilnehmern Unterstützungsmöglichkeiten nach der Zukunftswerkstatt geboten werden. Dieses Angebot muss nicht zwangsläufig in einer permanenten Zukunftswerkstatt münden, wichtig ist aber, dass die Teilnehmer Gelegenheit dazu erhalten, sich auszutauschen und sich (neu) zu motivieren. Gleichzeitig können an dieser Stelle Instrumente des Projektmanagements vermittelt und eingesetzt werden, um den Realisierungsprozess zu unterstützen. Entscheidend ist aber, dass die positive Grundstimmung und die Begeisterung, die in

der Zukunftswerkstatt die Formulierung von wirksamen Visionen erst ermöglicht hatten, auch über die Werkstatt hinaus aufrecht erhalten wird.

Zu f) Die Rolle des Moderators

Da der Moderator die Rolle eines Spielleiters einnehmen soll [vgl. Jungk / Müllert 1989, S. 148], stellt sich u. a. die Frage, wie sich der Moderator verhält, wenn das „Spiel" schlecht läuft. Wie viel Einflussnahme ist erlaubt, ohne dass die Gefahr einer Manipulation besteht? Und wer urteilt überhaupt darüber, ob eine Werkstatt gut oder schlecht verläuft?
Die Kompetenzen (hier insbesondere die Methodenkompetenz und soziale Kompetenz) des Moderators beeinflussen in hohem Maße die Ergebnisse der Zukunftswerkstatt. Er führt in die Phasen ein, überwacht und korrigiert ggf. den Zeitplan, bestimmt Pausen, sorgt für die Einhaltung der Spielregeln, erkennt und entfaltet Potenziale (z. B. durch Lob, Ermunterung oder Nachfragen) und fördert die Entstehung pädagogischer Situationen [vgl. S. 122].
Sowohl dem Moderator als auch den Initiatoren muss diese einflussreiche Rolle bewusst sein. Initiatoren von Zukunftswerkstätten sollten daher im Vorfeld mit dem Moderator Moderatorenziele formulieren und klären, zu welchem Zweck gerade die Methode „Zukunftswerkstatt" zum Einsatz kommen soll. Häufig können auf diese Weise falsche Erwartungen auf beiden Seiten vermieden werden. Kompetente Moderatoren werden einschätzen können, ob die formulierten Ziele bei den gegebenen Rahmenbedingungen mit einer Zukunftswerkstatt erreicht werden können. Sind die Ziele festgelegt, erlaubt sich im Nachhinein auch eine Beurteilung des Erfolges – zumindest seitens des Moderators und der Initiatoren.
Die Zukunftswerkstatt hat sich bereits in der Praxis in vielfacher Weise bewährt. Sind die Grenzen der Methode bekannt, werden sich ein unangebrachter Einsatz und damit verbundene Enttäuschungen weitgehend vermeiden lassen. Trotz des gesellschaftlichen Wandels hat die Methode ihren Reiz nicht verloren, was sich unter anderem an der Ausweitung der Einsatzfelder ablesen lässt.
Skeptikern kann entgegengehalten werden, dass sie, ganz im Sinne eines Perspektivenwechsels nach Jungk und Müllert, zunächst schauen sollten, was die Zukunftswerkstatt im besten Falle erreichen könnte, und dass sie nicht von Vornherein die Methode als ungeeignetes Problemlösungsverfahren deklassieren sollten. Mit der Zukunftswerkstatt werden keine bestehenden Probleme auseinandergenommen, keine Lösungsmöglichkeiten produziert, sondern es wird eine Zukunft entworfen, in der die Probleme keinen Platz mehr haben.

5 Theoriebasierte Exploration

Die Kapitel 2 und 4 dienten der begrifflichen Klärung und kritischen Auseinandersetzung mit den vier Themenfeldern „Visionskultur“, „gemeinnütziger Großsportverein“, „Freiwilligenarbeit“ und „Zukunftswerkstatt“. Gleichzeitig wurden in diesen Kapiteln bereits eigene Definitionen und Qualitätsmerkmale herausgearbeitet. Damit bilden die Kapitel nicht nur die Grundlage für die nun fortzuführende theoretische Exploration, sie sind bereits ein wichtiger Teil davon.
Bei der in diesem Kapitel anstehenden Zusammenführung der Erkenntnisse aus den vorangegangenen Kapiteln kann daher auf neu formulierte Definitionen, herausgearbeitete Merkmale und Charakteristika sowie auf diverse erstellte Schaubilder zurückgegriffen werden. Auf dem Wege der Präzisierung des Verständnisses über das Erkenntnisobjekt ist die Sichtung und Analyse der vorliegenden Fachliteratur damit bereits abgeschlossen. Auch der Vergleich unterschiedlicher Theorieansätze erfolgte bereits ausgiebig (z. B. die Darstellung der unterschiedlichen Organisationskultur-Modelle in 2.2 oder die Vorstellung der Theorien zum Werte-Wandel in 3.1).
Dieser Vergleich erfolgte allerdings immer begrenzt auf das jeweilige Themenfeld. Eine themenfeld-übergreifende, theoriebasierte Exploration wird nun in diesem Kapitel durchgeführt. Wie bereits in 1.4.2 dargestellt, liegt der theoriebasierten Exploration folgende Leitfrage zu Grunde:

Welche Potenziale, bezogen auf die Forschungsfragen, der Methode Zukunftswerkstatt lassen sich anhand der systematischen Durchsicht und Analyse bereits vorhandener wissenschaftlicher Erkenntnisse ausmachen?

Die theoriebasierte Exploration ist der empirisch-qualitativen Exploration vorgeschaltet. Auf den in 1.4.2 erwähnten stetigen Abgleich mit den Erkenntnissen aus der Fallstudie wird erst in Kapitel 7 eingegangen. Im vorliegenden Kapitel erfolgt die theoriebasierte Exploration zunächst losgelöst von einem alternativen bzw. ergänzenden Zugang zum Erkenntnisobjekt.

Abbildung 22 zeigt den Ausschnitt der Exploration, mit dem sich dieses Kapitel beschäftigt [vgl. dazu das weitergehende Schaubild zur Theoriebildung in 1.4.2].

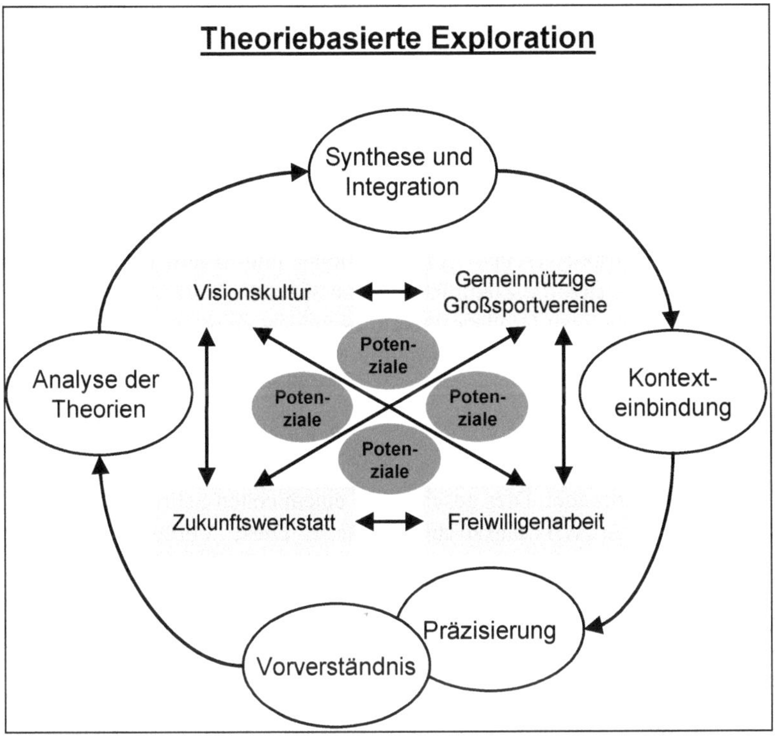

Abbildung 22: Theoriebasierte Exploration (Quelle: Eigene Darstellung)

Auf dem Wege der Beantwortung der oben genannten Frage geht es in diesem Kapitel in einem ersten Schritt darum, die hier mit Pfeilen dargestellten Wirkungszusammenhänge zwischen den vier Themenfeldern zu erkunden. Sind diese ausreichend erklärt, können darauf aufbauend in einem zweiten Schritt die Potenziale der Zukunftswerkstatt, bezogen auf die Fragestellungen der vorliegenden Arbeit, theoretisch erkundet werden. Da diese Potenziale auf einem funktionierenden „Wirkungsnetzwerk der vier Themenfelder" basieren, wird diese Vorgehensweise bzw. Reihenfolge gewählt.

5.1 Wirkungszusammenhänge erkunden

Wenn Jungk und Müllert über die „ungenutzte Energiequelle" schreiben, meinen sie die brachliegenden und/oder manipulierten Wunschkräfte von Millionen und Abermillionen, die für die Entwicklung wünschenswerter Zukünfte mobilisiert werden können und ihrer Meinung nach sollten [vgl. Jungk / Müllert 1989, S. 24]. Dass die Methode[36] Zukunftswerkstatt das Potenzial besitzt, Menschen anzuregen und diese „Reserve" zu aktivieren, konnte bereits im Zuge der Erarbeitung der theoretischen Grundlagen in 4.2 festgestellt werden und wurde auch in vielen bereits durchgeführten Werkstätten nachgewiesen.

Wie wirkt sich aber der Einsatz der Methode aus, wenn sie ganz konkret im Zusammenhang mit den übrigen drei Themenfeldern der vorliegenden Arbeit („gemeinnütziger Großsportverein", „Visionskultur", und „Freiwilligenarbeit") zum Einsatz kommt? Besitzt die Zukunftswerkstatt spezielle Vorzüge, die den Einsatz in einem gemeinnützigen Großsportverein besonders sinnvoll macht? Gibt es Parallelen zu den Theorien der Visionskultur? Kann im Rahmen von Organisationsprozessen durch den Einsatz von Zukunftswerkstätten die Besonderheit der Freiwilligenarbeit besonders gut berücksichtigt werden?

Bevor also die Potenziale erkundet werden, wird an dieser Stelle erst das „Wirkungsnetzwerk" erkundet. Dies geschieht in einem ersten Schritt durch die Isolierung der einzelnen Wirkungszusammenhänge. Diese Vorgehensweise widerspricht auf dem ersten Blick dem Erkenntnisprinzip qualitativer Forschung: „Das Erkenntnisprinzip qualitativer Forschung ist auch eher das Verstehen [...] von komplexen Zusammenhängen als die Erklärung durch Isolierung einer einzelnen (z. B. Ursache-Wirkungs-) Beziehung" [Flick / Kardorff et al. 2010, S. 23]. Die Vorgehensweise dient aber auch weniger der Analyse von einzelnen Ursache-Wirkungs-Beziehungen (daher wird auch nicht der Begriff Ursache-Wirkungs-Beziehung gewählt) als vielmehr der sinnvollen Reduzierung des komplexen Erkenntnisobjektes. Nach der Reduzierung erfolgt später die Zusammenführung der einzelnen Wirkungszusammenhänge. Außerdem profitiert das dieser Arbeit zu Grunde liegende Forschungsvorgehen von der vielfach in der qualitativen Forschung geforderten Offenheit: „So fordern qualitative Methodologen primär die Sicherstellung der Angemessenheit der vom Forscher verwendeten Kategorien und seine Offenheit für das potenziell „Andere" des Forschungsfeldes (und halten die Kontrolle des Forschers durch methodische Regeln für eine trügerische ‚Lösung')" [Meinefeld 2010, S. 267].
In diesem Paradigma ist auch die jetzige Vorgehensweise zu verstehen. Durch die Isolierung und anschließende Zusammenführung der Wirkungszusammenhänge soll das Verstehen des komplexen Untersuchungsgegenstandes neue Erkenntnishorizonte, oder anders, neue Erkundungswege eröffnen. Überspitzt ausgedrückt: „Sollte Erkenntnis tatsächlich etwas mit Zufällen zu tun haben, dann kann man dem Zufall eine Chance geben oder sie ihm verweigern" [Reichertz 2010, S. 282].

[36] In 4.2 wurde die Zukunftswerkstatt als Methode identifiziert.

Neue Erkundungswege sollen diese Chancen verbessern. Folgende Wirkungszusammenhänge (WZ) gilt es zu beleuchten:

WZ 1 Zukunftswerkstatt ↔ Gemeinnütziger Großsportvereine

WZ 2 Zukunftswerkstatt ↔ Freiwilligenarbeit

WZ 3 Zukunftswerkstatt ↔ Visionskultur

WZ 4 Visionskultur ↔ Gemeinnütziger Großsportverein ↔ Freiwilligenarbeit

Abbildung 23: Wirkungszusammenhänge (Quelle: Eigene Darstellung)

Die Bedeutung des Begriffes des „Wirkungszusammenhangs" soll in dieser Arbeit nicht auf die Beschreibung einer reinen kausalen Wenn-dann-Beziehung reduziert werden. In komplexen, systemischen Ursache-Wirkungs-Beziehungen ist aufgrund der Rückkopplungsprozesse in der Regel unklar, was die Ursache und was die daraus resultierende Wirkung ist. Vielmehr soll „Wirkungszusammenhang" als Oberbegriff sowohl für die Wechselwirkungen als auch für die Schnittmengen und Parallelen der theoretischen Grundlagen der vier Themenfelder verstanden werden.
Da die einzelnen Themenfelder völlig unterschiedlichen Kategorien angehören, müssen die Wirkungszusammenhänge auf ganz unterschiedlichen Ebenen analysiert werden:

- Die Zukunftswerkstatt ist eine Methode.
- Der gemeinnützige Großsportverein ist eine Organisationsform.
- Freiwilligenarbeit beschreibt eine bestimmte Form der menschlichen Aktivität.
- Visionskultur ist ein Bereich des komplexen Phänomens und Konzeptes „Organisationskultur" [vgl. Schein 2010, S. 13 und 40].

Es gilt also, die Wirkungszusammenhänge zwischen Methode, Organisationsform, Aktivität und Konzept zu erkunden und daraus Besonderheiten und Schlussfolgerungen abzuleiten. Auf Grundlage dieser Ergebnisse werden anschließend in 5.2 die Potenziale der Methode Zukunftswerkstatt abgeleitet.

Die Erkundung der Wirkungszusammenhänge erfolgt nach dem Prinzip, das auch dem Konzept des Appreciative Inquiry zu Grunde liegt [siehe zur Bonsen / Maleh

2001].[37] Das bedeutet, dass der Schwerpunkt der Erkundung auf der Entdeckung von positiven Effekten liegt, die sich bei der Zusammenführung der Themenfelder ergeben. Da mit dieser Arbeit Potenziale („Leistungsfähigkeit") aufgedeckt werden sollen, erscheint diese Vorgehensweise zielführend.

5.1.1 Wirkungszusammenhang Zukunftswerkstatt und gemeinnütziger Großsportverein

Den Wirkungszusammenhang zwischen Zukunftswerkstatt und gemeinnützigem Großsportverein zu erkunden, bedeutet, Besonderheiten des Einsatzes der *Methode* Zukunftswerkstatt in der *Organisation* gemeinnütziger Großsportverein auf Grundlage der in Kapitel 3 und Kapitel 4 bereits erarbeiteten Erkenntnisse zu klären.[38] Welche Erkenntnisse sprechen dafür, dass der Einsatz der Methode Zukunftswerkstatt im gemeinnützigen Großsportverein besonders Erfolg versprechend ist?

Sowohl die Idee der Zukunftswerkstatt als auch der organisierte Sport begründen sich auf einem humanistischen Menschenbild. Mevert schreibt: „Würde und Freiheit der Person stehen im Mittelpunkt. Auf dieser Basis bekennen sich die Vereine und Verbände des Sports zu einem humanistisch geprägten Menschenbild" [Mevert 2003, S. 74].[39] Die folgenden Zusammenhänge und Parallelen der beiden Themenfelder haben überwiegend ihren Ursprung in diesem gemeinsamen Menschenbild.

Gemeinnützige Sportvereine haben eine (verbindliche) demokratische Entscheidungsstruktur. „Die Geschicke des Vereins liegen in der Hand des ‚Souveräns Mitglied'" [Heinemann 2004, S. 84]. Ureigenstes Interesse der Begründer der Methode Zukunftswerkstatt war es, die Demokratie zu stärken. So, wie durch ihren Einsatz ursprünglich Bürger in die Entscheidungsfindungen einbezogen werden sollten, ermöglicht der Einsatz der Methode natürlich auch die Aktivierung und Einbeziehung der Mitglieder in die Entscheidungsfindungen des Vereins. Auch wenn im Zuge der Professionalisierung, Sportvereine sich zunehmend unternehmerische Strukturen zu eigen machen, gründet nach Auffassung des Autors dieser Arbeit der Erfolg gemeinnütziger Sportvereine nach wie vor ganz wesentlich auf ihrer demokratischen Struktur. Die Freiwilligkeit der Mitgliedschaft und des Mitmachens sowie die Einflussnahme auf den Verein durch Stimmrecht tragen nicht nur zur Motivation der Mitglieder bei, sie sorgen gleichzeitig dafür,

[37] Siehe auch S. 126.

[38] Der Verweis auf die entsprechenden Passagen in den Kapiteln 4 und 5, aus denen sich zahlreiche Schlussfolgerungen dieses Kapitels ergeben, erfolgt aus redaktionellen Gründen nur an ausgewählten Stellen.

[39] Zum humanistischen Menschenbild der Zukunftswerkstatt siehe 4.2.2.

dass, im Gegensatz zum meist hierarchisch organisierten Unternehmen, die Macht vom Mitglied ausgeht und sich damit auch die Vereinsentwicklung zwangsläufig an den Bedürfnissen der Kunden (Mitglieder) orientiert bzw. orientieren sollte. Heinemann schreibt dazu: „So werden die Ziele des Vereins gemeinsam bestimmt; es wird gewährleistet, dass über die Verwendung der Ressourcen im Interesse aller Mitglieder gemeinsam entschieden werden kann“ [Heinemann 2004, S. 86].
Zukunftswerkstätten ermöglichen das Abfragen und Zusammenführen der Wünsche der Mitglieder. Die Entwicklung wünschenswerter Zukunftsentwürfe [siehe Ziele der Zukunftswerkstatt auf S. 101] gleicht somit auch einer Marktanalyse, bei der die Wünsche der Kunden abgefragt werden bzw. erst entfaltet werden können. Besonders im gemeinnützigen Großsportverein, in dem die Vereinsführung nur noch einen kleinen Teil der Mitglieder persönlich kennen kann, sind Maßnahmen gefragt, die erstens die Mitglieder in die Entscheidungsfindungen einbinden und damit auch zum Mitmachen motivieren (Demokratiestärkung) und zweitens es ermöglichen, Wünsche und Visionen „von der Basis“ aus abzufragen. Der Einsatz solcher Methoden wird umso wichtiger, je stärker die Sportvereine sich hin zu einer Dienstleistungseinrichtung bewegen. Die Mitglieder verstehen sich hier immer mehr als Kunden und weniger als Mitglieder und Mitgestalter [siehe dazu S. 75f.]. Sie konsumieren das Vereinsangebot und drücken ihre Zustimmung bzw. Ablehnung durch Vereinseintritt bzw. Vereinsaustritt aus. Häufig bleiben dadurch der Vereinsführung die Entscheidungsgründe der Mitglieder, das zeigen auch die persönlichen Erfahrungen des Autors, verborgen.
Ist ein Verein oder eine Abteilung eines Großsportvereins als klassische Solidargemeinschaft mit engagierten und auch kritischen Mitgliedern organisiert, kann die Zukunftswerkstatt einen wichtigen Beitrag zur Versachlichung aufkommender Konflikte beitragen. Sie dient dann als Ventil für aufgestauten Ärger und die in Vereinen häufig sehr emotional geführten Diskussionen. Das von Jungk und Müllert beschriebene „Kritikfeuer“ [vgl. Jungk / Müllert 1989, S. 88] ist in der Zukunftswerkstatt insbesondere als Ventilfunktion gewünscht und notwendig, in den Jahreshauptversammlungen oder anderen Vereinsgremien allerdings nur selten sinnvoll.
Hinzu kommt, dass Mitglieder eines Sportvereins im Gegensatz zu Kunden von Wirtschaftsunternehmen ihr Angebot grundsätzlich selbst gestalten können. Sie treffen also Entscheidungen, deren Auswirkungen sie unmittelbar persönlich mitzutragen haben. Diese Betroffenheit der Teilnehmer ist typisch und notwendig für eine erfolgreiche Durchführung von Zukunftswerkstätten und ist auch für den Lernerfolg entscheidend [siehe 4.2.3].

Die Zukunftswerksatt verfügt somit über die erforderlichen Eigenschaften, die in dieser Arbeit als Zukunftsmodell ausgemachte „dienstleistungsorientierte Solidargemeinschaft“ [vgl. S. 77] zu stärken. Auf der einen Seite kann sie als Marktanalyseinstrument die Dienstleistungsorientierung stärken und auf der anderen Seite verstärkt sie als Demokratisierungsinstrument das Zusammengehörigkeitsgefühl und die Identifikation der Vereinsmitglieder.

Die organisatorische Flexibilität (Gruppengröße und Zeitplanung) ist ein weiterer entscheidender Vorteil für den Einsatz der Methode Zukunftswerkstatt in gemeinnützigen Sportvereinen. Auf diese Weise ist sie sowohl für den gesamten Verein als auch für einzelne Abteilungen einsetzbar. Aufgrund der tendenziell knappen finanziellen Ressourcen in Sportvereinen ist die Flexibilität ebenfalls ein wichtiges Argument, da der Verein die Methode entsprechend seiner finanziellen und personellen Möglichkeiten gestalten kann.
Auch der Aspekt der Öffentlichkeitswirksamkeit sollte nicht unterschätzt werden. Während Klausurtagungen, Strategietreffen oder ähnliches, die in Wirtschaftsunternehmen durchgeführt werden, in der Öffentlichkeit nur wenig Beachtung finden werden, können Zukunftswerkstätten im Sportverein, der weitgehend mit einem positiven Image belegt ist, durchaus zu einem weiteren Imagegewinn beitragen. Unternehmen, die die Interessen der Firmenbesitzer oder Anteilseigner befriedigen müssen, werden in der Regel gar kein Interesse daran haben, die Öffentlichkeit an der Visions- und Strategieentwicklung mitwirken zu lassen. Im Gegensatz dazu sollten gemeinnützige Sportvereine, deren Erfolg wesentlich an der Entwicklung der Mitgliederzahlen gemessen wird, ein originäres Interesse daran haben, die Menschen aus ihrem Umfeld mit einzubeziehen und im besten Falle für die Mitgliedschaft bzw. Mitarbeit im Verein zu gewinnen. Die Zukunftswerkstatt ist dafür ein sehr geeignetes Instrument. Außerdem dokumentiert die Durchführung einer solchen zugleich Professionalität und Förderung der Demokratie (→ Imagegewinn).

Die organisatorischen und personellen Hemmnisse, die sich bei der Planung von Zukunftswerkstätten ergeben, werden gemeinnützige Großsportvereine besser bewältigen können als kleinere Sportvereine, da sie in aller Regel mit den dafür nötigen Ressourcen ausgestattet sind. Außerdem werden gemeinnützige Großsportvereine, insbesondere aufgrund ihrer hauptamtlichen Strukturen in der Lage sein, die erarbeiteten Visionen und Strategien nach der Zukunftswerkstatt weiter zu begleiten und eine Umsetzung somit wahrscheinlicher machen.

Abbildung 24 fasst die Ausführungen zum Wirkungszusammenhang Zukunftswerkstatt und gemeinnütziger Großsportverein grafisch zusammen.

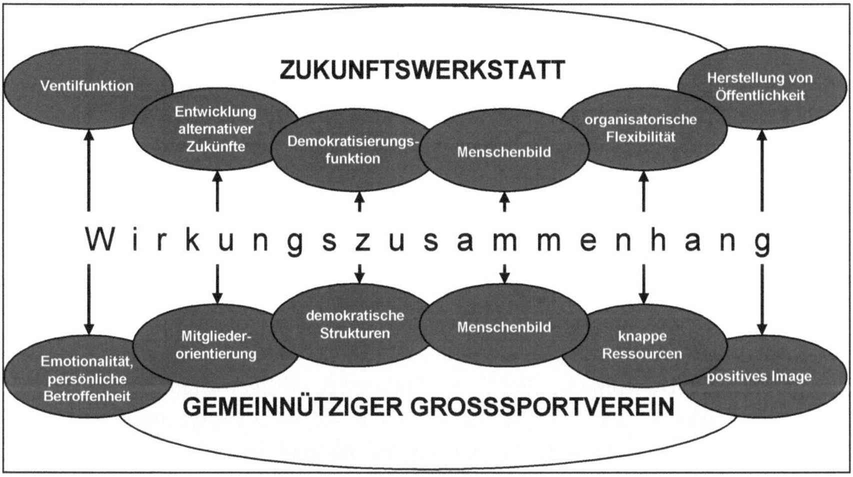

Abbildung 24: Wirkungszusammenhang Zukunftswerkstatt und gemeinnütziger Großsportverein (Quelle: Eigene Darstellung)

5.1.2 Wirkungszusammenhang Zukunftswerkstatt und Freiwilligenarbeit

Den Wirkungszusammenhang zwischen Zukunftswerkstatt und Freiwilligenarbeit zu erkunden, bedeutet, die positiven Effekte aufzudecken, die durch den Einsatz der Methode im Rahmen oder im Umfeld von Freiwilligenarbeit hervorgerufen werden können.

Freiwilligenarbeit gründet auf einem auf Gemeinschaft und Solidarität bezogenen Menschenbild [siehe dazu u. a. Enquete-Kommission 2002, S. 59, 130, 243]. Dieses geht davon aus, dass Menschen von Natur aus in der Gemeinschaft tätig werden und füreinander da sein wollen. Zur Gemeinschaft heißt es im Freiwilligensurvey 2009: „In einer besonderen Beziehung steht die Freude an der freiwilligen Tätigkeit zum sozialen Klima im Umfeld des Engagements. Engagierte, die meinten, ihr Engagement gewähre ihnen die Möglichkeit, mit interessanten Menschen zusammenzukommen, hatten besonders viel Freude an ihrer Tätigkeit. Dieses Element der Geselligkeit war in den Messungen des Freiwilligensurveys von Anfang an vorhanden und zeigt sich auch heute in verschiedenen Facetten" [Gensicke / Geiss 2010, S. 116].
Dass Gemeinschaft auch eine wichtige Komponente der Zukunftswerkstatt ist, drückt sich u. a. darin aus, dass den Gruppenprozessen, den Urformen des Lernens in der Gemeinschaft, vertraut und besondere Aufmerksamkeit geschenkt

wird: „Die Teilnehmer schöpfen so auf eine bisher ungenutzte Weise aus einer Informationsquelle, indem sie lernen, die in der Gruppe vorhandenen Ressourcen zu erschließen. Die Werkstatt ist ein offenes Feld, in dem nicht nur bislang unterdrückte Informationen zugelassen werden, sondern auch Raum geschaffen wird für vielfältige Begegnungen und eine informationelle Um- bzw. Selbstorganisation des gesamten Feldes“ [Burow 2000, S. 177]. Auch bei den Themenfeldern „Zukunftswerkstatt“ und „Freiwilligenarbeit“ zeigen sich damit weitgehende Überschneidungen des zu Grunde liegenden Menschenbildes.

Die Motive für Freiwilligenarbeit sind vielfältig und lassen sich nicht in bestimmte Kategorien unterteilen. Häufig sind ganz individuelle Motive Grund für ein freiwilliges Engagement, auch wenn das Engagement im Ergebnis über den persönlichen Nutzen hinausgeht. Erfolgreiches Freiwilligen-Management bedeutet daher, sich in die Lage der Menschen hineinzuversetzen und ihre Bedürfnisse zu erspüren [vgl. DSB o. J., S. 19]. Gemeinnützige Organisationen ermitteln häufig einen Bedarf für diverse Projekte und versuchen anschließend für diese Projekte Freiwillige zu gewinnen. So beschließt z. B. der Vorstand eines Kanuvereins, das Bootshaus zu sanieren. „Von Oben herab“ werden daraufhin freiwillige Helfer gesucht. Nicht selten werden Vorstände bei einer solchen Vorgehensweise enttäuscht und fühlen sich in ihrer Vermutung bestätigt, dass es „mit dem freiwilligen Engagement den Bach runtergeht“.[40]
Übertragen auf die gesamte Gesellschaft stellten auch Jungk und Müllert ein Klagen über Gleichgültigkeit und Interesselosigkeit der Staatsbürger fest [vgl. Jungk / Müllert 1989, S. 20]. Sie sahen einen Ausweg aus dieser Misere darin, dass man den Menschen aufzeigt und sie erfahren lässt, „dass sie wirklich mitentwerfen und mitentscheiden können“ [Jungk / Müllert 1989, S. 20f.]. Als Hilfsmittel dafür entwickelten sie die Zukunftswerkstatt. Die Teilnehmer von Zukunftswerkstätten äußern ihre eigenen Bedürfnisse und entwickeln ihre eigenen Visionen. Es gibt kein „von oben herab“, sondern ein „von innen heraus“. Im Falle der Bootshaussanierung könnte der Einsatz einer Zukunftswerkstatt im Idealfall dazu führen, dass ganz neue Ideen (auf die der Vorstand allein nie gekommen wäre) für eine Umgestaltung entwickelt werden und zudem durch den gruppendynamischen Prozess viel mehr Helfer mobilisiert werden können, als es durch bloßes Abfragen möglich gewesen wäre.

[40] Auffällig ist, dass im Gegensatz zu anderen Engagementbereichen im Bereich Sport und Bewegung das Empfinden von Spielräumen der Mitentscheidung und Gestaltung in den letzten Jahren stark gesunken ist (2004: 78 %, 2009: 66 %) [vgl. Gensicke / Geiss 2010, S. 192]. Auch wenn die Ursachen dafür sicherlich sehr komplex sind und einer weiteren Analyse bedürfen, sollte das Ergebnis Anstoß genug sein, Strategien und Methoden zu entwickeln, diesem Empfinden entgegen wirken zu können.

Der Aspekt der Freiwilligkeit kann für die Durchführung der Zukunftswerkstatt auch ein entscheidender Vorteil sein. Die Gefahr, die Apel und Günther beschreiben [siehe S. 129], dass sich Hierarchien, die in Organisationen herrschen, während der Werkstattarbeit nicht ausblenden lassen, ist bei einer Werkstattarbeit mit Freiwilligen sehr gering. Freiwilligenarbeit zeichnet sich ja gerade dadurch aus, dass die Mitarbeit nicht aufgrund physischen, rechtlichen oder ökonomischen Zwangs erbracht wird. Das fördert wiederum die Arbeit in Zukunftswerkstätten, in denen die Teilnehmer ja als gleichberechtigt angesehen werden und zwanglos ihre Kreativität entfalten sollen.

Da in gemeinnützigen Organisationen häufig Freiwillige unterschiedlichster Herkunft und unterschiedlichen Bildungsniveaus zusammenkommen, müssen Wege gefunden werden, wie der Verein von den Menschen mit unterschiedlichen Charakteren, Kompetenzen und Wissensständen möglichst umfangreich profitieren kann. Ein Unternehmen veranstaltet Strategiesitzungen, Workshops oder ähnliches in der Regel mit seinem eigenen Personal. Führt ein Unternehmen eine Zukunftswerkstatt durch, ist es daher doch sehr unwahrscheinlich, dass dafür Bäcker, Schreiner, Rechtsanwälte, Lehrer, Arbeitslose, Kinder, Senioren usw. zusammenkommen. In einer gemeinnützigen Organisation ist diese Vielfalt aber eher die Regel als die Ausnahme. Die Zukunftswerkstatt bildet durch Rückgriff auf u. a. bestimmte Moderationsmethoden einen Rahmen, diese vielfältigen und unterschiedlichen Kompetenzen der Freiwilligen für die Organisation bzw. das Projekt nutzbar zu machen. Zukunftswerkstätten beanspruchen geradezu für sich, kreative Potenziale von Menschen unterschiedlicher sozialer Herkunft und Bildung zu fördern [vgl. Sohr / Stary 2010, S. 2]. Das von Burow beschriebene kreative Feld [siehe S. 118] wird insbesondere durch diese Vielfalt angereichert.

Da freiwilliges Engagement und Ehrenamt sehr wichtig für das positive Image gemeinnütziger Organisationen sind, gilt es, dieses Engagement auch öffentlichkeitswirksam zu dokumentieren. Eine Zukunftswerkstatt ist, wie auch bereits unter 5.1.1 angemerkt, sehr geeignet, Freiwilligenarbeit publik zu machen und damit zur Förderung eines positiven Vereinsimages beizutragen.

Freiwilligenarbeit ist per Definition zwar unentgeltlich, sie ist aber für die Organisationen nicht kostenlos [siehe S. 88]. Die Pflege des freiwilligen Engagements ist immens wichtig, um einen Fortbestand der Freiwilligenarbeit und unter Umständen der gesamten Organisation sicherzustellen. „So muss der Verein besondere Anreize und Einbindungsmechanismen bieten, um Mitglieder zur Mitarbeit zu motivieren [...] Es handelt sich weniger um materielle, stärker um symbolische Belohnungen, wie Ziele, Ehre, Anerkennung und Gemeinschaft, Selbstver-

wirklichung in der Arbeit und Einfluss auf das Vereinsgeschehen [...]" [Heinemann 1992, S. 26].
Eine Zukunftswerkstatt kann auch zur Motivation bereits sehr engagierter Freiwilliger eingesetzt werden. Das Phänomen, dass immer mehr Arbeitsstunden bei den (verbliebenen) freiwillig Engagierten anfallen [siehe S. 90], kann im schlechtesten Fall dazu führen, dass die Engagierten sich alleingelassen fühlen und ausbrennen. Die gemeinsame Arbeit in einer Zukunftswerkstatt, die zeigt, dass noch viele andere sich engagieren bzw. zukünftig engagieren wollen, kann neue Energien freisetzen. Die Durchführung einer Zukunftswerkstatt kann von den Engagierten auch als Anerkennung ihrer Kompetenzen und kreativen Potenziale sowie ihrer bisher geleisteten Arbeit gewertet werden. Wird die Zukunftswerkstatt interessant gestaltet, wird sie den Teilnehmern auch Spaß machen. Gerade freiwillig Engagierte wollen ja aktiv und erfolgreich wirken und ihren Horizont durch Sammeln neuer Erfahrungen erweitern [vgl. Klages 2001, S. 8].

Bzgl. Großorganisationen kommt der Freiwilligensurvey 2009 zu folgendem Schluss: „In den Institutionen und Großorganisationen, in denen viele Hauptamtliche tätig und die Strukturen hierarchischer als in den selbstorganisierten Engagementformen sind, stellt sich in besonderem Maße die Aufgabe, eine Kultur der Mitbestimmung und Mitentscheidung für Freiwillige zu sichern. Ein Weg dazu ist die Einrichtung projekt-, gruppen- oder initiativenhafter Strukturen, in denen Teamarbeit und Eigeninitiative möglich sind. Freiwilligen hinreichende Spielräume der Selbstwirksamkeit zur Verfügung zu stellen und zu sichern, ist heute in allen Organisationstypen nötig, insbesondere jedoch in Großorganisationen und Institutionen" [Gensicke / Geiss 2010, S. 174].
Im internen Branchenvergleich muss der gemeinnützige Großsportverein als Großorganisation angesehen werden. In diesem Abschnitt wurde aufgezeigt, dass die Methode Zukunftswerkstatt positive Effekte auf die Feiwilligenarbeit hat bzw. haben kann. Die Ergebnisse des Freiwilligensurveys zeigen, dass dies auch und ganz besonders für Freiwilligenarbeit im gemeinnützigen Großsportverein gilt.
Abbildung 25 fasst die Ausführungen zum Wirkungszusammenhang Zukunftswerkstatt und Freiwilligenarbeit noch einmal grafisch zusammen.

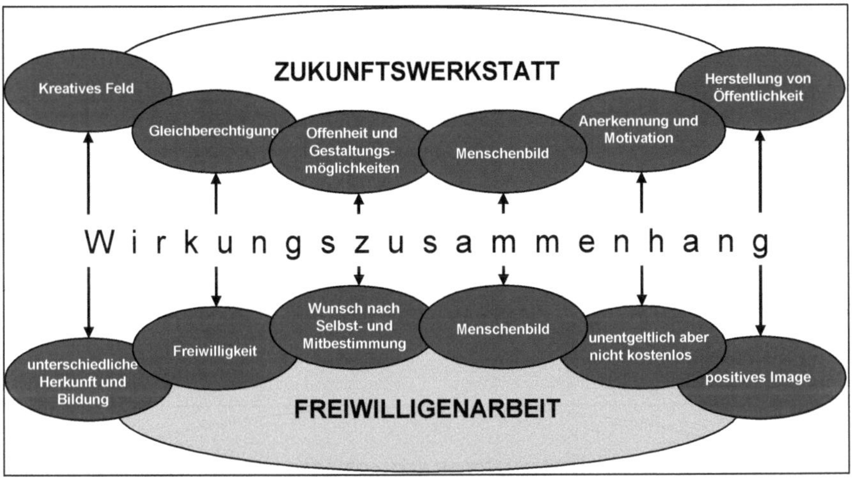

Abbildung 25: Wirkungszusammenhang Zukunftswerkstatt und Freiwilligenarbeit (Quelle: Eigene Darstellung)

5.1.3 Wirkungszusammenhang Zukunftswerkstatt und Visionskultur

Den Wirkungszusammenhang zwischen Zukunftswerkstatt und Visionskultur zu erkunden, bedeutet nichts anderes, als die Potenziale der Methode der Zukunftswerkstatt zur Entwicklung einer wirksamen Visionskultur aufzudecken. Dieses wird ganz explizit erst in 5.2.1 anhand der in 2.3.3 erarbeiteten Qualitätsmerkmale erfolgen. An dieser Stelle werden daher zunächst lediglich die zwei offensichtlichen Parallelen der beiden Themenfelder dargestellt.

Eine ganz offensichtliche Parallele beider Themenfelder ist die zentrale Bedeutung von Visionen. In einer Zukunftswerkstatt sollen wünschenswerte und machbare Zukunftsbilder entwickelt werden, was der dieser Arbeit zu Grunde liegenden Definition von Vision [siehe S. 41] entspricht. Eine wirkungsvolle Visionskultur ist wiederum der Nährboden für die Entstehung von Visionen [siehe Definition S. 64]. Visionen stehen damit im Zentrum beider Themenfelder.

Weiterhin konnte bereits in 4.2.2 festgehalten werden, dass sowohl das Konzept[41] der „Visionskultur“ als auch die Methode der „Zukunftswerkstatt“ auf dem gleichen Menschenbild basieren. In beiden Themenfeldern wird davon ausgegangen, dass die Menschen Potenziale besitzen, die es zu aktivieren und zu entfalten gilt. Während die Visionskultur die Grundlage (Nährboden) zur erfolgreichen Entfaltung bietet, dient die Zukunftswerkstatt als konkretes Instrument zur Entfaltung dieser Potenziale.

Die nachfolgende Abbildung 26 fasst die Ausführungen zum Wirkungszusammenhang Zukunftswerkstatt und Visionskultur noch einmal grafisch zusammen. Der Wirkungszusammenhang wird später in 5.2.1 um weitere Aspekte ergänzt und tabellarisch dargestellt.

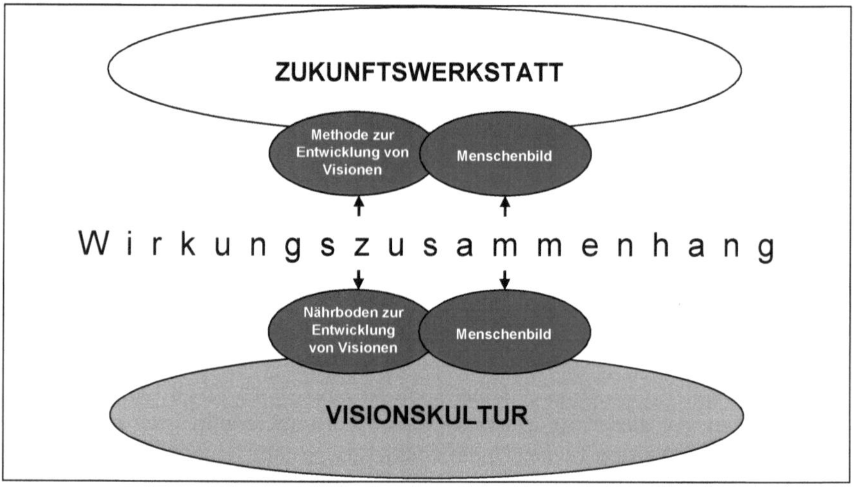

Abbildung 26: Wirkungszusammenhang Zukunftswerkstatt und Visionskultur (Quelle: Eigene Darstellung)

[41] Schein verwendet den Begriff „Konzept“ im Zusammenhang mit „Organisationskultur“: “The concept of oranizational culture” [Schein 2004, S. 3]. Da er „Konzept“ als eine abstrakte Vorstellung von u. a. Beziehungen, Wirkungen, Eigenschaften und Leitgedanken versteht, wird in dieser Arbeit dieser Begriff auch im Zusammenhang mit den unterschiedlichen Teilbereichen der Organisationskultur (hier: Visionskultur) verwendet.

5.1.4 Wirkungszusammenhang Visionskultur, gemeinnütziger Großsportverein und Freiwilligenarbeit

Der Wirkungszusammenhang zwischen gemeinnützigem Großsportverein und Freiwilligenarbeit wurde schon in 3.3.2 ausgiebig dargestellt. „Freiwilligenarbeit“ wurde dort bereits als entscheidender „Erfolgsfaktor“ nicht nur für kleinere Sportvereine, sondern auch für gemeinnützige Großsportvereine identifiziert.

Auch der Wirkungszusammenhang gemeinnütziger Großsportverein und Visionskultur wurde bereits beleuchtet. In 3.3.3 wurde als eine der größten Herausforderungen für den organisierten Sport der große Veränderungsdruck, insbesondere durch den gesellschaftlichen Wandel, herausgestellt. Es wurde betont, dass, wenn Sportvereine diesem Veränderungsdruck erfolgreich begegnen und den gesellschaftlichen Wandel als Chance aufgreifen wollen, sie bereit sein müssen, effektive, aufmerksame, ganzheitliche und konkrete Veränderungsprozesse zu initiieren [siehe dazu auch die Definition zur Visionskultur auf S. 64]. In diesem Zusammenhang wurde weiter ausgeführt, dass diese Veränderungsprozesse eine wirksame Visionskultur erfordern.

Weniger stark beleuchtet wurde bislang der Wirkungszusammenhang zwischen Visionskultur und Freiwilligenarbeit. Dies soll an dieser Stelle allerdings nicht isoliert, sondern unter gleichzeitiger Berücksichtigung des Themenfeldes „gemeinnütziger Großsportverein“ erfolgen.

Wirksame Visionskulturen können nur dort entstehen, wo Menschen zusammenkommen und Visionen entwickeln und umsetzen können. In gemeinnützigen Organisationen bilden dafür ein sehr großes und häufig sogar das größte Potenzial die freiwilligen Mitarbeiter. Sie sorgen nicht nur für eine kreative Vielfalt unterschiedlichster Motivationen und persönlicher Hintergründe, sie wollen in aller Regel auch gestalten und damit Veränderungsprozesse anstoßen und / oder begleiten. Auf die Frage, warum man sich engagiere, antworteten in 2004 und 2009 über 60 % aller Befragten: „Ich will durch mein Engagement die Gesellschaft zumindest im Kleinen mitgestalten“ [Gensicke / Geiss 2010, S. 117].
Der gemeinnützige Großsportverein liefert somit den organisatorischen Rahmen, in dem Freiwilligenarbeit geleistet werden kann und in dem sich eine wirksame Visionskultur (weiter-)entwickeln kann. Trotz der Zunahme der Freiwilligenarbeit in informellen organisatorischen Strukturen (z. B. private Initiativen zum Thema Nachbarschaftshilfe) bietet der Verein nach wie vor das mit Abstand wichtigste Umfeld freiwilliger Tätigkeiten [vgl. Gensicke / Geiss 2010, S. 174]. Der organisatorische Rahmen eröffnet Möglichkeiten, die informellen Gruppen häufig verwehrt bleiben (Wettkampfbetrieb, Zuschussberechtigung, Stimmrecht

in Verbänden oder ähnliches), hilft zur Herbeiführung und bei der Umsetzung von Entscheidungen, klärt Aufgabenbereiche und Kompetenzen, gibt eine gewisse Rechtssicherheit und schützt das individuelle Gruppenmitglied (Stichwort „Vorstandshaftung") usw. – es gibt zahlreiche Beispiele dafür, dass der organisatorische Rahmen vorteilhaft für Freiwilligenarbeit ist.
Wie bereits ausgeführt, stimmt sowohl das Menschenbild, das der Freiwilligenarbeit zu Grunde liegt, als auch das Menschenbild, das dem Konzept der Visionskultur zu Grunde liegt, mit dem Menschenbild, auf dem die Methode der Zukunftswerkstatt basiert, überein. Folglich liegt damit auch ein einheitliches Menschenbild den beiden Themenfeldern „Freiwilligenarbeit" und „Visionskultur" zu Grunde: Ein humanistisches Bild von dem Menschen als ein selbst bestimmendes Wesen mit Potenzialen, die es zu aktivieren und zu entfalten gilt.

Die kreativen Potenziale und der Wille zur Problemlösung der freiwillig Engagierten sind in gemeinnützigen Großsportvereinen mit einer wirksamen Visionskultur willkommen. Wenn die Visionskultur metaphorisch als Nährboden bezeichnet werden kann [vgl. S. 64], können die kreativen Potenziale als die Saat der Visionen bezeichnet werden. Diese kreativen Potenziale sind im Rahmen der Freiwilligenarbeit häufig vielfältiger und kommen schneller an die Oberfläche, da die Menschen aus eigenem Antrieb und meist mit konkreten Motiven sowie unterschiedlichen Hintergründen zusammen kommen. Eine wirksame Visionskultur trägt dieser Vielfalt dadurch Rechnung, dass sie diese visionären Potenziale ganzheitlich entfaltet [siehe Qualitätsmerkmal „ganzheitlicher Prozess" S. 62].

Das Bedürfnis nach Selbst- und Mitbestimmung der Freiwilligen korrespondiert mit der Aufgabe der Visionskultur, Veränderungen herbeizuführen. Anders- und Querdenken ist ausdrücklich erwünscht. Sind gemeinnützige Großsportvereine offen für neue Ideen und schaffen sie Rahmenbedingungen für die Umsetzung von Visionen, können sie damit den Bedürfnissen der Freiwilligen Rechnung tragen und zugleich Vereinsentwicklung nach den Bedürfnissen der Mitglieder (Kunde und Gesellschafter zugleich) betreiben. Das ist auch ein wesentlicher Unterschied zu wirtschaftlichen Unternehmen, in denen die Kunden bei der Entwicklung von Visionen nicht mit am Tisch sitzen (falls doch, dann meist nur ausgewählte). Die Betroffenheit und die Begeisterung, die Visionen auslösen, sind zudem eine entscheidende Motivation für Freiwillige, sich unentgeltlich zu engagieren.
Dem Wunsch freiwillig Engagierter, etwas zu bewegen bzw. zu gestalten und umzusetzen, wird in einer wirksamen Visionskultur dadurch Rechnung getragen, dass aus den Visionen Strategien entwickelt werden, die dann wiederum eine konkrete Umsetzung gewährleisten können [siehe Qualitätsmerkmal „konkrete

Verankerung“ auf S. 63]. Aufgrund der zur Verfügung stehenden organisatorischen und personellen Ressourcen werden bei der Begleitung von Projekten und Umsetzung von Ressourcen gemeinnützige Großsportvereine tendenziell Vorteile gegenüber kleineren Sportvereinen haben. Kleinere Sportvereine profitieren, ihrer Vereinsgröße und Ausrichtung angemessen, aber ebenfalls vom Zusammenspiel zwischen Visionskultur und Freiwilligenarbeit. Insbesondere wenn man bedenkt, dass die kleineren Vereine in der Regel keine hauptamtlichen Strukturen haben und viel stärker von der Freiwilligenarbeit getragen werden. Aber ob Großverein oder kleiner Verein, Freiwilligenarbeit ist als Erfolgsfaktor des Sportvereins auch ein wichtiger Faktor für die Entwicklung der Visionskultur, denn Kulturen werden durch Menschen und nicht durch Strukturen geprägt und nach wie vor engagieren sich mehr Menschen freiwillig als hauptamtlich im organisierten Sport.

Die Ausführungen haben gezeigt, dass die Wirkungszusammenhänge der drei Themenfelder sehr vielfältig und stark sind. Eine gefährliche Unübersichtlichkeit kann dann entstehen, wenn in gemeinnützigen Großsportvereinen aufgrund der zahlreichen und häufig sehr autarken Untergliederungen unterschiedliche Kulturen herrschen.[42] In vielen Fällen wird daher für den Gesamtverein auch keine abteilungsübergreifende Organisationskultur ausgemacht werden können. In dieser Kulturpluralität kann die Visionskultur eine wichtige Integrationsfunktion übernehmen. Durch das Entwickeln von Visionen entstehen Gruppenprozesse, die dabei helfen, die eigene Kultur zu verstehen. „Kultur ist ein Gruppenphänomen. Sie besteht aus gemeinsamen unausgesprochenen Erwartungen. Deshalb lässt sie sich am besten dadurch erheben, dass man Gruppen zusammenbringt“ [Schein 2010, S. 175]. Eine wirksame Visionskultur, die ja gerade Gruppenprozesse fördert, kann dazu beitragen, unausgesprochene Annahmen sichtbar zu machen und damit das komplexe Phänomen der Organisationskultur in gemeinnützigen Großsportvereinen zu entschlüsseln.

Für diese Prozesse im Zusammenspiel der drei Themenfelder müssen die Verantwortlichen in den Vereinen die nötigen Ressourcen und Methoden (wie z. B. Zukunftswerkstätten) zur Verfügung stellen, denn sie sind eine wichtige und starke Energiequelle, um dem wachsenden Veränderungsdruck für gemeinnützige Großsportvereine erfolgreich zu begegnen.

Die Abbildung 27 fasst die Wirkungszusammenhänge zwischen Visionskultur und Freiwilligenarbeit im Kontext des gemeinnützigen Großsportvereins noch einmal grafisch zusammen.

[42] Wahrscheinlich sind unterschiedliche Kulturen zwischen ehrenamtlich und hauptamtlich geführten Abteilungen (Stichwort: „Solidargemeinschaft“ versus „Dienstleistungseinrichtung“ [siehe 3.3]).

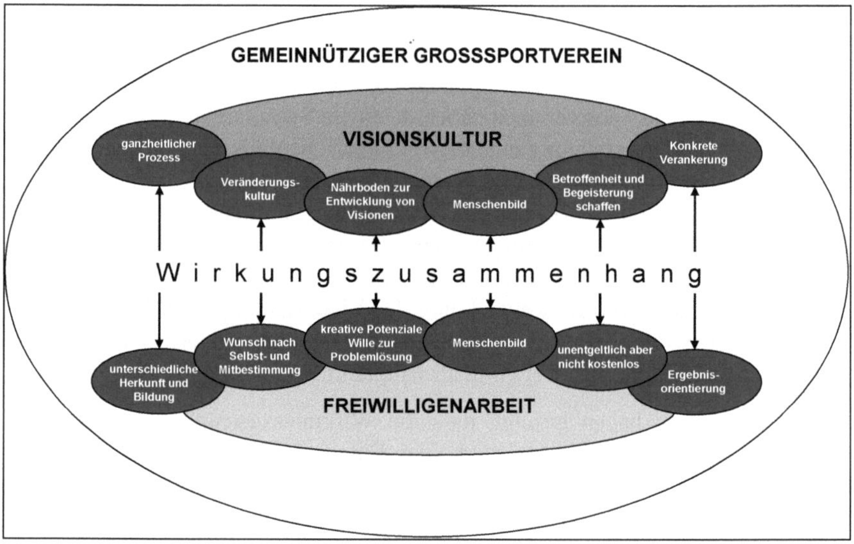

Abbildung 27: Wirkungszusammenhang Visionskultur, gemeinnütziger Großsportverein und Freiwilligenarbeit (Quelle: Eigene Darstellung)

5.2 Potenziale der Methode Zukunftswerkstatt theoriebasiert erkunden

In 5.1 konnte aufgezeigt werden, dass starke Wirkungszusammenhänge zwischen den vier Themenfeldern „Visionskultur“, „gemeinnütziger Großsportverein“, „Zukunftswerkstatt“ und „Freiwilligenarbeit“ bestehen. Nun gilt es, die Wirkungszusammenhänge explizit anhand der dieser Arbeit zu Grunde liegenden forschungsleitenden Fragestellungen zu untersuchen:

Forschungsfrage 1:
Welche Potenziale bietet die Methode der Zukunftswerkstatt zur Entwicklung einer wirksamen Visionskultur gemeinnütziger Großsportvereine?

Forschungsfrage 2:
Welche Potenziale bietet die Methode der Zukunftswerkstatt zur Gewinnung freiwillig Engagierter für gemeinnützige Großsportvereine?

Nachdem in 5.1.1 bis 5.1.3 zunächst die Wirkungszusammenhänge unter jeweils nur zwei Themenfeldern erkundet wurden, konnten darauf aufbauend in 5.1.4

bereits der Wirkungszusammenhang zwischen drei Themenfeldern („Visionskultur“, „gemeinnütziger Großsportverein“ und „Freiwilligenarbeit“) aufgezeigt werden. Die Kombination dieser drei Themenfelder wurde als „wichtige und starke Energiequelle“ für gemeinnützige Großsportvereine ausgemacht. Nun gilt es, auf dieser Grundlage zu prüfen, ob die Methode der Zukunftswerkstatt Potenziale besitzt, diese Energiequelle nutzbar zu machen.

„Potenzial“ wird im Wahrig Wörterbuch mit „Leistungsfähigkeit“ und „unterschwelliges Vorhandensein“ beschrieben [Wahrig Redaktion 2010, S. 1158]. Diese Beschreibung ist auch hier zutreffend, da im Rahmen der theoriebasierten Exploration lediglich erkundet werden kann, zu welcher Leistung (bezogen auf die Fragestellungen) die Methode möglicherweise (theoretisch) fähig ist. Je nach Organisation, Aufbau und konkreter Durchführung einer Zukunftswerkstatt, wird die Methode in der Praxis unterschiedliche Auswirkungen bzw. unterschiedlich ausgeprägte Auswirkungen zeigen.

5.2.1 Potenziale zur Entwicklung einer wirksamen Visionskultur

Zwei wesentliche Parallelen zwischen der Methode „Zukunftswerkstatt“ und dem Konzept „Visionskultur“ konnten bereits ausgemacht werden: Beiden Themenfeldern liegt das gleiche Menschenbild zu Grunde und in beiden Themenfeldern spielen Visionen die entscheidende Rolle. Vor dem Hintergrund dieser Erkenntnisse lassen sich nun die Potenziale der Zukunftswerkstatt zur Entwicklung einer wirksamen Visionskultur erkunden.

Die Potenziale zu erkunden, bedeutet, mögliche positive Effekte der Methode Zukunftswerkstatt auf die in 2.3.3 bereits erarbeiteten und als wesentlich angesehenen Qualitätsmerkmale einer wirksamen Visionskultur aufzudecken.

Folgende Qualitätsmerkmale wurden definiert:

Qualitätsmerkmal 1: gelebtes wertorientiertes Leitbild
Qualitätsmerkmal 2: aufmerksame Orientierung
Qualitätsmerkmal 3: ganzheitlicher Prozess
Qualitätsmerkmal 4: konkrete Verankerung

Zu Qualitätsmerkmal 1 – gelebtes wertorientiertes Leitbild

Dass die Methode Zukunftswerkstatt in einer Organisation akzeptiert wird, setzt ein bestimmtes Menschenbild und gewisse Einstellungen der Organisationsmitglieder voraus. Es wäre daher fahrlässig, z. B. als Vereinsvorstand, Zukunftswerkstätten für die Abteilungen zu verordnen, ohne zu klären, welche Kultur in den Abteilungen bzw. im Gesamtverein herrscht. „Verordnete Utopie“, wie Apel und Günther es bezeichnen [vgl. Apel / Günther 1999, S. 24f.], widerspricht dem Grundgedanken der Zukunftswerkstatt. Liegen die kulturellen Voraussetzungen aber vor, kann die Methode Zukunftswerkstatt auf unterschiedliche Weise zu einem gelebten und wertorientierten Leitbild beitragen.

Erstens kann sie zur Entwicklung bzw. Entstehung eines Leitbildes genutzt werden. Soll ein Leitbild erst entwickelt werden, bietet die Zukunftswerkstatt einen organisatorischen Rahmen dafür. Ein Leitbild wird nur dann in der Organisation verinnerlicht und gelebt werden, wenn die Akzeptanz dafür groß ist. Die Akzeptanz kann dadurch erhöht werden, dass die Organisationsmitglieder bei der Gestaltung eines Leitbildes, z. B. im Rahmen einer oder mehrerer Zukunftswerkstätten, mit eingebunden werden. Durch den Dialogprozess [siehe S. 118] erhalten die Teilnehmer eine differenzierte Sicht auf ihr eigenes und das Handeln anderer sowie auf die übergreifenden Herausforderungen und Ziele der Organisation. Durch die aktive Teilnahme am Gestaltungsprozess kann Begeisterung und Betroffenheit verstärkt bzw. erst hervorgerufen werden.

Zweitens kann eine Zukunftswerkstatt auch erst das Bedürfnis wecken, ein Leitbild zu entwickeln. Wird zum Beispiel eine Zukunftswerkstatt in einem Großsportverein mit dem Thema „Leistungssport und Breitensport unter einem Dach!?“ durchgeführt, kann ein Werkstattergebnis lauten, dass ein Vereins-Leitbild in einer weiteren Zukunftswerkstatt erstellt werden soll.
Der Einsatz der Methode hat in diesem Fall zwei Effekte: Zum einen ist dem Sportverein bewusst geworden, dass er ein Leitbild benötigt. Zum anderen hat die Werkstattarbeit dazu geführt, dass das gewünschte Leitbild im Konsens entwickelt und nicht von den sog. „Experten“ vorgelegt werden soll. Der Einsatz der Zukunftswerkstätten kann damit auch eine Kulturveränderung bewirken – Visionen und sogar das Leitbild werden gemeinsam entwickelt und nicht mehr „von oben herab“ diktiert. Vergleichbare Wirkungen werden auch bei einer Weiterentwicklung bereits bestehender Leitbilder erzielt werden.

Drittens kann durch den Einsatz von Zukunftswerkstätten das Leitbild nach innen wie nach außen widergespiegelt werden. Bekennt sich der Verein zum Beispiel in seinem Leitbild zu einem humanistischen Menschenbild, zu demokratischen Strukturen und einer lebendigen Visionskultur, wird dies durch den Einsatz der Zukunftswerkstatt unter Beweis gestellt. Denn die Arbeit in Zukunftswerkstätten ist dann Ausdruck eines gelebten Leitbildes.

Die drei Punkte zeigen, dass, wenn bereits kulturelle Voraussetzungen vorliegen, die einen Einsatz der Zukunftswerkstatt möglich machen, die Methode Potenziale besitzt, das Qualitätsmerkmal „gelebtes wertorientiertes Leitbild" einer wirksamen Visionskultur positiv zu beeinflussen. Sicherlich besitzen auch andere Methoden dieses Potenzial [siehe u. a. die partizipativen Verfahren auf S. 98]. Aufgrund der organisatorischen Flexibilität, der Schaffung von Betroffenheit und der Fähigkeit, Menschen unterschiedlicher Herkunft zusammenzubringen, ist die Methode allerdings für die (Weiter-)Entwicklung von Leitbildern bzw. zur Herbeiführung von Leitbildentwicklungsprozessen, gerade in gemeinnützigen Großsportvereinen mit einem nach wie vor hohen Anteil Freiwilliger, besonders geeignet.

Zu Qualitätsmerkmal 2 – aufmerksame Orientierung

Eine wirksame Visionskultur sorgt dafür, dass in der Organisation, in der sie wirkt, alle Zeithorizonte (Vergangenheit, Gegenwart, Zukunft) ausreichend Beachtung finden.

Zeithorizonte spielen auch bei der Zukunftswerkstatt eine entscheidende Rolle. Durch den Perspektivenwechsel soll das lineare Denken aufgebrochen und somit sollen neue Vorstellungsräume eröffnet werden. Eine wünschenswerte Zukunft und eine wandelbare Gegenwart sind daher die Zeithorizonte auf die sich die Methode Zukunftswerkstatt fokussiert. Dieser Perspektivenwechsel ist neben dem dialektischen Prinzip und dem Dialogprozess das wesentliche Element auf dem der Erkenntnisgewinn basiert [siehe S. 114ff.]. Es gibt kein Ziel, sondern die Teilnehmer lernen selbstbestimmt, eigene Zukünfte zu entwerfen.
Die Vergangenheit wird in der Zukunftswerkstatt kaum betrachtet. Lediglich die Beschwerden während der Kritikphase beziehen sich in aller Regel auf die (jüngste) Vergangenheit. Damit ist aber gerade nicht das Erkunden der Tradition, der Wurzeln und der Gründungsgedanken der Organisation gemeint, wodurch Energien für die Gegenwart und Zukunft freigesetzt werden sollen [siehe S. 61]. Die Zukunftswerkstatt kann daher, auch wenn sie in ihrer Ausgestaltung sehr flexibel ist, nicht als Methode angesehen werden, die alle drei Zeithorizonte gleichermaßen im Sinne einer „aufmerksamen Orientierung", wie sie in dieser Arbeit definiert wurde, mit einbezieht.

Bzgl. der Frage nach den Potenzialen kann jedoch festgehalten werden, dass die Zukunftswerkstatt im Rahmen einer wirksamen Visionskultur einen wesentlichen Beitrag dazu leisten kann, zukünftige Entwicklungschancen durch alternative Zukünfte aufzudecken sowie ein (neues) Bewusstsein für die Gegenwart zu schaffen. Dies gilt für gemeinnützige Großsportvereine genauso wie für Unternehmen aus der Wirtschaft.

Zu Qualitätsmerkmal 3 – ganzheitlicher Prozess

Für die ganzheitliche Entfaltung visionärer Potenziale, ein Qualitätsmerkmal wirksamer Visionskulturen, ist die Zukunftswerkstatt besonders gut geeignet. Zum einen erlaubt es die Methode, einen großen und ggf. auch sehr heterogenen Personenkreis einzubeziehen, zum anderen können mit Hilfe der Zukunftswerkstatt die visionären Kräfte Einzelner und gemeinschaftliche Visionen gleichermaßen entfaltet werden. Die Zukunftswerkstatt ist darauf angelegt, dass die Teilnehmer mutig ihre Wünsche äußern und sie auch für andere sichtbar machen. Dafür werden permanent pädagogische Situationen geschaffen, in denen die Teilnehmer dazu aufgefordert sind, als ganze Personen zu handeln [siehe S. 122].

Dieser ganzheitliche Prozess, der alle Beteiligten einbindet, ist, wie in 5.1.1 aufgezeigt, bei Organisationen mit freiwillig Engagierten besonders wichtig. Aufgrund der wesentlichen Bedeutung für eine wirksame Visionskultur wird an dieser Stelle das Zitat von Senge wiederholt: „Der Ursprung einer gemeinsamen Vision ist weit weniger wichtig als der Prozess, durch den sie zu einer gemeinsamen Vision wird“ [Senge 2008, S. 262]. Gemeinsam entwickelte Visionen können am besten die gewünschte Begeisterung bei den Mitgliedern der Organisation auslösen.

Die Methode Zukunftswerkstatt kann diesen Prozess aufgrund der Zugrundelegung eines humanistischen Menschenbildes [siehe 4.2.2] sowie durch ihre erkenntnistheoretischen [siehe 4.2.1] und lerntheoretischen Grundlagen [siehe 4.2.3] wesentlich unterstützen. An dieser Stelle wird das Potenzial der Zukunftswerkstatt zur Entwicklung einer wirksamen Visionskultur besonders deutlich.

Zu Qualitätsmerkmal 4 – konkrete Verankerung

Visionen müssen die Grundlage für Strategien sein, wenn sie nicht wirkungslose Postulate bleiben sollen. Eine wirksame Visionskultur schafft den Rahmen für die Entwicklung von Strategien, die aus Visionen hervorgehen [siehe dazu die Definition für eine „wirksame Visionskultur“ auf S. 64 und die Ausführungen zur „konkreten Verankerung“ auf S. 63ff.].

In Zukunftswerkstätten werden auf eher unkonventionelle Weise Visionen entwickelt, bei deren Umsetzung tendenziell mit mehr Widerständen zu rechnen ist. Die Realisierungs- und die Nachbereitungsphase sind daher entscheidend, ob eine Umsetzung im Sinne einer konkreten Verankerung tatsächlich gelingt. Das Herzstück und auch die Besonderheiten der Zukunftswerkstatt liegen allerdings in der Utopiephase, die auch als „Höhepunkt“ der Werkstatt bezeichnet wird [vgl. u. a. Kuhnt / Müllert 2006, S. 78]. Die wissenschaftliche Auseinandersetzung bezieht sich schwerpunktmäßig auf diese Phase, da sich hier die Zukunftswerkstatt am stärksten von anderen Methoden unterscheidet. Da aber das Konkretwerden für eine Organisation entscheidend ist, wird die Zukunftswerkstatt nur dann zur Entwicklung einer wirksamen Visionskultur beitragen können, wenn der Realisierungsphase in der Werkstatt und der Realisierung nach der Werkstatt genügend Aufmerksamkeit geschenkt wird.

In gemeinnützigen Organisationen kann sich das Konkretwerden dadurch schwieriger gestalten, dass aufgrund ihrer eingeschränkten zeitlichen Verfügbarkeit, die Freiwilligen nur sehr selten in einer „großen Runde" wie einer Zukunftswerkstatt zusammenkommen. Zum Teil liegen zwischen den Kontaktaufnahmen Einzelner Wochen oder Monate. Eine nachhaltige persönliche und regelmäßige Begleitung und Betreuung von zum Beispiel Projektgruppen wird auf diese Weise erschwert. Es ist daher bei der Arbeit mit Freiwilligen besonders wichtig, klare Vereinbarungen vor Abschluss der Werkstattarbeit zu treffen. Sofern die freiwillig Engagierten dazu zeitlich in der Lage und Willens sind, sich regelmäßig zu treffen, können permanente Zukunftswerkstätten ein geeignetes Mittel sein, den Realisierungsprozess erfolgreich zu begleiten.
Gegenüber informellen Gruppen, wie zum Beispiel informellen (ohne Organisationsform) Bürgerinitiativen, wird der gemeinnützige Großsportverein in aller Regel aber Vorteile bei der Umsetzung der Visionen haben. Der Verein bietet, wie in 5.1.4 dargestellt, den wichtigen organisatorischen Rahmen für die Umsetzung. Dadurch wird er besser in der Lage sein, nach der Zukunftswerkstatt motivierende Impulse zu geben, Umsetzungspausen zu überbrücken (wenn die Freiwilligen, z. B. berufsbedingt, über einige Zeit die Arbeit im Verein einstellen müssen) und andere für die Arbeit an den Projekten zu begeistern (Herstellung von Öffentlichkeit – intern wie extern).

Die konkrete und konsequente Verankerung von Visionen in die Vereinspolitik muss natürlich unabhängig davon geschehen, an welcher Stelle Visionen entstehen. Das Potenzial der Zukunftswerkstatt liegt darin, dass ein gruppendynamischer Prozess ermöglicht wird und die Teilnehmer zum selbstbestimmten Lernen ermutigt werden. Dadurch entsteht Identifikation mit den Projekten sowie Verantwortungsgefühl und Bereitschaft, sich an der Realisierung der erarbeiteten Visionen messen zu lassen.
Diese Verbindlichkeit, die durch die theoretischen Grundlagen und den Phasenaufbau der Zukunftswerkstatt begünstigt wird, zeigt das Potenzial der Methode für eine konkrete Verankerung von Visionen und damit für die Entwicklung einer wirksamen Visionskultur.

Zusammenfassung

Nachfolgende Abbildung 28 fasst die Potenziale der Zukunftswerkstatt zur Entwicklung einer wirksamen Visionskultur noch einmal zusammen. Dazu werden

die in 2.3.3 erarbeiteten Qualitätsmerkmale einer wirksamen Visionskultur (vertikale Achse) mit den in 4.1 und 4.2 erarbeiteten Zielen und theoretischen Grundlagen (horizontale Achse) verknüpft.
Die in diesem Abschnitt erarbeiteten Potenziale bilden die Schnittmenge dieser beiden Erkenntnisstränge. Dabei werden in der Abbildung nur die als wesentlich erachteten Punkte aufgeführt.[43]

Ziele, Organisatorisches und theoretische Grundlagen der ZW	**Qualitätsmerkmale einer wirksamen Visionskultur** (2.3.3)				
	gelebtes wertorientiertes Leitbild	**aufmerksame Orientierung**	**ganzheitlicher Prozess**	**konkrete Verankerung**	
Ziele (4.1.2)	Instrument gegen die Expertokratie	Entwicklung alternativer Zukünfte	Stärkung der Demokratie	konkrete Handlungsalternativen	**Potenziale der Methode Zukunftswerkstatt zur Entwicklung einer wirksamen Visionskultur** (5.2.1)
Phasen / Organisatorisches (4.1.3)	großer und heterogener Personenkreis möglich	Kritik- (Gegenwart) und Utopiephase (Zukunft)	großer und heterogener Personenkreis möglich	aufmerksame Realisierungsphase, permanente Zukunftswerkstätten	
Erkenntnistheorie (4.2.1)	Dialogprozess	Perspektivenwechsel	dialektisches Prinzip, Dialogprozess	Dialogprozess	
Menschenbild (4.2.2)	selbstbestimmter Mensch schöpferisches Wesen	schöpferisches Wesen	schöpferisches Wesen	selbstbestimmter Mensch	
Lerntheorie (4.2.3)	Begeisterung und Betroffenheit	selbstbestimmtes Lernen	ganzheitliches Lernen, Aneignen von Handlungskompetenzen, pädagogische Situationen, intuitiv-emotionales und rational-analytisches Lernen	selbstbestimmtes Lernen	

Abbildung 28: Potenziale der Methode Zukunftswerkstatt zur Entwicklung einer wirksamen Visionskultur (Quelle: Eigene Darstellung)

[43] So kann das den einzelnen Qualitätsmerkmalen zu Grunde liegende Menschenbild immer mit den Adjektiven „schöpferisch“ und „selbstbestimmt“ belegt werden. Zur Betonung werden aber nur die als jeweils wesentlich erachteten Adjektive in der Abbildung aufgeführt.

5.2.2 Potenziale zur Gewinnung freiwillig Engagierter

Die Exploration der Potenziale der Zukunftswerkstatt zur Gewinnung freiwillig Engagierter fällt an dieser Stelle vergleichsweise kurz aus. Bereits bei der Erkundung der Wirkungszusammenhänge der Themenfelder wurde deutlich, dass erstens Freiwilligenarbeit ein Erfolgsfaktor für gemeinnützige Großsportvereine ist und zweitens die Zukunftswerkstatt zahlreiche positive Effekte für die Freiwilligenarbeit im Verein besitzt.

An dieser Stelle gilt es nun noch zu klären, ob der Methode auch Potenziale für die *Gewinnung* freiwillig Engagierter innewohnen. Können durch ihren Einsatz Menschen begeistert werden, die vorher noch nicht in der Organisation tätig waren und können diese für Freiwilligenarbeit gewonnen werden? Diese Frage drängt sich auf, da bereits festgestellt wurde, dass auf der einen Seite die Bindung und Gewinnung ehrenamtlicher Mitarbeiter für Sportvereine (zumindest gefühlt) immer schwieriger wird [vgl. S. 89] und zum anderen auch für den gemeinnützigen Großsportverein die Freiwilligenarbeit eine entscheidende Ressource bleibt. Zunächst kann festgehalten werden, dass gemeinnützige Großsportvereine, wie andere Vereine auch, grundsätzlich offen und meist sogar auf neue freiwillig Engagierte angewiesen sind [siehe dazu die klassischen Vereinsmerkmale S. 74]. Als „offenes System" bieten sie einen organisatorischen und rechtlichen Rahmen für Freiwilligenarbeit. Mit neuen freiwillig Engagierten können nicht nur Stellen nachbesetzt und bestehende Strukturen aufrechterhalten werden, sie sind auch wichtiger Impulsgeber und können selbst neue Strukturen schaffen.
Der gesellschaftliche Werte-Wandel drückt sich sowohl in den sich verändernden Motiven der Sporttreibenden als auch in den veränderten Motiven der freiwillig Engagierten aus. Die vorliegende Arbeit folgt dabei der positiven Interpretation des Werte-Wandels durch Klages, der im Werte-Wandel durch die Synthese von „traditionellen" Werten mit „modernen" Werten eine große Chance für die Freiwilligenarbeit sieht [vgl. S. 70].
Demnach gibt es ein großes, bislang nicht abgerufenes, Engagementpotenzial (bestätigt durch die Freiwilligensurveys [siehe dazu S. 89]), das durch entsprechende Rahmenbedingungen in den gemeinnützigen Organisationen entfaltet werden kann. Die Zukunftswerkstatt eignet sich dafür besonders, weil sie die in Abbildung 29 zusammengefassten und zum Großteil bereits ausführlich in 5.1.2 dargestellten Eigenschaften besitzt:

Eigenschaften der Methode Zukunftswerkstatt als Potenziale zur Gewinnung freiwillig Engagierter:

- Es wird potenziellen Engagierten aufgezeigt, dass sie mitentwerfen und mitentscheiden können.
- Es gibt kein „von Oben herab“ sondern ein „von Innen heraus“.
- Hierarchien und (unangenehme/belastende) Zwangssituationen werden vermieden.
- Eine anregende und begeisternde Atmosphäre wird angestrebt.
- Es können Menschen mit unterschiedlichen Charakteren, Kompetenzen und Wissensständen mitmachen (fast keine Beschränkungen).
- Es kann öffentlichkeitswirksam für Zukunftswerkstätten geworben werden und damit können neue Freiwillige angesprochen werden.

Abbildung 29: Potenziale der Methode Zukunftswerkstatt zur Gewinnung freiwillig Engagierter (Quelle: Eigene Darstellung)

Als wichtigster Grund für Freiwilligenarbeit wird immer wieder „Spaß haben“ genannt [siehe u. a. Gensicke / Geiss 2010, S. 119, S. 123, S. 136]. Die Zukunftswerkstatt trägt einem erweiterten Verständnis von Spaß [siehe Definition von Klages S. 91] dadurch Rechnung, dass sie den Teilnehmern Eigenverantwortung vermittelt, sie aktiv werden lässt und Selbsterweiterungserfahrungen fördert. Zudem lassen sich durch den Aufbau und die vorherrschende kommunikative und zwanglose Atmosphäre auch „Spielen“ und „Feiern“ (zwei wichtige Urformen des Lernens) in den Werkstattablauf integrieren.

Gelingt es, für eine Zukunftswerkstatt bislang noch nicht engagierte Freiwillige zu gewinnen, gilt es, diese auch für die Arbeit im Anschluss an die Zukunftswerkstatt zu gewinnen. Die Kunst wird darin bestehen, eine Zukunftswerkstatt so zu gestalten, dass daraus Projekte und Initiativen entstehen, die zum einen für den gemeinnützigen Großsportverein Sinn machen (mit dem Vereinsleitbild und den Vereinszielen übereinstimmen) und zum anderen auch durchführbar sind (→ konkrete Verankerung).

Dies kann nicht ohne klare Vorgaben gelingen, die in einer Zukunftswerkstatt jedoch weitgehend zu Gunsten einer Offenheit für alternative Zukünfte unerwünscht sind. Der Einladung mit Thema und Tagesordnung kommt daher bei Zukunftswerkstätten, die von Nicht-Mitgliedern, aber im Rahmen eines Vereins, durchgeführt werden, eine noch wichtigere Bedeutung zu. Der Großsportverein

wird kein originäres Interesse daran haben, einen Autobahnzubringer in der Nachbarstadt zu verhindern, noch wird er sich um die Probleme anderer Vereine kümmern wollen. Unter Umständen könnten die Durchführung von Zukunftswerkstätten mit solchen vereinsfremden Themen sogar gemeinnützigkeitsschädlich sein, da sie mit der „Förderung des Sports" (und den Mitgliederbedürfnissen) in der Regel nichts zu tun haben.
Die Einladung, aber auch die Moderation während der Werkstattarbeit, muss daher nicht nur motivierend sein, sondern muss zugleich deutlich machen, dass es um die Entwicklung von Zukünften für den konkreten Verein oder zumindest für den Sport geht. Gelingt dies, können freiwillig Engagierte über die Zukunftswerkstatt hinaus an den Verein gebunden werden, wenn sich die unterschiedlichen Wünsche und Motive der Teilnehmer auch in unterschiedlichen Vereins-Projekten und Vereins-Initiativen wiederfinden.
Die Zukunftswerkstatt bietet hierfür wiederum einen geeigneten Rahmen, denn sie ist darauf ausgelegt, dass am Ende einer Werkstatt unterschiedliche Ergebnisse (Projekte etc.) gleichberechtigt nebeneinander stehen, die in der Folge umgesetzt werden können bzw. sollen.

5.2.3 Kontextbildung

Die vorangegangenen Ausführungen haben gezeigt, dass die Methode Zukunftswerkstatt zahlreiche und zum Teil wirkungsvolle Potenziale bezogen auf die forschungsleitenden Fragestellungen bietet.

Auf Grundlage der Analyse der Theorien in den Kapiteln 2 bis 4 wurden im vorliegenden Kapitel Wirkungszusammenhänge zwischen den vier Themenfeldern aufgedeckt und beschrieben. Anschließend erfolgte die Synthese und Integration sowohl der zu Grunde liegenden Theorien als auch der Erkenntnisse, die sich aus der Analyse der Wirkungszusammenhänge ergeben hatten. Die Synthese und Integration mündeten dann in der Aufdeckung der Potenziale der Zukunftswerkstatt. Gemäß der Vorgehensweise im Rahmen der hier durchgeführten Exploration erfolgt nun die Einbindung des Kontextes [siehe Abbildung 22 auf S. 133].

Da an dieser Stelle auf einen Abgleich mit den Erkenntnissen der empirisch-qualitativen Exploration verzichtet wird (dies erfolgt erst in 6.3.4 und Kapitel 7 Theoriebildung), erfolgt auch die Kontexteinbindung auf Grundlage der bisherigen Erkenntnisse. Dazu wird, typisch für eine explorative Vorgehensweise [vgl. Bortz / Döring 2009, S. 354], das Forschungsvorgehen noch einmal reflektiert:

Ausgangspunkt für die vorliegende Arbeit war der Wunsch des Autors, einen Beitrag dazu zu leisten, gemeinnützige Großsportvereine erfolgreicher zu machen.

Konkret sollten Wege aufgezeigt werden, dem stetigen Veränderungsdruck, dem die Vereine ausgesetzt sind, begegnen zu können. Es wurde festgestellt, dass dazu eine wirksame Visionskultur, aber, und das ist eine Besonderheit von gemeinnützigen Großsportvereinen bzw. gemeinnützigen Organisationen generell, auch die Förderung der Freiwilligenarbeit notwendig ist. Weiterhin wurden Potenziale der Methode Zukunftswerkstatt aufgedeckt, die sowohl die Entwicklung der Visionskultur als auch die Gewinnung freiwillig Engagierter positiv beeinflussen.
Durch die offene Analyse der Themenfelder, die Zusammenfassung der vorangegangenen Forschungsergebnisse und die Reflexion des Forschungsvorgehens wurde noch ein weiterer Wirkungszusammenhang aufgedeckt, der bislang nicht thematisiert wurde:

Die Zukunftswerkstatt bietet nicht nur Potenziale für die Gewinnung freiwillig Engagierter. Die neuen bzw. potenziellen Engagierten beeinflussen umgekehrt auch die Themenfelder „Zukunftswerkstatt“ und „Visionskultur“ wesentlich. Deutlich wurde dies unter anderem daran, wie wichtig es ist klarzustellen, dass die Zukunftswerkstatt tatsächlich zum Wohle des Vereins eingesetzt wird und nicht zur Befriedigung (ausschließlich) persönlicher Bedürfnisse gedacht ist. In Unternehmen oder in Vereinen, die Werkstätten nur mit langjährig Engagierten durchführen, wäre eine solche Klarstellung in der Regel überflüssig. Neue freiwillige Mitarbeiter kommen jedoch mit neuen Ideen, neuen Werten und Einstellungen. Sie sind nicht betriebsblind, verfügen aber auch nicht über eine (ausgeprägte) Vereinsidentifikation und meist nur über wenige vereinsbezogene Kenntnisse. Sie haben nie in der Kultur des Vereins „gelebt“.
Das Zusammenspiel von „alten“ und „neuen“ Engagierten gehört in gemeinnützigen Organisationen durchaus zum Tagesgeschäft. Bei einem gezielten Einsatz der Methode Zukunftswerkstatt zur Gewinnung freiwillig Engagierter ergibt sich allerdings eine Besonderheit: Es geht nicht mehr darum, dass zum Beispiel (langjährige) Mitglieder neue Engagierte in den Verein einführen, sondern darum, dass die potenziellen Engagierten ohne Vereinszugehörigkeit von Anfang an als gleichberechtigt betrachtet werden. Sie entwickeln gemeinsam mit den Mitgliedern (oder auch ohne sie!) Visionen, obwohl sie zum Zeitpunkt der Zukunftswerkstatt noch quasi außerhalb der Organisation stehen.
Dies kann den (gewünschten) Effekt haben, dass bisher verborgene Potenziale des Vereins aufgedeckt werden und die Visionskultur gestärkt wird. Umgekehrt kann dies aber zu Überwerfungen mit den langjährigen Mitgliedern führen. Je nach Gruppenzusammensetzung können sich im negativen Fall sowohl die Mitglieder übergangen („Die machen mit ihren verrückten Ideen unseren Verein kaputt!“ „Und was sollen wir jetzt machen?“) als auch die potenziell Engagierten

bevormundet fühlen („Die wollen doch gar nicht, dass wir mitmachen!“ „Ich will doch etwas ganz anderes!“).
Wie bereits festgestellt, sind Kulturen sehr stabil und ein grundlegender Kulturwandel ist in vielen Fällen ja auch gar nicht erforderlich [siehe S. 47f.]. Ohne weitere Erkundung kann daher an dieser Stelle erst einmal nur festgehalten werden, dass Zukunftswerkstätten zur Gewinnung freiwillig Engagierter unter vielen Aspekten betrachtet werden müssen und in Vereinen richtig „dosiert“ zum Einsatz kommen sollten.
Nachfolgende Abbildung 30 verdeutlicht den Wirkungszusammenhang noch einmal grafisch. Dieser Zusammenhang muss den Initiatoren von Zukunftswerkstätten in gemeinnützigen Organisationen bewusst sein.

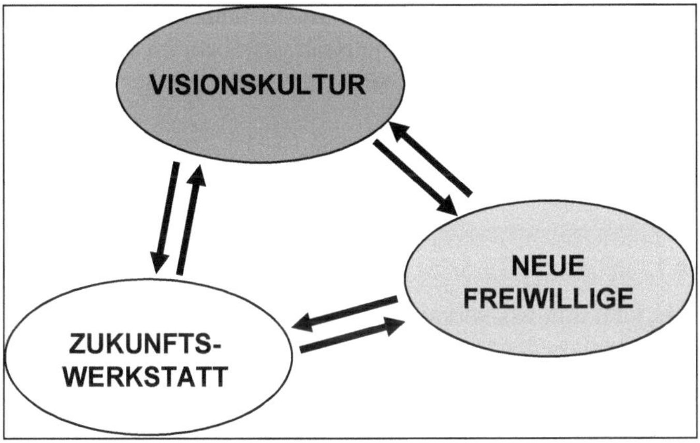

Abbildung 30: Wirkungszusammenhang Visionskultur, Zukunftswerkstatt und neue Freiwillige (Quelle: Eigene Darstellung)

An dieser Stelle werden auch die Vorteile einer explorativen Vorgehensweise deutlich. Die Offenheit des Forschungsprozesses ermöglicht die Aufdeckung von Erkenntniszusammenhängen, die bei einem linearen Forschungsvorgehen wahrscheinlich verborgen bleiben würden. Das durch Erkundung erweiterte Verständnis ermöglicht nun eine Präzisierung des Vorverständnisses. Die anschließende empirisch-qualitative Exploration profitiert von dieser Präzisierung. Daher wird in der sich anschließenden empirisch-qualitativen Exploration der hier aufgedeckte Aspekt aufmerksam erkundet.

6 Empirisch-qualitative Exploration

Aufbauend auf der theoriebasierten Exploration wird nun eine empirisch-qualitative Exploration auf Grundlage einer Einzelfallstudie durchgeführt. Die Ziele, die mit einer solchen Vorgehensweise angestrebt werden, wurden bereits in 1.4.2 ausgiebig dargelegt. Bislang vernachlässigte Phänomene und Wirkungszusammenhänge sollen durch das Eintauchen in den natürlichen „Lebensraum“ des Untersuchungsobjektes aufgedeckt werden. Somit werden die Erkenntnisse aus der theoriebasierten Exploration mit den Erkenntnissen aus der Feldforschung angereichert. Auf diese Weise soll das Verständnis für die komplexen Wirkungszusammenhänge der vier Themenfelder und vor allem für die Potenziale der Zukunftswerkstatt, zur Vorbereitung auf die Theoriebildung, präzisiert werden. Die Fallstudie bezieht sich auf eine Zukunftswerkstatt, die im TSC Eintracht Dortmund, einem gemäß Definition dieser Arbeit typischen gemeinnützigen Großsportverein, durchgeführt wurde.

Wie bereits in 1.4.2 dargestellt, liegen der empirisch-qualitativen Exploration daher folgende Leitfragen zu Grunde:

Leitfrage 1:

Wie zeigen sich und wie wirken die in der theoriebasierten Exploration ermittelten Potenziale der Methode Zukunftswerkstatt in der konkret im TSC Eintracht Dortmund durchgeführten Zukunftswerkstatt?

Leitfrage 2:

Warum kann der Einsatz der Methode Zukunftswerkstatt zur erfolgreichen Bewältigung des Veränderungsdruckes gemeinnütziger Großsportvereine vorteilhaft sein?

Abbildung 31 zeigt den Ausschnitt der Exploration, mit dem sich dieses Kapitel beschäftigt [vgl. dazu das weitergehende Schaubild zur Theoriebildung in 1.4.2].

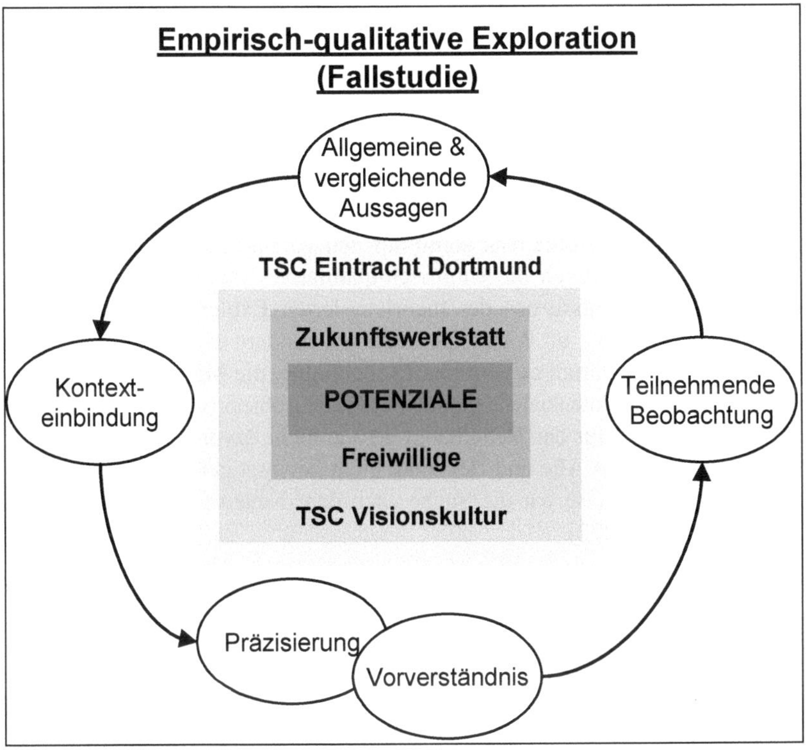

Abbildung 31: Empirisch-qualitative Exploration (Quelle: Eigene Darstellung)

Im vorliegenden Kapitel wird zunächst unter 6.1 geklärt, wie sich der zu untersuchende Fall zusammensetzt und was ihn, bezogen auf die Forschungsziele, zu einem aussagekräftigen Fall macht. Dazu wird der TSC Eintracht Dortmund als gemeinnütziger Großsportverein charakterisiert, die Freiwilligenarbeit und die Visionskultur im TSC analysiert sowie die konkret durchgeführte Zukunftswerkstatt ausführlich beschrieben.

Anschließend wird in 6.2 dargestellt, welche Datenerhebungstechniken im Rahmen der Fallstudie angewendet werden. Dazu werden die theoretischen Grundlagen der teilnehmenden Beobachtung skizziert und der Einsatz der Videotechnik im vorliegenden Fall wird erläutert.

Abschließend werden in 6.3, gemäß der beiden Leitfragen der empirisch-qualitativen Exploration, die Potenziale der Zukunftswerkstatt im konkreten Fall „Zukunftswerkstatt im TSC Eintracht Dortmund“ analysiert. Dabei profitiert die Erkundung der Potenziale auch von den bereits erlangten Erkenntnissen, da die Datenerhebung und die Analyse sich an Ergebnissen der theoriebasierten Exploration orientieren können. “The case study inquiry [...] benefits from the prior development of theoretical propositions to guide data collection and analysis” [Yin 2009, S. 18]. Die Fallstudie baut somit auf den vorangegangenen Erkenntnissen auf, bereichert diese durch die empirisch-qualitative Exploration und überprüft zugleich die Erkenntnisse aus der theoriebasierten Exploration. Es wird nicht mehr die Frage gestellt, ob Potenziale bestehen, sondern es wird gefragt, wie sie sich auswirken und warum es vorteilhaft sein könnte, die Methode Zukunftswerkstatt aufgrund dieser Potenziale in gemeinnützigen Großsportvereinen einzusetzen. Denn „die Offenheit für das Neue hängt gerade nicht davon ab, dass wir auf der inhaltlichen Ebene das Alte und Bekannte nicht bewusst gemacht haben, sondern davon, in welcher Weise wir die Suche nach dem Neuen methodisch gestalten“ [Meinefeld 2010, S. 272].

6.1 Fallstudie: Zukunftswerkstatt im TSC Eintracht

Die Anreicherung und teilweise Überprüfung[44] der Erkenntnisse aus der theoretischen Exploration erfolgt durch die Beobachtung und Analyse eines einzelnen, bezogen auf die Forschungsfragen, typischen Falls. “The case study is the method of choice when the phenomenon under study is not readily distinguishable from its context” [Yin 2003, S. 4]. Das von Yin genannte Phänomen sind in der vorliegenden Untersuchung die zu untersuchenden Potenziale der Zukunftswerkstatt. Diese können nicht losgelöst vom Kontext erforscht werden. Denn die Entfaltung bzw. die Auswirkungen der Potenziale werden nur im Zusammenspiel der vier Themenfelder erkennbar. Wie bereits in 1.4.2 erläutert, soll diese Komplexität ja gerade erhalten bleiben, um so zu umfassenderen und tiefergehenden Erkenntnissen zu gelangen.

Der Begriff „Fallstudie“ beschreibt einen Forschungsansatz, der idealtypische Untersuchungsobjekte zum Gegenstand einer Untersuchung macht. „Die Auswahl der Untersuchungseinheiten zielt also systematisch darauf ab, einen Fall (bzw.

[44] Wie bereits dargestellt, übernimmt die Fallstudie damit eine explorative und explanative Funktion gleichermaßen [siehe S. 34].

eine Untersuchungseinheit) zu finden, der die theoretischen Konzepte des Forschers komplexer, differenzierter und profunder gestalten kann. Dabei geht man folgendermaßen vor: Die Untersuchungseinheit für die […] Einzelfallstudie wird aufgrund ihrer Eignung als extremer oder idealer Typ ausgewählt" [Lamnek 2008, S. 314].
Zunächst wird in diesem Abschnitt daher geklärt, inwiefern der dieser Arbeit zu Grunde liegende Fall typisch für das zu untersuchende Phänomen ist. Da es Potenziale im Wirkungsnetzwerk von „gemeinnütziger Großsportverein", „Freiwilligenarbeit", „Visionskultur" und „Zukunftswerkstatt" zu untersuchen gilt, muss das Idealtypische des vorliegenden Falls anhand dieser vier Themenfelder festgemacht werden.

6.1.1 Der TSC Eintracht als typischer gemeinnütziger Großsportverein

Die Typisierung des Sportvereins TSC Eintracht Dortmund erfolgt anhand der in 3.3.1 erarbeiteten Merkmale [siehe insbesondere S. 85] für gemeinnützige Großsportvereine, die an dieser Stelle noch einmal aufgeführt werden. Demnach lässt sich der gemeinnützige Großsportverein durch folgende *Merkmale* abgrenzen:

- Er hat mindestens 2 500 Mitglieder (*Merkmal 1*).
- Er beschäftigt hauptamtliches Personal (*Merkmal 2*).
- Er verfügt über vereinseigene Anlagen (*Merkmal 3*).
- Er ist offen für neue Angebote und zeichnet sich durch eine große Angebotsvielfalt aus (*Merkmal 4*).
- Sein Zielprofil ist ausgeglichen, viele Ziele bestehen gleichwertig nebeneinander (*Merkmal 5*).
- Er entwickelt sich als Gesamtverein tendenziell zu einer Dienstleistungseinrichtung, fungiert in seinen Untergliederungen bzw. Abteilungen jedoch vielfach (weiterhin) als Solidargemeinschaft (*Merkmal 6*).

Der Turn- und Sport-Club Eintracht 1848/95 Korporation zu Dortmund („TSC" oder „Eintracht"), Dortmunds ältester Sportverein, verfolgt gemäß seiner Satzung „den Zweck der Förderung des Sportes ausschließlich, unmittelbar und gemein-

nützig im Sinne des Abschnitts „Steuerbegünstigte Zwecke“ (§§51-68) der Abgabenordnung“ [TSC Eintracht Dortmund 1991, S. 3].[45]
Der TSC ist mit seinen unterschiedlichen Sportarten Mitglied in siebzehn Sportfachverbänden und u. a. Mitglied im Stadtsportbund Dortmund sowie dem Freiburger Kreis [siehe S. 79]. Über diese Mitgliedschaften ist er auch dem Landessportbund NRW sowie dem DOSB angeschlossen und damit als *gemeinnütziger Verein* fest im organisierten Sport [vgl. S. 67] verankert.

Mit seinen ca. 6 400 Mitgliedern (Stand Juni 2011)[46] in insgesamt 30 Abteilungen übertrifft der TSC, als größter Sportverein an aktiven Mitgliedern in Westfalen, deutlich die für diese Arbeit definierte Mindestmitgliederzahl für gemeinnützige Großsportvereine (>2 500).

→ Merkmal 1 ✓
Sein Haushaltsvolumen (2010: ca. 2.0 Mio. €), seine Abteilungsanzahl (2010: 30) und der durchschnittliche Mitgliedsbeitrag des TSC (2010: ca. 200.00 € pro Jahr) bewegen sich im Rahmen der in der WLSB Studie errechneten Mittelwerte [siehe S. 81].
Der Verein beschäftigt 32 Angestellte und ca. 220 Übungsleiter. Seit 2001 ist er Ausbildungsbetrieb für „Sport- und Gesundheitstrainer“ und seit Oktober 2008 bildet der Verein auch Mitarbeiter der Geschäftsstelle zum Kaufmann bzw. zur Kauffrau für Bürokommunikation aus. Zusätzlich bietet er jährlich Stellen für die Ableistung eines freiwilligen sozialen Jahres sowie zahlreiche Praktikumsplätze an.

→ Merkmal 2 ✓
Die Entwicklung der Eintracht war und ist eng mit der Entwicklung seiner Sportanlagen verbunden. Bereits 1868 weihte der Verein seine erste vereinseigene

---

[45] Im Gegensatz zu den meisten gemeinnützigen (Sport)vereinen ist er jedoch nicht im Vereinsregister eingetragen. Seit dem Verein am 25. August 1876 von Kaiser Wilhelm die Rechte einer juristischen Person verliehen wurden, ist der Club eine Korporation (= Körperschaft). Andere Rechtsformen, die eine Vereinigung ähnlich der heutigen eingetragenen Vereine ermöglicht hätten, existierten zu jener Zeit ebenso wenig wie ein Vereinsregister. Aufgrund seiner Satzung und Ausrichtung wird der TSC heute wie ein eingetragener Verein u. a. bei Fiskus, Sportverbänden und Zuschussgebern behandelt. Aus Tradition und gewissem Stolz hat er jedoch seinen außergewöhnlichen Status als Korporation behalten.
[46] Der Autor dieser Arbeit ist seit März 2003 im TSC Eintracht Dortmund zunächst als Geschäftsführer und seit 2005 als Hauptgeschäftsführer (Vorstandsmitglied gem. §26 BGB) beschäftigt. Er hat damit Zugriff auf das gesamte Datenmaterial des Vereins mit u. a. Mitgliederdateien, Statistiken und Bilanzen.

Turnhalle ein. Heute verfügt der Verein über u. a. zwei Dreifachturnhallen, fünf Gymnastikhallen, zwei Fußballplätze, zwei Beachvolleyball-Plätze, ein entfernt gelegenes eigenes Kanuzentrum und ein großes Kommunikationszentrum mit Büroräumen, Veranstaltungsräumen, verpachteter Gastronomie und Schulräumen. Als vorläufig letzter Bau kam 1995 ein vereinseigenes Fitnessstudio mit Saunabereich sowie angrenzenden, vermieteten Flächen für ein Berufskolleg für Motopädie und eine Physiotherapie hinzu. Über 70 % aller Mitglieder treiben aktuell ihren Sport in den vereinseigenen Anlagen, die zwischen Westfalenhallen und Westfalenpark nahe der Dortmunder Innenstadt liegen.

→ Merkmal 3 ✓
Sein Selbstverständnis formuliert der TSC in seinem 2008 verabschiedeten Leitbild wie folgt: „Wir halten möglichst vielen Menschen ein passendes Angebot vor und verbessern dadurch die Lebensqualität der Menschen in und um Dortmund“ [TSC Eintracht Dortmund 2008]. Über 100 Sportangebote im Leistungs-, Breiten- und Gesundheitssportbereich unterstreichen die Ansprüche eines breit aufgestellten Vereins. Neue Trends wie „Breakdance“, „Parkour“ und „Zumba“ werden im TSC angeboten (siehe dazu www.tsc-eintracht-dortmund.de [TSC Eintracht Dortmund 2011]) zudem werden sportartenübergreifende Angebote wie „Kinderferienspaß“, „Sporties“, „Family Sports“, „Sport für die S-Klasse“ (Seniorenangebot) und viele weitere in das Programm integriert.

→ Merkmal 4 ✓
So breit das Angebot des TSC gefächert ist, so vielfältig und ausgeglichen sind die Zieldimensionen des Vereins. Leistungs-, Breiten-, Freizeit- und Gesundheitssports stehen gleichberechtigt nebeneinander. Rund 40 Prozent aller TSC Mitglieder treiben Sport in den als „traditionell“ bezeichneten Wettkampfsportarten (z. B. Basketball, Fußball, Leichtathletik etc.). Die Sportler unterwerfen sich einem Regelwerk und messen sich auf Wettkämpfen und Turnieren im Team oder einzeln mit anderen Sportlern. Die übrigen 60 Prozent treiben Sport, ohne sich mit anderen zu vergleichen (z. B. Aerobic, Gymnastik, Fitnessstudio, Eltern-Kind-Turnen etc.).
Im TSC Leitbild wird auch das Zusammenspiel von Tradition und Innovation hervorgehoben [vgl. TSC Eintracht Dortmund 2008]. Dass dieser Grundgedanke im Verein gelebt wird, zeigen neben der Angebotsvielfalt auch die zahlreichen traditionellen und innovativen Veranstaltungen des TSC. So behalten z. B. die jährlichen Ehrungen ihren hohen Stellenwert im Jahreskalender und zugleich werden neue Angebote wie das TSC Abenteuercamp ins Leben gerufen. „Soziale

Verantwortung", „Partnerschaft" und „Solidarität" sind weitere Schlagworte, die sich im TSC Leitbild wieder finden [vgl. TSC Eintracht Dortmund 2008]. Der TSC Eintracht Dortmund verfügt damit über ein breites Zielprofil [vgl. S. 80], das sich in der breiten Ausdifferenzierung des Angebotes widerspiegelt und typisch für gemeinnützige Großsportvereine ist.

→ Merkmal 5 ✓

Wie in vielen modernen Großsportvereinen sind Anfang der 1990er Jahre im TSC Eintracht die Bereiche „Aerobic", „Fitness", „Gesundheit", „allgemeiner Kinder- und Jugendsport" entstanden bzw. enorm gewachsen. Diese Bereiche wurden von Anfang an von hauptamtlichem Personal sowohl auf der Trainingsfläche als auch in der Organisation geleitet. Bzgl. der Frage „Solidargemeinschaft oder Dienstleistungseinrichtung?" lässt sich der TSC heute in zwei Segmente unterteilen [vgl. Kiel 2010, S. 241]:

Segment 1 – traditionelle Abteilungen (Fußball, Leichtathletik etc.)

- 26 Abteilungen
- ca. 2 700 Mitglieder
- ehrenamtliche Abteilungsleitung
- fast ausschließlich Übungsleiter und keine angestellten Trainer
- eigene Budgetverantwortung
- i. d. R. Wettkampfsport
- Beitragsaufkommen 2010: ca. 438 000.00 €

Segment 2 – Fitness, allgemeiner Kinder- / Jugendsport, Gymnastik / Aerobic, Gesundheitssport

- 4 Abteilungen
- ca. 3 500 Mitglieder
- hauptamtliche Abteilungsleitung
- überwiegend fest angestellte, hauptberufliche Trainer
- Budgetverantwortung liegt ausschließlich beim Vorstand
- Freizeitsport ohne Wettkämpfe
- Beitragsaufkommen 2010: 773 000.00 €

Die Vereinsführung erwartet auch in Zukunft eine Zunahme der Mitgliederzahlen im Segment 2, welches insbesondere durch Dienstleistungsorientierung geprägt

ist (Hauptamtlichkeit, Kurssystem, Trends, moderne Vermarktung etc. [vgl. S. 75]). Dennoch ist auch davon auszugehen, dass weiterhin die Abteilungen in Segment 1, die eher im Sinne einer Solidargemeinschaft [vgl. S. 75] organisiert sind, weiter gefördert und weiterentwickelt werden. Damit agiert der Verein auch intern als Dienstleister für die ehrenamtlich geführten Abteilungen (Mitgliederverwaltung, Organisationshilfen, Informationen etc.).
Der für Großsportvereine typische Spagat zwischen Dienstleistungseinrichtung und Solidargemeinschaft wird auch bei der Betrachtung des TSC deutlich, wobei eine Tendenz zur Dienstleistungsorientierung auszumachen ist.

→ Merkmal 6 ✓
Ca. 30 Prozent der Sportangebote des TSC können nicht kostendeckend angeboten werden [vgl. Kiel 2010, S. 240]. Die Einnahmen (in der Regel Mitgliedsbeiträge) sind geringer als die Kosten für die Bereitstellung des Angebotes (Sportanlage, Trainer, Verwaltung etc.). Die defizitären Abteilungen werden jedoch nicht aus dem Sportangebot gestrichen, sondern, wie oben beschrieben, durch zusätzliche Dienstleistungen unterstützt (Beratung für Sponsoring, Finanzen, Ehrenamtsunterstützung, Leistungssportfördergelder etc.).
Die beiden Segmente unterliegen damit einem übergeordneten Solidarprinzip. Ohne dieses wäre Wettkampfsport und Kinder- / Jugendsport sowohl im TSC wie auch in anderen, ähnlich strukturierten Vereinen, nur dann möglich, wenn es durch einen Paradigmenwechsel in der Vereinslandschaft zu Beitragsstrukturen nach dem Verursacherprinzip kommen würde. Das wird allerdings im TSC abgelehnt. Die Struktur und Ausrichtung des TSC Eintracht weist daher wesentliche Kennzeichen einer **dienstleistungsorientierten Solidargemeinschaft** [vgl. S. 77] auf.

Die Ausführungen zeigen, dass der TSC Eintracht Dortmund alle oben genannten Merkmale in jeder Hinsicht erfüllt und damit ein „gemeinnütziger Großsportverein“ im Sinne der vorliegenden Arbeit ist. Ergänzend zu dieser Feststellung gilt es nun in 6.1.2 zu klären, inwiefern der vorliegende Fall auch idealtypisch für das Themenfeld „Freiwilligenarbeit“ ist.

6.1.2 Der TSC Eintracht und Freiwilligenarbeit

Über 200 Mitglieder des Vereins engagieren sich in gewählten Ämtern des TSC (Präsidium, Abteilungsleiter, Delegierte, Kassenwarte, Jugendleiter etc.). Darüber hinaus engagieren sich eine noch größere Anzahl (exakte Zahlen liegen nicht vor)

freiwillig, ohne ein Amt auszuüben und häufig sogar ohne Mitglied im Verein zu sein (Stichwort „engagierte Elternschaft“). Die Tätigkeiten der nicht gewählten Freiwilligen umfassen z. B. die Mithilfe bei Veranstaltungen (Aufbau, Kuchenbacken, Reinigung etc.), die Betreuung von Mannschaften (Trikotwäsche, Transport, Organisation etc.) oder die Unterstützung bei der Sportanlagenpflege (Anstreicharbeiten, Renovierungsarbeiten etc.).
Zu den bis hierhin genannten freiwillig Engagierten, die keinerlei Aufwandsentschädigungen erhalten, kommen über 200 Übungsleiter, die im Rahmen des sog. „Übungsleiter-Freibetrages" Zahlungen in Höhe von bis zu maximal 2 100.00 € pro Jahr (als steuer- und sozialversicherungsfreie Aufwandsentschädigung) erhalten.

Das aus mindestens acht Personen bestehende Präsidium wird von der Delegiertenversammlung[47] gewählt und ist gemäß Satzung ehrenamtlich besetzt [TSC Eintracht Dortmund 1991]. Es bestellt den Vorstand und unterstützt und kontrolliert dessen Arbeit. Der Vorstand ist der gesetzliche Vertreter des Vereins nach §26 BGB. Vorstandsmitglieder können ehrenamtlich und hauptamtlich bestellt werden [TSC Eintracht Dortmund 1991]. Aktuell sind drei der fünf Vorstandspositionen hauptamtlich besetzt. Die Besetzung des Vorstands mit hauptamtlichem Personal hat in der Eintracht bereits Tradition, ist aber in der deutschen Sportlandschaft nach wie vor eher selten anzutreffen.

Die Umfragen im Rahmen des Sportentwicklungsberichtes 2007 / 2008 haben ergeben, dass die Ehrenamtlichen auf Vorstands- bzw. Abteilungsebene sowie auf Ausführungsebene (z. B. Übungsleiter) im Durchschnitt 17.6 Stunden im Monat für ihren Verein tätig sind [vgl. Breuer 2009, S. 34 und siehe auch S. 88]. Wird dieser Durchschnittswert auch für den TSC angenommen, ergibt sich folgende Formel:

(200 gewählte Ehrenamtliche + 200 Übungsleiter) x

17.6 Stunden x 12 Monate = 84 480 Stunden pro Jahr

Daraus resultiert, auf Berechnungsgrundlage der Zahlen und Annahmen des Sportentwicklungsberichtes, eine Wertschöpfung von ca. 1.27 Mio. € pro Jahr.

[47] Die Mitgliederversammlung ist das höchste Organ des Vereins. Seit der Satzungsänderung 1991 musste diese allerdings nicht mehr einberufen werden, da sie seitdem nur bei fundamentalen Vereinsangelegenheiten (Satzungsänderung, Vereinsauflösung etc.) abgehalten werden muss. Die wichtigsten Entscheidungen werden daher in der 1991 neu installierten Delegiertenversammlung getroffen. Zu dieser, in der Regel jährlich stattfindenden Versammlung, stellen die Abteilungen je angefangene 40 Mitglieder ein volljähriges Mitglied.

Dabei sind die freiwilligen Helfer in nicht gewählten Ämtern noch nicht mit einbezogen. Freiwilligenarbeit ist damit auch für den TSC Eintracht Dortmund ein ganz entscheidender Erfolgsfaktor.

Die Förderung der Freiwilligenarbeit erfolgt im TSC auf mehreren Ebenen:

- Das Ehrenamt wird durch das Hauptamt unterstützt (Mitgliederverwaltung, Beratung, Mithilfe bei Veranstaltungen etc.) [siehe auch TSC Eintracht Dortmund 2008].
- Freiwillig Engagierten werden interne Qualifizierungsmaßnahmen wie z. B. das Workshopprogramm 2010 des Vereins angeboten [TSC Eintracht Dortmund 2010a] und sie erhalten finanzielle Unterstützung für externe Fortbildungen der Sportverbände.
- Der TSC nimmt diverse Ehrungen für engagierte Mitglieder vor [siehe Ehrenordnung, TSC Eintracht Dortmund 2009].
- Durch die weitgehend eigenständige Verwaltung der ehrenamtlich geführten Abteilungen (Segment 1 [siehe S. 166]) werden den Mitgliedern zahlreiche, konkrete Angebote unterbreitet, mitzuentscheiden und mitzugestalten. Dieser Einfluss auf das Vereinsgeschehen ist, wie bereits erwähnt, wichtig für die Motivation der freiwillig Engagierten [siehe S. 142].

Neben diesen regelmäßigen und seit langem schon etablierten Maßnahmen hat der TSC Anfang 2010 das Projekt TATENDRANG[48], ein speziell auf Freiwilligenarbeit bezogenes Projekt, ins Leben gerufen. Ziel des Projektes TATENDRANG ist es, einen Rahmen für ein zeitgemäßes Engagement junger Menschen im TSC Eintracht zu schaffen [TSC Eintracht Dortmund 2010b]. Junge Menschen sollen in diesem Projekt motiviert, integriert, qualifiziert, gecoacht und damit in die Lage versetzt werden, eigene Vereins-Projekte zu planen und umzusetzen. Auf diese Weise erhofft sich der TSC, von den ehrenamtlichen Potenzialen junger Menschen, zielgruppengerechten Angeboten, ausgeprägter Vereinsidentifikation sowie positiver Außendarstellung zu profitieren. Die Zukunftswerkstatt, die in der empirisch-qualitativen Exploration erkundet wird, ist im Rahmen des Projektes TATENDRANG durchgeführt worden.

Die Ausführungen haben gezeigt, dass für den TSC Freiwilligenarbeit ein entscheidender Erfolgsfaktor ist. Die ausgemachte „Freiwilligenkultur“ (z. B. relativ

[48] In den Broschüren und Konzepten des TSC Eintracht wird das Projekt immer in Großbuchstaben geschrieben. Diese Schreibweise wird in der vorliegenden Arbeit übernommen.

autarke Abteilungen, Unterstützungsmaßnahmen, Zusammenspiel Hauptamt / Ehrenamt) zeigt zudem, dass das bereits auf den Seiten 89ff. beschriebene Potenzial der Freiwilligenarbeit für gemeinnützige Großsportvereine im TSC bereits erkannt wurde.

Da eine generelle Offenheit für alternative Methoden und für neue Wege der Freiwilligenförderung in dem Verein vorliegen muss, in dem die Untersuchung durchgeführt wird, ist der TSC auch hinsichtlich des Themenfeldes „Freiwilligenarbeit" ein ideales Untersuchungsobjekt für die Fallstudie.

6.1.3 Der TSC Eintracht und Visionskultur

Dem in 3.3.3 beschriebenen Veränderungsdruck für Sportvereine ist auch der TSC ausgesetzt. Herausforderungen wie der gesellschaftliche Wandel, die Auflösung traditioneller Schichtsysteme, die zunehmende Konkurrenz insbesondere durch kommerzielle Anbieter, die geänderten Mitgliederbedürfnisse, die rasanten Veränderungen der Bildungslandschaft und der demographische Wandel müssen auch vom TSC bewältigt werden.
Es wurde bereits festgestellt, dass der Veränderungsdruck für gemeinnützige Großsportvereine besonders vielschichtig ist, weil diese neben dem hauptamtlichen Personal und den Kunden auch und ganz besonders die Bedürfnisse und Wünsche der Mitglieder und der Freiwilligen verstehen und berücksichtigen müssen [siehe u. a. Abbildung 15, S. 95].

Die Mitgliederentwicklung der letzten 25 Jahre im TSC ist ein Anzeichen dafür, dass es dem Verein bislang gelungen ist, diese Herausforderungen erfolgreich zu meistern. Von 1987 bis 2011 wuchs die Mitgliederzahl von ca. 2 800 auf ca. 5 800 Mitglieder. Dabei stieg die Mitgliederzahl in den letzten Jahren noch leicht an. Im selben Zeitraum wurde auch das Sportangebot stetig weiter differenziert (von ca. 40 Angeboten auf über 100 Angebote). Diese positive Entwicklung ging einher bzw. war die Folge von zahlreichen Veränderungen und zentralen Entscheidungen (umfangreiche Satzungsänderung, Neubauten, personelle Veränderungen etc.). Nur wer stößt diese Veränderungen im Verein an? Ist die positive Entwicklung bereits ein Indiz für eine wirksame Visionskultur?

Grundsätzliche Leitziele und Strategien werden, falls überhaupt, im Vorstand des TSC erarbeitet und gemeinsam mit dem Präsidium diskutiert und schließlich beschlossen. Die einzelnen, ehrenamtlich geführten Abteilungen im Segment 1 [siehe S. 166] haben eigene Ziele bzw. Problemlösungsbedarfe (siehe weiter unten),

die in den jeweiligen Abteilungsleitungen oder in den Abteilungsversammlungen diskutiert und beschlossen werden. Leistungssportorientierte und breitensportorientierte Abteilungen sind dabei im TSC unter einem Dach vereint.
Die Ziele und Strategien der Abteilungen im Segment 2 [siehe S. 166] werden in der Regel von hauptamtlichem Personal erarbeitet, im Vorstand beschlossen und anschließend wiederum von hauptamtlichem Personal umgesetzt. Dieses für gemeinnützige Großsportvereine typische ausgeglichene Zielprofil [vgl. S. 81ff.] spiegelt sich auch im Leitbild des TSC wider, in dem viele sehr unterschiedliche Ziele formuliert sind [vgl. TSC Eintracht Dortmund 2008].
Wie die einzelnen Gremien ihre Ziele erarbeiten und zu einer Beschlussfassung kommen, ist sehr unterschiedlich. Durch die regelmäßigen Gespräche des Autors dieser Arbeit mit den Verantwortlichen des TSC auf allen Ebenen (vom Präsidium bis zum Gerätewart einer Abteilung), konnte er sich allerdings einen guten Überblick über die Vorgehensweisen verschaffen:
In der Regel wird in den einzelnen Gruppierungen des Vereins nach Lösungsmöglichkeiten für entstehende Probleme gesucht (Wo bekomme ich einen neuen Trainer her? Wie finanziere ich das neue Sportgerät? Wie verhindern wir den Abstieg? etc.). Die Probleme werden von den Verantwortlichen selbst erkannt oder von den Betroffenen (Mitgliedern, Eltern etc.) an die Verantwortlichen herangetragen. Meist wird dann in Sitzungen mit mehreren Personen gemeinsam nach Lösungen gesucht, wobei Moderationstechniken oder gar spezielle (kreative) Methoden dort nicht zum Einsatz kommen. Tatsächliche Zielformulierungen beschränken sich in aller Regel auf die Definition sportlicher Platzierungen (Aufstieg, Bestzeit etc.).
Sollten mal keine Probleme gelöst werden müssen, entstehen Veränderungsprozesse meist durch einzelne Vordenker, die neue Ideen entwickelt haben, für deren Umsetzung sie nach Unterstützung suchen (Lass uns doch eine Fußballschule gründen! Ich würde gerne eine neue Sportart integrieren! Habt Ihr Lust auf eine Großveranstaltung im nächsten Jahr?). Die Abläufe im TSC decken sich mit den Erkenntnissen von Nagel / Conzelmann et al., die über die Entscheidungsfindung in Sportvereinen schreiben: „Allerdings machen sich Sportvereine [...] häufig wenig Gedanken über ihre Ziele und haben selten einen Katalog von messbaren und eindeutig festgelegten Zielen und Handlungsstrategien, die Leitlinien für Entscheidungen bilden. Vielmehr entstehen die häufig mehrperspektivischen Vereinsprofile erst durch die alltägliche Vereinsarbeit und die spezifische Ausrichtung des Sportangebots“ [Nagel / Conzelmann et al. 2004, S. 168].

Moderierte Strategiesitzungen, in denen losgelöst vom Tagesgeschäft Ziele formuliert werden, erfolgen nur sporadisch und wenn, dann in aller Regel nur mit den hauptamtlichen Führungskräften. Eine Vision, ob vereinsübergreifend oder bezogen auf einzelne Abteilungen, kann im TSC zurzeit nicht ausgemacht werden. Und obwohl zahlreiche Gremien auf unterschiedlichen Ebenen Entscheidungen treffen, sind auch im TSC im Vergleich zur Gesamtmitgliederzahl nur wenige Mitglieder an Entscheidungsprozessen beteiligt [zu Entscheidungsprozessen in Sportvereinen allgemein siehe auch Nagel / Conzelmann et al. 2004, S. 168].

Trotz dieser eher ernüchternden Erkenntnisse liegen im TSC dennoch wesentliche Grundlagen für eine wirksame Visionskultur vor: „Vision“ oder „Visionskultur“ werden im Leitbild des TSC zwar nicht explizit genannt. „Offenheit“ und „Zukunftsorientierung“ sind aber zentrale Begriffe des Leitbildes [siehe TSC Eintracht Dortmund 2008]. Die Offenheit wird an dem stetig wachsenden Angebot des TSC sowie an der Bereitschaft und dem Wunsch des Vereins, immer wieder neue Angebote ins Vereinsprogramm zu nehmen, deutlich. Die Bereitschaft zur Delegation und zur Förderung des Ehrenamts sowie demokratischer Strukturen zeugen auch von einem positiven Menschenbild, wie es schon mehrfach in dieser Arbeit beschrieben wurde [siehe z. B. S. 51 oder S. 118f.].

Offenheit für Neues und ein positives Menschenbild sind Grundvoraussetzungen für die Entwicklung von Visionen. Gleichwohl bedarf es im TSC einer Sensibilisierung für die Visionskultur damit diese im Sinne des stetigen Wandels erfolgreich weiterentwickelt werden kann. Die bisherigen Erkenntnisse lassen darauf schließen, dass die Vereinsentwicklung eher intuitiv erfolgreich gestaltet werden konnte. Gelingt es, die Visionskultur im Verein zu thematisieren und entsprechende Ressourcen und Methoden zur Weiterentwicklung einer solchen bereitzustellen, lässt sich dem Veränderungsdruck vermutlich effektiver und dauerhaft erfolgreicher begegnen. Zu prüfen wäre auch, inwiefern es Sinn macht, mehr Personen in Entscheidungsfindungsprozesse einzubeziehen.
Hinsichtlich der Fallstudie kann festgehalten werden, dass der TSC die nötige Offenheit für die Durchführung von Zukunftswerkstätten besitzt und zudem durchaus eine typische Vorgehensweise für gemeinnützige Großsportvereine bei der Bewältigung von Veränderungsprozessen an den Tag legt [zur Bewältigung von Veränderungsprozessen in Sportvereinen allgemein siehe u. a. Nagel / Conzelmann et al. 2004, S. 167ff. und Heinemann 2004, S. 48ff.].

6.1.4 Die TSC Zukunftswerkstatt

Als letztes der vier Themenfelder steht nun die Zukunftswerkstatt selbst im Fokus. Die in dieser Arbeit untersuchte Zukunftswerkstatt wurde vom TSC Eintracht Dortmund initiiert und im Rahmen seines Projektes TATENDRANG [siehe S. 169f.] durchgeführt. Um zu klären, inwieweit die zu erkundende „Zukunftswerkstatt" idealtypisch für das zu untersuchende Phänomen (Potenziale) ist, werden zunächst die Ziele der Organisation und der Ablauf der Zukunftswerkstatt dargestellt:

Ziele der Zukunftswerkstatt im TSC

Mit dem Projekt TATENDRANG des TSC Eintracht sollen gezielt Jugendliche für die Freiwilligenarbeit gewonnen werden. Diese Altersgruppe in der Adoleszenz und im Übergang zum Erwachsenenalter umfasst potenziell freiwillig Engagierte, die bereits im Verein sportlich aktiv sind und nun verantwortungsvolle Aufgaben übernehmen wollen bzw. könnten sowie Nichtvereinsmitglieder, die in der Umbruchphase ihres Lebens nach neuen Herausforderungen und nach Sinngebung suchen. Aktuelle Studien zeigen, dass diese jugendliche Zielgruppe bereit ist, sich freiwillig zu engagieren: „Das Potenzial der derzeit schon engagierten Jugendlichen, die daran interessiert wären, weitere Aufgaben zu übernehmen, ist seit 1999 gewachsen. Zwei Drittel der freiwillig Engagierten sind zu einer Ausweitung des Engagements bereit. Auch unter den Jugendlichen, die sich bisher nicht engagieren, ist die Engagementbereitschaft gestiegen: Bezogen auf alle Jugendlichen sind es nun 43 %, die bisher nicht engagiert sind, aber bereit wären, eine freiwillige Tätigkeit aufzunehmen" [Gensicke / Geis et al. 2006, S. 204]. Die Zielgruppe der Jugendlichen ist für die Sportvereine aus einem weiteren Grund sehr attraktiv: Jugendliche sind relativ einfach zu erreichen, da viele durch z. B. die eigene sportliche Laufbahn, Schulkooperationen oder ihren Freundeskreis bereits mit dem Sportverein verbunden sind.

Um dieses große Potenzial für den Verein zu erschließen, werden im Projekt TATENDRANG wesentliche Erkenntnisse aus der Engagementforschung aufgegriffen [vgl. dazu die von der Enquete-Kommission aufgezeigten Entwicklungsperspektiven und Handlungsempfehlungen Enquete-Kommission 2002, S. 100f.]: Die Jugendlichen erlernen im Projekt TATENDRANG früh freiwilliges Engagement, sie erhalten die Möglichkeit, sich zu qualifizieren und sich selbst zu entfalten. Ihre Leistungen werden von der Vereinsführung und durch die begleitende Öffentlichkeitsarbeit auch allgemein anerkannt (Öffentliche Wertschätzung und

Imageverbesserung). Der TSC nutzt neue Zugangswege zu den Jugendlichen, in dem er für das Projekt eine Kooperation mit dem Leibniz-Gymnasium Dortmund aufgebaut hat. Es wurde zudem ein erfahrener Sozialpädagoge, der auch seit langem Vereinsmitglied ist, aus dem Verein gewonnen, der das Projekt professionell auf freiberuflicher Basis begleitet (institutionelle Passung).

Nachdem die konzeptionellen und organisatorischen Rahmenbedingungen von TATENDRANG geklärt waren, sollten mit Hilfe einer Zukunftswerkstatt, Wünsche und Visionen erfragt bzw. entwickelt werden, die dann in der Folge und im Rahmen des Projektes umgesetzt werden sollten. Die Zukunftswerkstatt sollte somit die Initialzündung für das Projekt TATENDRANG und Grundlage für die gewünschte, sich an die Zukunftswerkstatt anschließende, Freiwilligenarbeit sein.

Vorbereitung / Organisation

Da Freiwillige für das Projekt TATENDRANG gewonnen werden sollten, die sich bis zu dem Zeitpunkt noch nicht bzw. nur sehr wenig im TSC engagiert hatten, war die Werbung für das Projekt und die Zukunftswerkstatt besonders wichtig. Dazu wurden beim Kooperationspartner Leibniz-Gymnasium eine Informationsveranstaltung durchgeführt, an der ca. 25 Schüler und Schülerinnen teilnahmen und im Verein selbst Jugendliche direkt angesprochen. Anschließend wurde an die Jugendlichen eine motivierende Einladung inklusive Anmeldeformular für die Zukunftswerkstatt "I like to move it"[49] geschickt [siehe Abbildung 32]. Materialien wurden beschafft und die Räumlichkeiten reserviert sowie die Verpflegung bestellt. Letztendlich nahmen zehn Jugendliche an der Zukunftswerkstatt am 15.05.2010 teil, womit die empfohlene Mindestgröße für Zukunftswerkstätten erreicht wurde [siehe Jungk / Müllert 1989, S. 75f.]. Von den zehn Teilnehmern war nur einer männlich, die Altersspanne der Jugendlichen reichte von vierzehn bis zwanzig Jahren. Sechs der Jugendlichen waren zum Zeitpunkt der Zukunftswerkstatt Mitglied im TSC. Die Gespräche im Vorfeld hatten gezeigt, dass eine „Zwei-Tages-Werkstatt“ von den Jugendlichen nicht gewünscht wurde. Daher wurde eine Tageswerkstatt über sieben Stunden angeboten. Aufgrund der Komplexität der Ziele (unterschiedliche Visionen, Begeisterung wecken für Freiwilligenarbeit, Identifikation schaffen), die mit der Werkstatt verbunden waren, erschien den Organisatoren eine kürzere Werkstatt für nicht ausreichend.

[49] Der englische Titel wurde nach Rücksprache mit einigen Jugendlichen gewählt, die sich davon mehr angesprochen fühlten als von den deutschen Alternativen, die zur Auswahl standen.

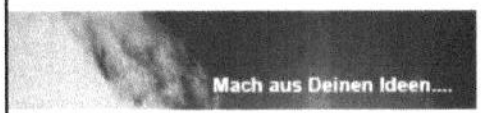

Einladung

„I like to move it!"

die Zukunftswerkstatt zum Projekt TATENDRANG

Samstag, 15.05.2010
10.00 Uhr – 17.00 Uhr
TSC Sportzentrum

Liebe Projektteilnehmer,

es geht los!

Das Projekt TATENDRANG nimmt Fahrt auf und wir laden Dich herzlich zu unserer Zukunftswerkstatt in das TSC Sportzentrum ein.

Diese Veranstaltung ist der Kick-Off für Dein TATENDRANG-Projekt!

Wir werden kreativ und entwickeln gemeinsam Deine Ideen (weiter).

Ideen brauchen Raum und Zeit. Das ist uns bewusst. Die Zukunftswerkstatt ist daher als ein Schritt und eine Möglichkeit zur Findung Deiner Projektidee gedacht.

Wenn Du schon eine konkrete Projektidee hast, werden wir gemeinsam überlegen, was Du zur Umsetzung Deines Projektes benötigst.

"Der beste Weg, die Zukunft vorauszusagen, ist, sie zu gestalten." (Willy Brandt)

Dein TATENDRANG Team

In Vorbereitung auf die Veranstaltung bitten wir Dich, uns die beiliegende Anmeldung und den Steckbrief bis zum **12.05.2010** zukommen zu lassen.
Damit es uns an nichts fehlt, werden wir selbstverständlich für Dein leibliches Wohl sorgen und Essen und Getränke für Dich bereithalten.

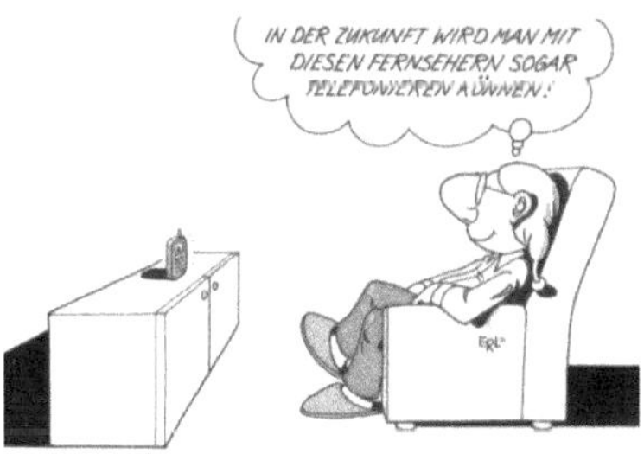

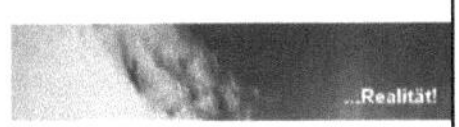

Abbildung 32: Einladung zur TSC Zukunftswerkstatt (Quelle: [TSC Eintracht Dortmund 2010c])

Um eine möglichst kreative und „freundlich-einladende Atmosphäre“ [Jungk / Müllert 1989, S. 73] zu schaffen, wird ein entsprechender Werkstattraum ausgewählt und hergerichtet [siehe Abbildung 33 und Abbildung 34]: Der Raum ist großzügig bemessen, Pflanzen und bunte Plakate lockern die Turnhallenatmosphäre auf. Die Werkstatt findet im Herzen der TSC Sportanlage statt, wodurch die Identifikation mit dem Verein gestärkt bzw. aufgebaut werden soll.

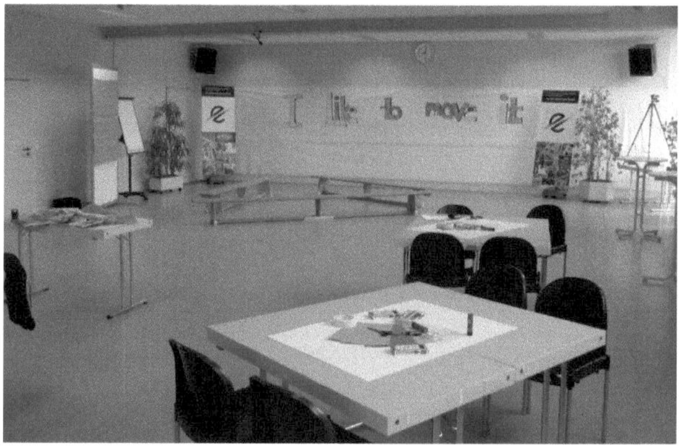

Abbildung 33: Der Werkstattraum – Foto (Quelle: eigenes Foto)

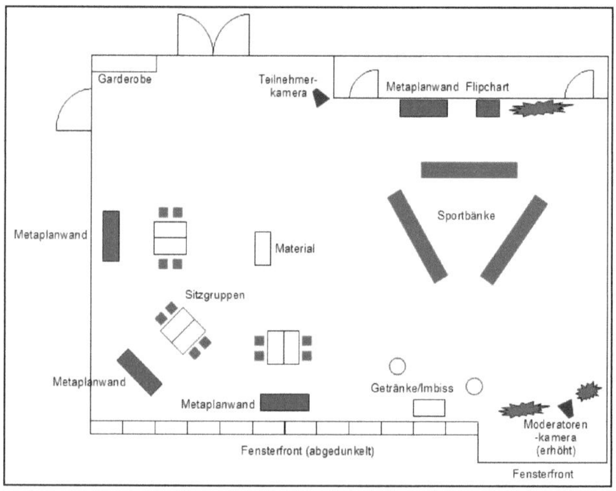

Abbildung 34: Der Werkstattraum – Skizze (Quelle: eigene Darstellung)

Der Ablauf

Die TSC Zukunftswerkstatt orientiert sich an dem bereits in 4.1.3 beschriebenen klassischen Ablauf einer Zukunftswerkstatt. Das Ablaufschema der Zukunftswerkstatt sieht wie folgt aus:

PHASEN / METHODEN	EINZELSCHRITTE
Vorbereitungsphase – Beginnen und Hineinfinden	
Ankommen	Begrüßung am Haupteingang des TSC Sportzentrums
	Shuttle zum Werkstattraum
	Empfang im Werkstattraum
Postkartenmethode	Jeder Teilnehmer sucht sich eine Postkarte aus, die ihm gefällt.
	Platznehmen auf den Sportbänken (Teilnehmer und Coachs gemischt)
Begrüßung	Herzlich Willkommen, Hinweis Kamera, Fragen jederzeit möglich
Postkartenmethode – Einstimmung 1	Einführung Postkartenmethode
	Jeder stellt sich vor und erklärt, warum er seine Karte ausgesucht hat, die Coachs erläutern zusätzlich ihre Rolle im Projekt
Einstimmung 2	Was erwartet Ihr vom Tag?
Erläuterung der Methode	Welche Ziele hat der Tag? „Euer Tag“
	Was bedeutet Zukunftswerkstatt?
Beschwerde- und Kritikphase	
Phase einführen	Was passiert in dieser Phase?
Kritik sammeln (Brainstorming)	Jeder schreibt 1-2 Schlagwörter auf Karten und bringt diese an der Metaplan-Wand an. Warum hattest Du bisher keine Projektidee? Was hinderte Dich bisher daran, Deine Projektidee umzusetzen? Wo siehst Du Probleme bei der Umsetzung von Projekten?
Punkte erläutern, ergänzen	Ein Teilnehmer liest die Punkte vor
Kritik rubrizieren	Oberbegriffe bilden
Kritikrubriken klassifizieren	Punktebewertung (3 Punkte)
Pause	
Phantasie- und Utopiephase	
Utopie entwerfen	Thema: Reise (als Übung)
Phase einführen	Was ist eine Utopie?

Gruppeneinteilung	Mit Projektideen / ohne Projektideen
Utopie entwerfen	Ein Bild, eine Darstellung (Basteln und Malen)
Mittagspause	Rundgang
	Stellt Euch Euer Essen selbst zusammen
Utopie entwerfen – Fortführung	Ein Bild, eine Darstellung (Basteln und Malen)
Utopie präsentieren	konkrete Projekte
Pause	
Verwirklichungs- und Praxisphase	
Auflockerer	Zollstockübung
Wachmacher	Gordischer Knoten
Phase einführen	Bezug auf Übungen Zollstockübung – Kommunikation Präzisierung durch Übersetzungen: Umschreibung und Deutung der Utopien
Projekt-Konzept (Flip-Chart 1)	Vorgefertigtes Muster auf Flip-Chart: Projektname; Teilnehmer; Ziel (Was wollt Ihr erreichen? Bis wann? Was hat der TSC davon?)
Forderungen aufstellen (Flip-Chart 2)	• an sich selbst • an die Projektgruppe • an den Verein (Wen und was braucht Ihr zur Umsetzung?)
Projekt-Konzept vorstellen	Plakate in die Mitte legen und durch die Gruppe erläutern. Die nächsten Schritte fixieren
Nachbereitungsphase	
Feedback	Abgleich mit den Erwartungen Haken am Flipchart
Blitzlicht	Im lockeren Gespräch: Was hat Euch am besten gefallen? Was würdet Ihr uns empfehlen anders zu machen?
Feiern	Konzepte werden an die Wand geklebt.
	Abschlussfoto und tanzen zu "I like to move it"
Nachbereitungsphase – zeitlich nach der Zukunftswerkstatt	
Kontakt halten	E-Mailverteiler versenden, Abschlussfoto den Teilnehmern zukommen lassen
Öffentlichkeitsarbeit	Vereinszeitschrift TEAM, Homepage, Schülerzeitung

Abbildung 35: Ablaufschema TSC Zukunftswerkstatt (Quelle: Eigene Aufzeichnung)

Das Drei-Phasen-Modell [siehe S. 101] wird in der Zukunftswerkstatt streng eingehalten. Die genannten methodischen Bausteine (z. B. Brainstorming, Rubrizieren oder Utopie-Reise) sind typisch für Zukunftswerkstätten [siehe 4.1.3]. Eher ungewöhnlich ist die Teilnahme der Coachs[50], die im Rahmen des Projektes TATENDRANG die Jugendlichen im Anschluss an die Zukunftswerkstatt bei der Umsetzung der Visionen unterstützen sollen. Die Teilnahme soll das Kennenlernen von Teilnehmern und Coachs ermöglichen und die Vertrauensbildung fördern. Gleichzeitig können die Coachs in der Realisierungsphase eine wichtige Hilfestellung für die häufig noch sehr unerfahrenen Jugendlichen sein und damit die Chancen verbessern, dass aus den Utopien auch wirksame Visionen entstehen können. Denn wie bereits festgestellt [siehe u. a. S. 130f. oder S. 152] sind die Realisierungs- und Nachbereitungsphase entscheidend für eine konkrete Umsetzung der Visionen. Mit der Teilnahme der Coachs kann bei der TSC Zukunftswerkstatt gewährleistet werden, dass trotz zahlreicher Visionen, die Visionäre schon im Rahmen der Werkstatt konkrete Unterstützung erhalten. Bei einem einzelnen Moderator wäre das nicht möglich.
Aufgrund ihres Aufbaus, der vorliegenden Rahmenbedingungen und der Zielsetzung kann die hier beschriebene Zukunftswerkstatt als typisch für die Methode Zukunftswerkstatt bezeichnet werden. Da durch den Einsatz dieser Methode der TSC Eintracht zudem versucht, neue freiwillig Engagierte zu gewinnen, ist die Zukunftswerkstatt außerordentlich gut für die Fallstudie geeignet.

Nachdem nun festgestellt wurde, dass hinsichtlich der vier Themenfelder „gemeinnütziger Großsportverein“, „Freiwilligenarbeit“, „Visionskultur“ und „Zukunftswerkstatt“ der vorliegende Fall typisch bzw. sehr geeignet für das zu untersuchende Phänomen ist, gilt es in einem nächsten Schritt zu klären, auf welche Art und Weise dieser Fall untersucht werden soll.

[50] Die Coachs agieren als Berater und Unterstützer (Projektbegleiter) und sollen die Jugendlichen auch bei Bedarf in Seminaren qualifizieren. Der Begriff „Coach“ wurde aufgrund der Verbindung zum Sport gewählt.

6.2 Datenerhebung: Teilnehmende Beobachtung

In der vorliegenden Arbeit wird die Fallstudie in explorativer Absicht (empirisch-qualitative Exploration) zur Theoriebildung eingesetzt. Durch die Nähe zum Untersuchungsobjekt soll der Forscher ein möglichst genaues Bild über den zu untersuchenden Bereich bekommen [vgl. S. 27]. In der Regel kommen dazu weniger standardisierte Datenerhebungsverfahren, wie z. B. die in dieser Arbeit angewandte „teilnehmende Beobachtung“, zum Einsatz [vgl. Schnell / Hill et al. 2008, S. 251]. Während die Fallstudie ein spezielles Forschungsdesign bzw. eine „spezielle Untersuchungsform als Kombination der Grundtechniken“ [Schnell / Hill et al. 2008, S. 248] darstellt, ist die teilnehmende Beobachtung ein Verfahren der Datenerhebung. Sie wird als sog. „naturalistische“ Methode bezeichnet [z. B. Willems 2010, S. 43], da es hier darum geht, sich dem Untersuchungsobjekt in seiner natürlichen Umgebung möglichst anzunähern und neben der Fremdbeobachtung auch „Erfahrungen am „eigenen Leib“ zu machen und somit die Perspektive der Handelnden besser zu verstehen“ [Bortz / Döring 2009, S. 337]. Diese Methode fördert damit die bereits vielfach beschriebene Offenheit für Neues, wodurch der Einfluss der Vorerfahrungen auf dem Wege der Theoriebildung gemindert wird.

In diesem Abschnitt wird zunächst erläutert, nach welchen Kriterien die wissenschaftliche Beobachtung in der vorliegenden Fallstudie durchgeführt wird [6.2.1]. In einem zweiten Schritt wird aufgezeigt, wie die Videotechnik zur Unterstützung der teilnehmenden Beobachtung eingesetzt wird [6.2.2]. Abschließend wird in 6.2.3 ein Beobachtungsleitfaden entwickelt, an dem sich die teilnehmende Beobachtung im Zuge der empirisch-qualitativen Exploration orientieren soll.

6.2.1 Dimensionen der Beobachtung

Wissenschaftliche Beobachtungsverfahren werden in der Regel nach folgenden Dimensionen bzw. Kriterien abgegrenzt [vgl. z. B. Schöne 2003, S. 4; Schnell / Hill et al. 2008, S. 391f.]:

1) verdeckt oder offen – Inwieweit wissen die Beobachteten, die Beobachtungsobjekte, dass sie beobachtet werden?
2) nicht-teilnehmend oder teilnehmend – Inwieweit nimmt der Beobachter am Feldgeschehen also an der Interaktion der beobachteten Personen teil?

3) strukturiert oder unstrukturiert – Inwieweit ist Beobachtung durch vorgefertigte, ausführliche Schemata standardisiert?
4) natürlich oder künstlich – Erfolgt die Beobachtung im natürlichen Feld oder unter speziell hergestellten Bedingungen (Laborbedingungen)?
5) selbst oder fremd – Inwieweit werden Fremde, inwieweit wird der Beobachter selbst (Beobachtung der eigenen Person) zum Gegenstand der Beobachtung?

Zu 1) verdeckt oder offen

In der vorliegenden Fallstudie sind die Jugendlichen über die Beobachtung schon im Vorfeld (durch die Einladung zur Zukunftswerkstatt) aufgeklärt worden. Bei minderjährigen Teilnehmern wurde zudem die Einverständniserklärung der Erziehungsberechtigten eingeholt. Da die empirisch-qualitative Exploration auch mit Hilfe von Videoaufnahmen erfolgt und diese Videoaufnahmen im Rahmen der vorliegenden Arbeit verwendet und nicht anonymisiert veröffentlicht werden, verbietet sich allein deshalb eine heimliche bzw. verdeckte Beobachtung (Stichwort: Recht am eigenen Bild [siehe dazu z. B. Dinkelaker / Herrle 2009, S. 23]). Die Diskussion um die ethischen Aspekte, die es bei einer verdeckten Beobachtung zu führen gilt [siehe dazu z. B. Cohen / Manion et al. 2009, S. 408ff. oder Heath / Hindmarsh et al. 2010], erübrigt sich daher und muss an dieser Stelle nicht aufgegriffen werden.

Zu 2) nicht-teilnehmend oder teilnehmend

In der vorliegenden Fallstudie wird die zu untersuchende Zukunftswerkstatt samt ihrer Einbettung in die drei anderen Themenfelder als „System" bezeichnet [siehe S. 28f.]. Um Potenziale der Zukunftswerkstatt im konkreten Fall zu erkennen, muss die Komplexität der ablaufenden Prozesse in diesem System möglichst ganzheitlich und offen analysiert werden. Bei diesen Prozessen handelt es sich um menschliche Interaktionen in einem konkreten Umfeld.

Um ein möglichst konkretes und plastisches Bild der Perspektive der handelnden Personen (Teilnehmer der Zukunftswerkstatt) zu bekommen, eignet sich die teilnehmende Beobachtung. Mit Hilfe von sensibilisierenden Konzepten, in diesem Fall der eigenen Betroffenheit des Forschers, können Wirklichkeitsbereiche, die bislang wenig erforscht sind, erkundet werden [vgl. Flick / Kardorff et al. 2010, S. 25]. „Teilnehmende Beobachtung will ihren Untersuchungsgegenstand von innen heraus verstehen. Mit ihrer Hilfe können subjektive Sichtweisen, die Abläufe sozialer Prozesse oder die kulturellen und sozialen Regeln, die diese Prozesse prägen, verstanden werden. Das der teilnehmenden Beobachtung zugrunde liegende Erkenntnisprinzip heißt Verstehen“ [Schöne 2003, S. 6]. Die subjektive Wahrnehmung des Forschers ist Bestandteil der Erkenntnis. Der Forscher und Autor dieser Arbeit nimmt daher selbst (als einer der Coachs) an der TSC Zukunftswerkstatt teil, um von innen heraus den Untersuchungsgegenstand zu verstehen. Der Grad der Teilnahme des Forschers ist relativ hoch, da er selbst als Coach konkreter Akteur im Projekt TATENDRANG ist. Die Rolle (als „Nicht-Jugendlicher“) erlaubt ihm aber dennoch, sich bei Bedarf aus den Interaktionen der Werkstattteilnehmer herauszuhalten, um auf diese Weise die Beeinflussung des Erkenntnisobjektes durch den Forschungsprozess zu minimieren. Nach Cohen / Manion et al., die eine Klassifikation nach dem Grad der Teilnahme des Forschers im Forschungsfeld vornehmen, entspricht die Rolle des Forschers in der vorliegenden Fallstudie dem eines „observer-as-participant[51]“ – Beobachter als Teilnehmer [vgl. Cohen / Manion et al. 2009, S. 404].

An dieser Stelle wird deutlich, dass die teilnehmende Beobachtung mit besonderen Herausforderungen verbunden ist [siehe z. B. Lüders 2010a, S. 387f. und Schnell / Hill et al. 2008, S. 400ff.]. Insbesondere muss dem Forscher das Dilemma bewusst sein, dass er zum einen unvoreingenommen das Erkenntnisobjekt erforschen soll, andererseits aber auch persönlich am zu untersuchenden Geschehen teilnehmen muss, um Erfahrungen „am eigenen Leib“ zumachen. Der Bedarf von Distanziertheit und (emotionaler) Integration führt zu einem Rollenkonflikt, der bei der Datenerhebung berücksichtigt werden muss. Lamnek schreibt dazu: „Das Entscheidende scheint hier darin zu bestehen, in wieweit der Forscher fähig ist, bewusst sowohl Identifikation als auch Distanz in den jeweiligen Arbeitsphasen herzustellen, d. h. in wieweit es ihm gelingt, die Lebenswelt seiner Untersuchungspersonen betreten und verlassen zu können“ [Lamnek 2008, S. 39].
Neben der bereits oben beschriebenen Rolle des Forschers als Coach, die trotz der Teilnahme am Geschehen eine gewisse Distanz ermöglicht, soll der hier beschriebene Konflikt durch den Einsatz von Videotechnik [siehe 6.2.2] entschärft werden.

[51] Cohen / Manion et al. unterscheiden 1. “complete-participant” (stärkster Grad der Teilnahme im Forschungsfeld), 2. “participant-as-observer” (zweitstärkster Grad), 3. “observer-as-participant” (etwas schwächer als 2.), 4. “complete observer” (gar keine Teilnahme – z. B. Einwegspiegel mit versteckter Kamera) [vgl. Cohen / Manion et al. 2009, S. 404].

Zu 3) strukturiert oder unstrukturiert

In der vorliegenden Fallstudie wird sich dem Erkenntnisobjekt mit einer unstrukturierten Beobachtung genähert. Diese Beobachtungsform ist wenig standardisiert und greift nicht auf ein vorab theoretisch festgelegtes Beobachtungsschema mit entsprechenden Beobachtungskategorien zurück. Vielmehr orientiert sie sich an einem Beobachtungsleitfaden [mehr dazu siehe 6.2.3].

Bei einer teilnehmenden Beobachtung ist die Beobachtung meistens nur sehr gering strukturiert. Denn der Wert der unstrukturierten Beobachtung kommt vor allem bei Erkundungsstudien zum Tragen [vgl. Bortz / Döring 2009, S. 267]. Und für die Erkundung eignet sich, wie auch im vorliegenden Fall, insbesondere die teilnehmende Beobachtung. Die vielfältigen Wendungen, die sich im Feld während des Forschungsprozesses ergeben, würden durch eine vorab strukturierte Festlegung von Beobachtungskategorien nicht ausreichend berücksichtigt werden. Die durch Offenheit geprägte empirisch-qualitative Vorgehensweise fordert den Forscher geradezu heraus, seine Wahrnehmungsrichtung immer wieder neu zu strukturieren. Die Beobachtungskategorien entstehen daher erst im Prozess der Datenerhebung, oder nach Lamnek „gar erst in der Auswertung und Interpretation des Materials" [Lamnek 2008, S. 566]. Der Forschungsprozess orientiert sich daher nicht an der Datenerhebung, sondern die Datenerhebung passt sich dem Untersuchungsgegenstand an.

Dennoch ist die Vorgehensweise keine unsystematische Alltagsbeobachtung. Denn durch die Beschreibung und Begründung der zielorientierten Vorgehensweise, die auf den Erkenntnissen der theoriebasierten Exploration gründet, und durch die Dokumentation des Forschungsprozesses lässt sich die Erkenntnisgewinnung wissenschaftlich nachvollziehen und die aufgestellten Theorien lassen sich auf Zuverlässigkeit und Gültigkeit überprüfen [vgl. dazu auch die Aussagen zur systematischen Exploration S. 24].

Zu 4) natürlich oder künstlich

Bei der vorliegenden Fallstudie handelt es sich nicht um ein Experiment, da keine „Laborbedingungen" geschaffen werden und keine Manipulationen zur Prüfung von Abhängigkeiten unterschiedlicher Variablen vorgenommen werden [vgl. u. a. Bortz / Döring 2009, S. 386ff.]. Die TSC Zukunftswerkstatt wäre, abgesehen vom Beobachtungsprozess (inkl. Videotechnik), in dieser Form auch ohne begleitenden Forschungsprozess durchgeführt worden.

Es wird daher zwar keine alltägliche Situation beobachtet (wie z. B. der Ablauf einer Schulstunde), da auch für die Teilnehmer die Zukunftswerkstatt etwas Besonderes ist, die Zukunftswerkstatt wird allerdings im natürlichen und nicht in einem extra für den Forschungsprozess geschaffenen, künstlichen Umfeld aufgesucht.

Zu 5) selbst oder fremd

Durch die Beobachtung in der vorliegenden Fallstudie sollen Aussagen zu den Potenzialen der Methode Zukunftswerkstatt getroffen werden können. Dies geschieht, indem die Handlungen und Reaktionen der Teilnehmer der Zukunftswerkstatt analysiert werden. Der Forscher ist als Coach selbst Teilnehmer der Zukunftswerkstatt. Die Beobachtung beschränkt sich aber auf eine Fremdbeobachtung der anderen Teilnehmer, weil der Forscher und Autor dieser Arbeit kein typischer Teilnehmer einer Zukunftswerkstatt ist und bereits durch den Forschungsprozess (insbesondere durch die theoriebasierte Exploration) geprägt ist. Zur Beantwortung der Forschungsfragen sind zudem die Reaktionen der Teilnehmer und nicht in erster Linie die der Coachs interessant.

Zusammenfassung

Zusammenfassend kann daher festgestellt werden, dass sich die vorliegende Beobachtungsform durch die prototypischen Eigenschaften einer qualitativen Beobachtung auszeichnet: „Sie ist systematisch, unstrukturiert, offen, direkt und findet im sozialen, natürlichen Umfeld statt. Der Beobachter ist teilnehmend und tendenziell aktiv teilnehmend. Forscher und Beobachter bilden eine Personalunion. Es ist eher ein hypothesengenerierendes und theorieentwickelndes Vorgehen“ [Lamnek 2008, S. 715].

6.2.2 Einsatz der Videotechnik

Die Fehlerquellen im Rahmen einer teilnehmenden Beobachtung sind jedoch zahlreich. Zum einen sind sie bedingt durch Beobachterfehler und zum anderen durch Beobachtereinflüsse.

Zu den Beobachterfehlern gehören z. B. der bereits in 6.2.1 angesprochene Rollenkonflikt und die Gefahr einer rein subjektiven Verarbeitung der Beobachtungen, die wiederum zu fehlerhaften Schlussfolgerungen führt (wie z. B. die Neigung, nach einer längeren Teilnahme im Feld, in der unter Umständen auch Freundschaften geschlossen wurden, zu milde und großzügig zu urteilen [vgl.

Schnell / Hill et al. 2008, S. 401ff.]). Probleme entstehen auch bei der Protokollierung bzw. bei der Anfertigung von Feldnotizen: „Die Erfahrung zeigt, dass Beobachtungsergebnisse auch von der ‚Tagesform' der Beobachter abhängig sind. So kann es etwa passieren, dass man am Beginn eines Beobachtungsabschnittes, sich in einer neuen Situation akklimatisierend oder durch andere Akteure abgelenkt, einen ‚schlechten Start' erwischt und sich deswegen in dem sich zügig entfaltenden Geschehen nicht mehr zurechtfindet. [...] Wenn müde oder unkonzentrierte Beobachter einer Situation nicht mehr folgen können, entstehen in den Beobachtungsprotokollen Aufzeichnungslücken" [Schöne 2003, S. 21]. Hinzu kommt, dass je nach Situation (z. B. beim gemeinsamen Sporttreiben) die Anfertigung von Notizen gar nicht möglich ist.

Als „Beobachtereinflüsse" sind die Verzerrungen gemeint, die durch die Interaktion bzw. die reine Anwesenheit des Beobachters mit den Teilnehmern im Feld entstehen können. So könnten z. B. die Jugendlichen in der TSC Zukunftswerkstatt sich besonders anstrengen, wenn sie wissen, dass sie beobachtet werden. Eine Reihe von Autoren weist allerdings darauf hin, dass die Anwesenheit eines Beobachters in der Regel schnell vergessen wird und daher dieser Aspekt keine gravierenden Auswirkungen auf die Forschungsergebnisse habe [siehe dazu Schnell / Hill et al. 2008, S. 403]. Die ständige Anfertigung von Notizen oder das Nachfragen des Beobachters würden die Erinnerung allerdings weiter aufrechterhalten. Kritisch muss auch das Agieren des Forschers im Feld hinterfragt werden. Falls z. B. den Beobachteten Informationen vom Beobachter bereitgestellt werden, die sie ohne dessen Interaktion nicht erhalten hätten, kann das zu wesentlichen Verzerrungen führen.

Um die Beobachterfehler und Beobachtereinflüsse zu minimieren, aber auch um einen weiteren Zugang zum Erkenntnisobjekt zu erhalten, kommen in der vorliegenden Untersuchung zusätzlich Videoaufnahmen zum Einsatz. Bei einer teilnehmenden Beobachtung kann Videotechnik insbesondere dann eingesetzt werden, wenn ein Ereignis untersucht werden soll, das in einem überschaubaren, mit Videokameras zu erfassenden Raum stattfindet. Cohen / Manion et al. bezeichnen den Einsatz von Videotechnik als "powerful recording device" [Cohen / Manion et al. 2009, S. 407]. Liegen die räumlichen und zeitlichen Voraussetzungen vor, können durch dieses „starke Hilfsmittel" Schwächen der teilnehmenden Beobachtung kompensiert werden.

Zu den Vorteilen einer zusätzlichen Dokumentation der Zukunftswerkstatt durch Videoaufnahmen zählen unter anderem:

- Das Interaktionsgeschehen wird audiovisuell vollständig dokumentiert.
- Auch Szenen außerhalb des Wirkungskreises des Beobachters werden erfasst.
- Videoaufnahmen sind nicht von der Tagesform der Beobachter abhängig und führen in der Regel zu keinen Aufzeichnungslücken.
- Der Forscher kann seine gesammelten Eindrücke noch einmal im Nachhinein überprüfen.
- Der Rollenkonflikt kann entschärft werden, in dem vermeintlich voreilige, „im Eifer des Gefechts“, getroffene Beurteilungen des Forschers noch einmal kritisch hinterfragt werden können. Denn „während das Video ton- und bildgetreue Daten liefern kann, werden in Protokollen einer teilnehmenden Beobachtung immer bereits durch Beobachter interpretierte Daten festgehalten“ [Dinkelaker / Herrle 2009, S. 15].
- Die Videoaufnahmen können bei weiteren Forschungsvorhaben zur Herstellung vergleichbarer Situationen herangezogen werden.
- Die Videoaufnahmen können beliebig abgespielt und unterschiedlichen Untersuchungsmethoden unterzogen werden.
- Stills (Einzelbilder aus einer Bildspur des Videos) und Stillfolgen (aneinander gereihte Stills) sowie Verbaltranskripte (schriftlich dargestellte, gesprochene Sprache) können als Ergänzung zu den Beobachtungsprotokollen in schriftliche Arbeiten übernommen werden.

Die Präsenz der Videotechnik im (Werkstatt-)Raum beeinflusst natürlich wiederum das Interaktionsgeschehen. Da in der vorliegenden Fallstudie allerdings die beiden Videokameras auf Stativen fixiert sind (und nicht herumgetragen werden), ist anzunehmen, dass der Einfluss mit Fortschreiten der Zukunftswerkstatt stetig abnehmen wird. Zugleich wird auf das Anfertigen von Feldnotizen verzichtet, wodurch die Teilnehmer auch nicht ständig an die Beobachtung „erinnert“ werden. Der Nachteil der für die Teilnehmer sichtbaren Kameras wird damit durch einen Verzicht auf Mitschriften ausgeglichen.

Die Kombination von Videoaufzeichnungen und teilnehmender Beobachtung bietet somit viele Vorteile. In der vorliegenden Arbeit wird allerdings nicht der Anspruch erhoben, dass beide Datenerhebungsverfahren gleichwertig nebeneinander zur Geltung kommen sollen. Dies würde einen erheblichen „zusätzlichen Erhe-

bungs-, Auswertungs- und Relationierungsaufwand" [Dinkelaker / Herrle 2009, S. 17] zur Folge haben, der hinsichtlich des explorativen Anspruchs der vorliegenden Studie sich nicht rechtfertigen ließe.
Die Videoaufnahmen unterstützen in dieser Fallstudie die teilnehmende Beobachtung und sind keine eigenständige Erhebungsform. Sie ersetzen die Feldnotizen und schließen die Lücken im Beobachtungsprozess. Zudem wird der Forscher in die Lage versetzt, sich während der Zukunftswerkstatt auf die Integration in die Gruppe zu fokussieren, da ihm im Anschluss objektive Daten zur Verfügung stehen, die mit seinen Eindrücken während des Eintauchens ins Feld kombiniert werden können.

Wie bereits in Abbildung 34 skizziert, wird die Zukunftswerkstatt mit zwei[52] gegenüberliegenden, auf Stativen installierten, Kameras (Teilnehmer- und Moderatorenkamera) aufgenommen. Auf diese Weise kann fast der gesamte Werkstattraum erfasst werden. Zudem ermöglicht die Anordnung der Kameras eine (genauere) Erfassung von wechselseitigen Reaktionen, auch wenn sich die Interaktionsteilnehmer gegenübersitzen bzw. gegenüberstehen. Die Kameras werden nur dann geschwenkt, wenn die Teilnehmer von den Sportbänken zu den Sitzgruppen wechseln.
Das gesamte Videomaterial über insgesamt vierzehn Stunden (zwei mal sieben Stunden) steht dem Forscher im Rahmen der empirisch-qualitativen Exploration zur Verfügung. Zusätzlich wird eine Video-Dokumentation erstellt, in der die wesentlichen Szenen festgehalten werden. Die Dokumentation ist so aufbereitet, dass beide Kameraperspektiven gleichzeitig zu sehen sind. Auf diese Weise ist es auch möglich, zweiperspektivische Stills aus dem Video in die Arbeit zu übernehmen.
Auch wenn in dieser Arbeit die Videoaufnahmen nur eine unterstützende Funktion haben, sind die Videodaten jedoch so aufbereitet, dass sich an die vorliegende Arbeit auf Grundlage des Datenmaterials eine Untersuchung mittels einer Videoanalyse bzw. einer wissenschaftlichen Videographie anschließen könnte [siehe zu diesen beiden Verfahren und deren Unterscheidung Dinkelaker / Herrle 2009 und Reichertz / Englert 2011].

[52] „In der Praxis erweist es sich als günstiger Ausgleich zwischen den Anforderungen der Vollständigkeit der Erhebung einerseits und der Sparsamkeit im Erhebungsaufwand andererseits, die Zahl der verwendeten Kameras auf zwei zu begrenzen" [Dinkelaker / Herrle 2009, S. 25].

6.2.3 Beobachtungsleitfaden

Auch bei einer unstrukturierten teilnehmenden Beobachtung muss vor Eintritt in das Untersuchungsfeld ein gewisses Vorverständnis darüber geschaffen werden, was genau beobachtet werden soll. Dieses Vorverständnis wurde durch die theoriebasierte Exploration bereits erlangt. Die geforderte „Offenheit“ im Rahmen einer teilnehmenden, unstrukturierten Beobachtung meint nämlich nicht, dass der Forscher möglichst wenig über den Erkenntnisgegenstand wissen darf. Denn Forscher sind nie völlig unvoreingenommen: „Vielmehr gehen wir alle mit Wissen und Erfahrungen, mit Vorannahmen und Vorurteilen ins Feld. Erst eine weit gestreute Lektüre, die [...] eine breite theoretische Bildung ebenso einschließt wie alle Informationen über den Gegenstandsbereich im weitesten Sinne, gibt uns die Möglichkeit, kontrolliert und distanziert mit unseren Annahmen und Vorurteilen umzugehen“ [Oswald 2010, S. 198].
Die der empirisch-qualitativen Exploration vorangegangene theoriebasierte Exploration ist daher eine wichtige Grundlage dafür, eine möglichst unvoreingenommene Grundhaltung einnehmen zu können und auf diese Weise offen für neue Erkenntnisse zu sein.

Ausgehend von der theoriebasierten Exploration konnten bereits Leitfragen für die empirisch-qualitative Exploration [siehe 1.4.2 oder S. 160] entwickelt werden. Diese sind wiederum die Grundlage für die Entwicklung konkreter Beobachtungsfragen, die in einem Beobachtungsleitfaden festgehalten werden. Beobachtungsleitfäden[53] „sollen die Orientierung des Beobachters auf die Forschungsfragestellung sicherstellen, ihn auf die zu erwartende Beobachtungssituation vorbereiten und ihn für diese sensibilisieren“ [Schöne 2003, S. 11]. Da sich die Fragen allerdings ausschließlich auf die theoriebasierte Exploration stützen, gilt es im weiteren Verlauf der Beobachtung, den Beobachtungsleitfaden ständig zu überprüfen und gegebenenfalls erweiterten Erkenntnissen anzupassen. Die Frage danach, wie sich Potenziale zeigen und wie sie wirken, ist offen und nicht geschlossen formuliert. Im Verlaufe des Beobachtungsprozesses werden die Fragestellungen daher im Forschungsprozess weiter präzisiert und der Beobachtungsauftrag bei Bedarf (unter Umständen fortlaufend) neu akzentuiert [vgl. Merkens 1992, S. 218]. Der Forschungsprozess ist damit auch ein Lernprozess, dem sich der Forscher zu stellen hat.

[53] Sie sind von Beobachtungsschemata abzugrenzen, die Beobachtungsverläufe strukturieren, Kategorien bilden und mit denen letztendlich quantitative Daten generiert werden sollen [zu Beobachtungsschemata siehe z. B. Friedrichs 1999, S. 294ff.].

Allein die Version 1 des Beobachtungsleitfadens [Abbildung 39] wurde vor Einfügung in die vorliegende Arbeit bereits zweimal angepasst. So bestand er zunächst aus zwanzig, später aus zwölf und zum Schluss aus neun Potenzialen und Beobachtungsfragen. Aus Gründen der Übersichtlichkeit wird auf die Darstellung der unterschiedlichen Varianten des Beobachtungsleitfadens bis auf die weiter unten [S. 195 und S. 228] dargestellten beiden Versionen verzichtet. Die Reduzierung der Beobachtungsfragen erfolgte sowohl aufgrund der Erfahrungen im Feld als auch aufgrund der nachfolgenden Auswertungen. Der teilnehmende Beobachter stellte fest, dass die Fragen zum Teil auf die gleichen Beobachtungen abzielten. So zeichnet sich z. B. die „Stärkung der Demokratie" ja gerade dadurch aus, dass potenziell Engagierten aufgezeigt wird, dass sie mitentwerfen und mitentscheiden können [siehe Potenzial 8 in Abbildung 37].

Ausgangspunkt für die Erstellung des Beobachtungsleitfadens ist die Leitfrage 1 der empirisch-qualitativen Exploration: „Wie zeigen sich und wie wirken die in der theoriebasierten Exploration ermittelten Potenziale der Methode Zukunftswerkstatt in der konkret im TSC Eintracht Dortmund durchgeführten Zukunftswerkstatt?"

Die Leitfrage 2 („Warum kann der Einsatz der Methode Zukunftswerkstatt zur erfolgreichen Bewältigung des Veränderungsdruckes gemeinnütziger Großsportvereine vorteilhaft sein?") soll erst am Ende des Erkundungsprozesses wieder aufgegriffen werden, da sich die Beantwortung dieser Frage an die Beantwortung der Leitfrage 1 anschließt und den Abschluss der Exploration bildet.

In der theoriebasierten Exploration wurden die Potenziale für die Entwicklung einer wirksamen Visionskultur erkundet, indem die positiven Effekte der Methode Zukunftswerkstatt auf die in 2.3.3 erarbeiteten Qualitätsmerkmale aufgedeckt wurden [siehe Abbildung 28].

Die Potenziale der Methode Zukunftswerkstatt zur Gewinnung freiwillig Engagierter konnten unmittelbar aus der Analyse der Wirkungszusammenhänge der Themenfelder und der Betrachtung aktueller Studien zum Thema „Freiwilligenarbeit" ermittelt werden [siehe Abbildung 29].

In der sich nun anschließenden empirisch-qualitativen Exploration soll mit Hilfe einer teilnehmenden, unstrukturierten Beobachtung erkundet werden, ob die zuvor theoretisch ermittelten Potenziale auch tatsächlich im zu beobachtenden Fall aufgezeigt werden können.

Dazu wird in einem *ersten Schritt* [siehe Abbildung 36] die Leitfrage 1 mit den in Abbildung 28 [S. 154] und Abbildung 29 [S. 156] dargestellten Potenzialen zusammengeführt:

Leitfrage	Potenziale (gemäß theoriebasierter Exploration Kapitel 5)		
Wie zeigen sich und wie wirken die Potenziale?	**Potenziale der Methode Zukunftswerkstatt zur Entwicklung einer wirksamen Visionskultur** (5.2.1)	Instrument gegen die Expertokratie	QM 1: gelebtes wertori-entiertes Leitbild
		großer und heterogener Personenkreis möglich	
		Dialogprozess	
		selbstbestimmter Mensch und schöpferisches Wesen	
		Begeisterung und Betroffenheit	
		Entwicklung alternativer Zukünfte	QM 2: aufmerksame Orientierung
		Kritik- (Gegenwart) und Utopiephase (Zukunft)	
		Perspektivenwechsel	
		schöpferisches Wesen	
		selbstbestimmtes Lernen	
		Stärkung der Demokratie	QM 3: ganzheitlicher Prozess
		großer und heterogener Personenkreis möglich	
		dialektisches Prinzip und Dialogprozess	
		schöpferisches Wesen	
		ganzheitliches Lernen	
		Aneignen von Handlungskompetenzen	
		pädagogische Situationen	
		intuitiv-emotionales und rational-analytisches Lernen	
		konkrete Handlungsalternativen	QM 4: konkrete Verankerung
		aufmerksame Realisierungsphase, permanente Zukunftswerkstätten	
		Dialogprozess	
		selbstbestimmter Mensch	
		selbstbestimmtes Lernen	
	Potenziale der Methode Zukunftswerkstatt zur Gewinnung freiwillig Engagierter (5.2.2)	Es wird potenziellen Engagierten aufgezeigt, dass sie mitentwerfen und mitentscheiden können.	
		Es gibt kein „von oben herab“, sondern ein „von innen heraus“.	
		Hierarchien und (unangenehme / belastende) Zwangssituationen werden vermieden.	
		Eine anregende und begeisternde Atmosphäre wird angestrebt.	
		Es können Menschen mit unterschiedlichem Charakter, Kompetenzen und Wissenstand mitmachen (fast keine Beschränkungen).	
		Es kann öffentlichkeitswirksam für Zukunftswerkstätten geworben werden und damit können neue Freiwillige angesprochen werden.	

Abbildung 36: Potenziale der Zukunftswerkstatt (Quelle: Eigene Darstellung)

In einem *zweiten Schritt* [siehe Abbildung 37] werden die Potenziale ausgewählt, die in der vorliegenden Fallstudie mit Hilfe der teilnehmenden Beobachtung erkundet werden sollen. Dazu werden

1) doppelt aufgeführte Potenziale (z. B. „Dialogprozess") auf eine Nennung reduziert[54],
2) offensichtliche Potenziale, die nicht mehr erkundet werden müssen, sowie
3) Potenziale, die aufgrund der Besonderheiten des konkreten Falls nicht oder nur sehr schwer beobachtbar sind, gestrichen.

Zu 2)
Als „offensichtliche" Potenziale werden „Kritik- (Gegenwart) und Utopiephase (Zukunft)" und „Es kann öffentlichkeitswirksam für Zukunftswerkstätten geworben werden und damit können neue Freiwillige angesprochen werden" ausgemacht.
In der Methode ist das charakteristische „Drei-Phasen-Modell" vorgegeben. Die Kritik- und die Utopiephase sind daher konstituierende Elemente der Zukunftswerkstatt. Liegen diese Phasen nicht vor, sprechen wir nicht mehr von einer Zukunftswerkstatt.
Dass mit Zukunftswerkstätten öffentlichkeitswirksam geworben werden kann, zeigen die bereits zahlreich durchgeführten Zukunftswerkstätten sowie ein Blick ins Internet, in dem über Zukunftswerkstätten berichtet bzw. für die Mitarbeit in solchen geworben wird. Im vorliegenden Fall ist es dem TSC ebenfalls gelungen, bislang nicht engagierte Jugendliche für die Mitarbeit in der Zukunftswerkstatt zu gewinnen. Über die Zukunftswerkstatt wurde zudem in der Vereinszeitung, der Schülerzeitung des kooperierenden Leibniz-Gymnasiums und im Internet berichtet.
Die zwei hier als „offensichtlich" bezeichneten Potenziale stehen daher nicht weiter im Fokus der Beobachtung.

Zu 3)
Inwiefern die Methode der Zukunftswerkstatt durch ihre Fähigkeit, einen großen, heterogen Personenkreis erfolgreich zusammenzubringen, zu einem gelebten werteorientierten Leitbild beiträgt, wird in der vorliegenden Fallstudie nicht weiter erforscht. Weil der Teilnehmerkreis eine kleine und sehr homogene Gruppe (jugendliche, überwiegend weibliche, Gymnasiasten, die sportinteressiert sind) bildet, lässt sich dieses Potenzial nur unzureichend weiter erkunden. Gleiches gilt

[54] Wird ein Potenzial mit einem anderen nicht gleich lautendem Potenzial zusammen erläutert, ist dies in Abbildung 37 mit einem entsprechenden Verweis gekennzeichnet.

für die Aussage „Es können Menschen mit unterschiedlichen Charakteren, Kompetenzen und Wissensständen mitmachen". Davon kann aufgrund der zahlreichen Zukunftswerkstätten ausgegangen. Das Potenzial kann aber in der hier vorliegenden Fallstudie nicht weiter bestätigt werden.

In einem *dritten Schritt* wird, zur besseren Übersicht, die Tabelle der Potenziale so sortiert, dass die gemeinsam zu beobachtenden Potenziale untereinander stehen. Im Beobachtungsleitfaden wird anschließend nur das Potenzial aufgeführt, das in einer Potenzial-„Gruppe" an oberster Stelle steht (in der Abbildung 38 grau markiert).

Leitfrage	**Potenziale** (gemäß theoriebasierter Exploration Kapitel 5)			**Auswahl**
Wie zeigen sich und wie wirken die Potenziale?	**Potenziale der Methode Zukunftswerkstatt zur Entwicklung einer wirksamen Visionskultur** (5.2.1)	Instrument gegen die Expertokratie	QM 1: gelebtes wert-orientiertes Leitbild	siehe Potenzial 7
		großer und heterogener Personenkreis möglich		nicht beobachtbar
		Dialogprozess		doppelt
		selbstbestimmter Mensch und schöpferisches Wesen		doppelt
		Begeisterung und Betroffenheit		Potenzial 1
		Entwicklung alternativer Zukünfte	QM 2: aufmerksame Orientierung	Potenzial 2
		Kritik- (Gegenwart) und Utopiephase (Zukunft)		offensichtlich
		Perspektivenwechsel		siehe Potenzial 2
		schöpferisches Wesen		siehe Potenzial 7
		selbstbestimmtes Lernen		doppelt
		Stärkung der Demokratie	QM 3: ganzheitlicher Prozess	siehe Potenzial 7
		großer und heterogener Personenkreis möglich		nicht beobachtbar
		dialektisches Prinzip		siehe Potenzial 2
		schöpferisches Wesen		doppelt
		ganzheitliches Lernen		Potenzial 3
		Aneignen von Handlungskompetenzen		siehe Potenzial 3
		pädagogische Situationen		Potenzial 4
		intuitiv-emotionales und rational-analytisches Lernen		siehe Potenzial 3
		konkrete Handlungsalternativen	QM 4: konkrete Verankerung	siehe Potenzial 5
		aufmerksame Realisierungsphase		Potenzial 5
		Dialogprozess		Potenzial 6
		selbstbestimmter Mensch		siehe Potenzial 7
		selbstbestimmtes Lernen		siehe Potenzial 3

Leitfrage	Potenziale (gemäß theoriebasierter Exploration Kapitel 5)		Auswahl
	Potenziale der Methode Zukunftswerkstatt zur Gewinnung freiwillig Engagierter (5.2.2)	Es wird potenziellen Engagierten aufgezeigt, dass sie mitentwerfen und mitentscheiden können.	Potenzial 7
		Es gibt kein „von oben herab“, sondern ein „von innen heraus“.	siehe Potenzial 3 und Potenzial 7
		Hierarchien und (unangenehme / belastende) Zwangssituationen werden vermieden.	Potenzial 8
		Eine anregende und begeisternde Atmosphäre wird angestrebt.	siehe Potenzial 1
		Es können Menschen mit unterschiedlichen Charakteren, Kompetenzen und Wissensständen mitmachen (fast keine Beschränkungen).	nicht beobachtbar
		Es kann öffentlichkeitswirksam für Zukunftswerkstätten geworben werden und damit können neue Freiwillige angesprochen werden.	offensichtlich

Abbildung 37: Auswahl der zu beobachtenden Potenziale – unsortiert (Quelle: Eigene Darstellung)

Potenziale	
Potenzial 1	Begeisterung und Betroffenheit
	Eine anregende und begeisternde Atmosphäre wird angestrebt.
Potenzial 2	Entwicklung alternativer Zukünfte
	dialektisches Prinzip
	Perspektivenwechsel
Potenzial 3	ganzheitliches Lernen
	selbstbestimmtes Lernen
	Es gibt kein „von oben herab“, sondern ein „von innen heraus“.
	intuitiv-emotionales und rational-analytisches Lernen
	Aneignen von Handlungskompetenzen
Potenzial 4	pädagogische Situationen
Potenzial 5	aufmerksame Realisierungsphase
	konkrete Handlungsalternativen

Potenzial 6	Dialogprozess
Potenzial 7	Es wird potenziellen Engagierten aufgezeigt, dass sie mitentwerfen und mitentscheiden können.
	schöpferisches Wesen
	selbstbestimmter Mensch
	Es gibt kein „von oben herab“, sondern ein „von innen heraus“.
	Instrument gegen die Expertokratie
	Stärkung der Demokratie
Potenzial 8	Hierarchien und (unangenehme / belastende) Zwangssituationen werden vermieden.

Abbildung 38: Auswahl der zu beobachtenden Potenziale – sortiert (Quelle: Eigene Darstellung)

In einem *vierten Schritt* werden den ausgewählten Potenzialen in einem Beobachtungsleitfaden entsprechende Beobachtungsfragen zugeordnet, an denen sich der Beobachter orientieren kann. Der Beobachtungsleitfaden erhält den Zusatz „Version 1“, da im Zuge der Beobachtung und der sich anschließenden Analyse eine Anpassung des Beobachtungsleitfadens aus den bereits oben genannten Gründen wahrscheinlich ist.

BEOBACHTUNGSLEITFADEN – Version 1
Potenzial 1: Begeisterung und Betroffenheit
Beobachtungsfrage 1 (BF1): Gibt es Situationen, in denen die Teilnehmer Begeisterung und persönliche Betroffenheit zeigen? Wodurch wird eine anregende und begeisternde Atmosphäre geschaffen?
Potenzial 2: Entwicklung alternativer Zukünfte
BF2: Zeigen sich Prozesse, aus denen alternative Zukünfte erwachsen, und welche Rolle spielen dabei der Perspektivenwechsel und die Anwendung des dialektischen Prinzips?

Potenzial 3: ganzheitliches Lernen
BF3: Welche beobachtbaren Situationen lassen auf ganzheitliches Lernen schließen? Wodurch wird den Teilnehmern das Aneignen von Handlungskompetenzen ermöglicht?
Potenzial 4: pädagogische Situationen
BF4: Wie zeigen sich und wie wirken pädagogische Situationen?
Potenzial 5: aufmerksame Realisierungsphase
BF5: Können Kriterien einer aufmerksamen Realisierungsphase beobachtet werden und wie wirken sich diese auf die Ergebnisse aus? Werden im Rahmen der Zukunftswerkstatt konkrete Handlungsalternativen erarbeitet?
Potenzial 6: Dialogprozess
BF6: Lassen sich Dialogprozesse beobachten, in denen die Teilnehmer eine differenzierte Sicht auf ihr eigenes und das Handeln anderer sowie auf die übergreifenden Herausforderungen und Ziele der Organisation erhalten?
Potenzial 7: Es wird potenziellen Engagierten aufgezeigt, dass sie mitentwerfen und mitentscheiden können.
BF7: Wie wird potenziellen Engagierten aufgezeigt, dass sie mitentwerfen und mitentscheiden können? Können Situationen beobachtet werden, durch die das Menschenbild der Zukunftswerkstatt (der Mensch als schöpferisches und selbstbestimmtes Wesen) sichtbar wird?
Potenzial 8: Hierarchien und (unangenehme / belastende) Zwangssituationen werden vermieden.
BF8: Wie stehen Teilnehmer, Coachs und Moderator zueinander und welche Rollen nehmen sie ein? Wie werden Zwangssituationen vermieden?

Abbildung 39: Beobachtungsleitfaden – Version 1 (Quelle: Eigene Darstellung)

6.2.4 Gedächtnisprotokoll und Videoanalyse

Bei der Beschreibung der Beobachtungen handelt es sich um eine Kombination aus Gedächtnisprotokollen des Forschers und aus Beobachtungen, die im Nachhinein anhand des Videomaterials gemacht werden. Das Videomaterial dient zum einen als „Gedächtnisstütze" und zur Präzisierung und bietet zum anderen die

Möglichkeit, Szenen zu analysieren, die dem teilnehmenden Beobachter zuvor „im Feld“ entgangen sind. Die Verknüpfung von Gedächtnisprotokoll und Videomaterial ermöglicht eine Erkundung der Potenziale auf Grundlage

- persönlicher Betroffenheit des Forschers (Erfahrungen am eigenen Leib im Feld) und zugleich
- intersubjektiver[55] Auswertung des audio-visuellen Materials.

Dazu Cohen / Manion et al.: "Comprehensive audio-visual recording can overcome the partialness of observer's view of a single event and can overcome the tendency towards recording only the frequently occurring events" [Cohen / Manion et al. 2009, S. 407].

Jede Ausführung über die Erkundung eines Potenzials umfasst Verbaltranskripte, Stills, Fotos oder eine Stillfolge (ggf. zusammen mit einem Verbaltranskript), die für das Potenzial typische Szenen dokumentieren. Zudem wird mit sekundengenauen Zeitangaben auf Sequenzen im Video hingewiesen, mit deren Hilfe die schriftlich festgehaltenen Beobachtungen noch einmal anhand des Videomaterials nachvollzogen werden können.

Da das Videomaterial die teilnehmende Beobachtung unterstützt und nicht das wesentliche Element der Datenerhebung ist, kann auf ein aufwendiges Transkriptionsverfahren verzichtet werden. Im weitesten Sinne orientiert sich das hier verwendete Transkriptionsdesign an der formalen Konversationsanalyse. Die formale Konversationsanalyse zeichnet sich vor allem dadurch aus, dass sie Transkriptionen für viele Leser lesbar macht und damit Daten zur Beobachtung von Konversationen für viele unterschiedliche Zwecke zur Verfügung stellt [vgl. Dittmar 2009, S. 106]. Durch sie wird in erster Linie die sequentielle Struktur der Redebeiträge zur Untersuchung der Organisation von Redeaktivitäten abgebildet und sein Zeicheninventar, durch das z. B. auffällige Tonhöhensprünge gekennzeichnet werden, knüpft an Alltagsvorstellungen an [vgl. Dittmar 2009, S. 105 und S. 112].
Die in der vorliegenden Arbeit eingesetzten Transkriptionselemente erheben daher den Anspruch, auch dem, in Bezug auf Transkriptionsskripte, ungeübten Le-

---

[55] Zur Intersubjektivität: „Qualitative Auswertungsverfahren interpretieren verbales bzw. nichtnumerisches Material und gehen dabei in intersubjektiv nachvollziehbaren Arbeitsschritten vor. Gültige Interpretationen müssen konsensfähig sein, d. h. von mehreren Forschern, von Experten, Laien und / oder den Betroffenen selbst als zutreffende Deutungen akzeptiert werden“ [Bortz / Döring 2009, S. 331].

ser verständlich zu sein. Die Zeilen beginnen mit den Vornamen der Sprecher. Werden transkribierte Aussagen im Text ergänzt erfolgt dies in eckigen Klammern und mit vorangestellter Zeitangabe (diese markiert den Anfang der Aussage im Video). Um die Transkription vom anderen Text abzugrenzen, werden hier alle Wörter klein geschrieben.

Beispiel:

[Video 00:26:18 Markus: wer hat denn schon eine idee]

Startzeit Sprecher gesprochener Text

Zur besseren Nachvollziehbarkeit hier die Namen der Teilnehmer und Coachs:

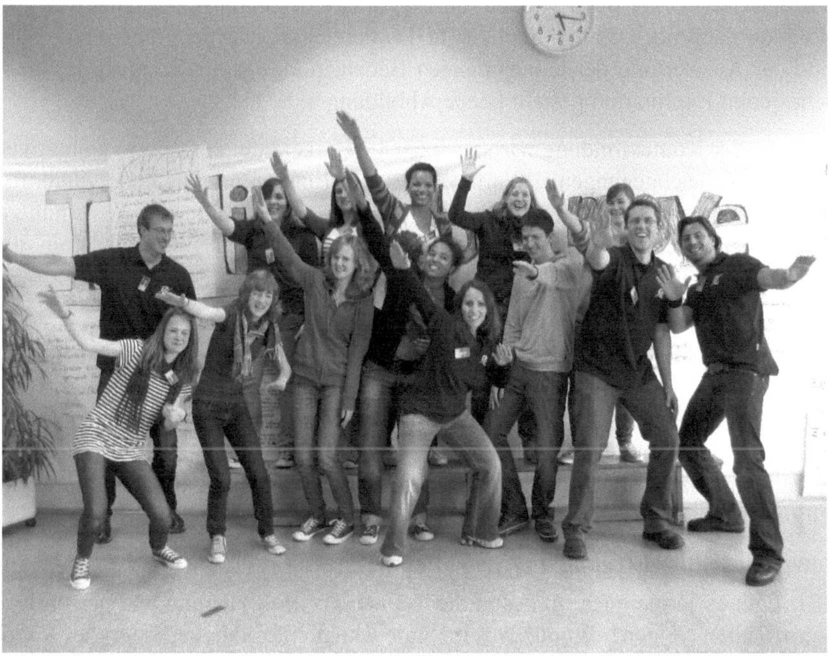

Von hinten links: Michael (Coach und Co-Moderator), Lena, Elena, Sandrine, Katrin H., Jil. Von vorne links: Vanessa, Katrin, Maike, Sandra, Angelika (Coach und Co-Moderatorin), Ron, Alex (Coach und teilnehmender Beobachter), Markus (Coach und Moderator)

Abbildung 40: Gruppenfoto (Quelle: Eigene Darstellung)

6.3 Potenziale der Methode Zukunftswerkstatt empirisch erkunden

Auf Grundlage des Beobachtungsleitfadens gilt es nun zu beobachten, wie sich die in der theoriebasierten Exploration ermittelten Potenziale der Methode Zukunftswerkstatt in der konkret im TSC Eintracht Dortmund durchgeführten Zukunftswerkstatt zeigen und wie sie wirken.
Dazu werden zunächst in 6.3.1 alle Beobachtungen hinsichtlich der im Beobachtungsleitfaden festgehaltenen Potenziale protokolliert und erläutert. Die Beobachtungen hinsichtlich der Potenziale für die Entwicklung einer wirksamen Visionskultur werden anschließend unter 6.3.2 und die Beobachtungen hinsichtlich der Potenziale für die Gewinnung freiwillig Engagierter unter 6.3.3 zusammengefasst und bewertet. Unter 6.3.4 werden die Ergebnisse der empirisch-qualitativen Exploration dann noch einmal explizit (in Teilbereichen geschieht dies schon während der Auswertung der teilnehmenden Beobachtung) in den Kontext der theoriebasierten Exploration gestellt [siehe Abbildung 4, S. 31].

Im Zuge der Kontextbildung wird auch der Leitfrage 2 der empirisch-qualitativen Exploration nachgegangen: „Warum kann der Einsatz der Methode Zukunftswerkstatt zur erfolgreichen Bewältigung des Veränderungsdruckes gemeinnütziger Großsportvereine vorteilhaft sein?“ Die Kontextbildung ist wiederum die Grundlage für die Theoriebildung in Kapitel 7.

6.3.1 Beobachtung der Potenziale gemäß Beobachtungsleitfaden

Den Beobachtungsfragen BF1 bis BF8 [siehe Abbildung 39] wird durch die Beobachtung der direkt sichtbaren Handlungen der Teilnehmer aber auch durch die Erschließung latenter Motivations- und Bedeutungsstrukturen, die nur indirekt erschlossen werden können, nachgegangen [vgl. Bortz / Döring 2009, S. 322].

Potenzial 1: Begeisterung und Betroffenheit

BF1: Gibt es Situationen, in denen die Teilnehmer Begeisterung und persönliche Betroffenheit zeigen? Wodurch wird eine anregende und begeisternde Atmosphäre geschaffen?

Begeisterung und Betroffenheit als wichtige Voraussetzungen für die Entstehung von Visionen [vgl. Definition S. 41] sind in der TSC Zukunftswerkstatt an vielen

Stellen zu beobachten. Die Anregung der Teilnehmer erfolgt bereits über eine motivierende Einladung. Farbenfrohe Plakate, Pflanzen, Hintergrundmusik und eine großzügige Anordnung von Sitzgruppen sowie das „Stehcafe" sorgen zudem für eine ungezwungene Atmosphäre und „barrierefreie" (im Gegensatz zu zum Beispiel „Frontalunterricht") Kommunikationsmöglichkeiten. Die Spiele und Übungen vor und zwischen den einzelnen Werkstattphasen („Postkartenmethode", „Gordischer Knoten", „Zollstockübung" etc.) lockern das Programm auf, bereiten auf die Phasen vor und regen die Phantasie sowie Gruppenprozesse an („Wir lösen gemeinsam den Knoten!").

Auffällig ist, wie viel in der gesamten Werkstatt gelacht wird. Auch der Beobachter selbst wird immer wieder von der positiven Grundstimmung erfasst und lacht bzw. freut sich mit der Gruppe. Ganz offensichtlich haben die Teilnehmer Spaß an der Werkstattarbeit [siehe z. B. „Zollstockübung" Video 00:43:38]. Aber nicht nur, weil lustige Dinge gesagt werden. Immer wieder zeigen die Teilnehmer ein freudiges Lächeln, wenn sie gelobt werden oder wenn sie eine Aufgabe gelöst haben [siehe z. B. die Präsentationen der Utopien Video 00:32:04]. Die Teilnehmer erkennen, zu was sie in der Lage sind. Diese Erkenntnis löst Begeisterung für das eigene Handeln und damit für die Arbeit in der Werkstatt aus.
Die Werkstattarbeit lässt die Teilnehmer aktiv werden und fördert die Selbsterweiterungserfahrungen. Nachdem z. B. die Teilnehmer am Ende der Kritikphase das fertige Bild der rubrizierten und gewichteten Kritikpunkte auf dem Metaplan sehen, sind sie sehr zufrieden mit ihrer Leistung [Video 00:19:55 Sandra: perfekt]. Nach der Mittagspause gehen alle sofort wieder zurück an die Tische, um weiter an ihren Projekten zu arbeiten. Sie wollen ihre Ideen weiterentwickeln und präsentieren ihre Projekte sehr engagiert. Sie sind stolz auf ihre Ergebnisse, was z. B. auch daran erkennbar wird, dass am Ende der Werkstatt alle Teilnehmer sehr schnell ihre Plakate zum Abfotografieren an die Wand hängen wollen. Vanessa und Katrin laufen sogar zur Wand [Video: 01:11:30].

In den Gesprächen mit dem teilnehmenden Beobachter erörtern die Teilnehmer immer wieder begeistert ihre Ideen und wie sie diese umsetzen möchten. Die Projektideen werden im Verlauf der Werkstattarbeit immer deutlicher zu „ihren" Projekten. Die Identifikation macht sie „betroffen" und versetzt sie in eine emotionale Anspannung. Bei der Abschlussrunde „Was sind die nächsten Schritte?", überlegen die Teilnehmer direkt, wie es weitergehen soll und wie sie ihr Projekt weiter nach vorne bringen können. Sie vermitteln dem Beobachter nicht den Eindruck als ob sie froh seien, dass der Tag nun zu Ende geht. Sie scheinen auch nicht müde zu sein, sondern wirken eher voller Tatendrang, die Projekte jetzt auch umzusetzen.

Szenen, aus denen die Begeisterung und die Betroffenheit der Teilnehmer abzulesen sind, gibt es viele. Besonders deutlich zeigen sich diese Stimmungen immer in den kreativen Phasen (Arbeit in Kleingruppen) und bei der Präsentation der Projekte durch die Teilnehmer. Abbildung 41 zeigt zwei Fotos, die nach der Präsentation der Utopien entstanden sind. Sie sind ein gutes Beispiel für die oben genannten Beobachtungen: Lachen als Freude über das Geleistete (alle vier Teilnehmer), der Fingerzeig auf die Projekte (Vanessa und Maike) als Ausdruck von Stolz über das Ergebnis („Das ist unseres!“) und die angespannte Körperhaltung (insbesondere Sandra) als Zeichen für die Bereitschaft, nun weiterzumachen („Packen wir es an!“).

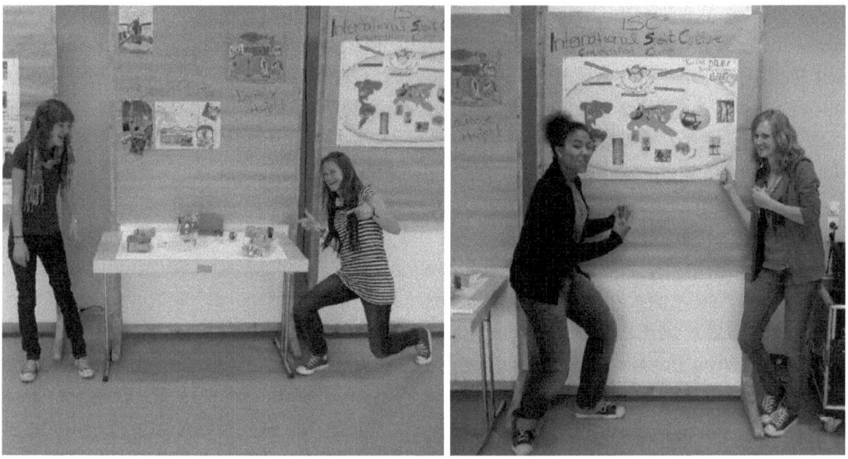

Von links: Katrin, Vanessa, Sandra, Maike

Abbildung 41: Fotos „Potenzial 1: Begeisterung und Betroffenheit“ (Quelle: Eigene Darstellung)

Potenzial 2: Entwicklung alternativer Zukünfte

BF2: Zeigen sich Prozesse, aus denen alternative Zukünfte erwachsen, und welche Rolle spielen dabei der Perspektivenwechsel und die Anwendung des dialektischen Prinzips?

Bei der TSC Zukunftswerkstatt fällt auf, dass bis auf zwei Teilnehmer (Sandra und Maike) bereits alle im Vorfeld eine, mehr oder weniger, konkrete Projektidee haben, die sie im Rahmen des Vereinsprojektes TATENDRANG umsetzen möchten. Während der Abfrage der Erwartungen der Teilnehmer an den Tag wird deutlich, dass seitens der Teilnehmer auf die Umsetzungsmöglichkeiten genauso viel oder sogar noch mehr Wert gelegt wird, als auf die Entwicklung neuer bzw. der Weiterentwicklung bestehender Projektideen [siehe auch Potenzial 5, S. 208]. Das kreative Potenzial der Zukunftswerkstatt ist daher weniger hinsichtlich der Entwicklung von Projektideen als vielmehr für die Entwicklung von Umsetzungsstrategien gefragt. Die Jugendlichen verbindet die Herausforderung, dass sie etwas tun wollen, aber nicht genau wissen, wie sie es anstellen sollen. Der Moderator fragt diesbezüglich zu Beginn der Kritikphase etwas provozierend, warum denn die Projekte noch nicht umgesetzt worden seien [Video 00:11:26 Markus: warum habt ihr vielleicht die großen ideen die ihr habt noch nicht umgesetzt].

Am Anfang der Werkstatt wirken die Jugendlichen sehr verunsichert bei der Äußerung ihrer Projektideen [Video 00:26:18 Markus: wer hat denn schon eine idee]. Sie können nicht genau abschätzen, zu was sie selbst in der Lage sind und wissen auch nicht, von wem sie welche Hilfe erwarten können. Die utopische Auseinandersetzung mit ihrem Projekt sowie die Anreicherung ihres ursprünglichen Projektentwurfes mit weiteren Ideen führen dazu, dass sich die Teilnehmer ihrer in sich schlummernden Potenziale bewusst werden. Aus der utopischen Modenschau mit Top-Models in der Karibik, wird so z. B. eine Modenschau mit Jugendlichen auf einer Athletenparty, die von einem lokalen Sportartikelgeschäft unterstützt wird. Ist erst einmal eine Utopie entwickelt, erscheint in der Verwirklichungsphase, in der das tatsächlich Machbare geprüft wird, das reale Projekt auch als durchführbar. Die in der Kennlern-Runde aufgetauchten Detailfragen („Was kostet das?“, „Ich weiß nicht, wen ich dazu ansprechen muss!“) weichen der konstruktiven Orientierung an einer wünschenswerten Zukunftsvorstellung, an einer Vision.

Dieser Perspektivenwechsel [siehe S. 114] eröffnet den Teilnehmern einen neuen Möglichkeitsspielraum und vermittelt ihnen das Gefühl, ihre Wünsche tatsächlich umsetzen zu können. Während am Anfang der Zukunftswerkstatt der teilnehmende Beobachter häufig Zweifel von den Teilnehmern wahrnimmt, kann er im Verlauf der Zukunftswerkstatt immer größere Zuversicht feststellen. Die Teilnehmer fragen nicht mehr ob, sondern wie das Projekt umgesetzt werden kann.

Das Beispiel der Modenschau veranschaulicht auch sehr gut das dialektische Prinzip der Zukunftswerkstatt [siehe S. 115]: Durch eine Modenschau sollen zusätzlich Besucher für eine Athletenparty geworben werden. Dies erscheint den Jugendlichen aber aufgrund des „großen Aufwands" nicht durchführbar (Antithese). In ihrer Utopie gehen sie dann sogar soweit, dass diese Modenschau in der Karibik auf einer schönen Insel stattfinden soll (These). Durch die Kombination von vernünftiger Einsicht und Lust verbinden sich Antithese und These abschließend zu einer Synthese und führt zu einem realistischen Projektvorhaben.

In der TSC Zukunftswerkstatt lässt sich daher der Erkenntnisgewinn sowie die Entstehung alternativer Zukünfte sehr gut auf das Zusammenspiel von Perspektivenwechsel, dialektischem Prinzip und Dialogprozess zurückführen. Dieses Zusammenspiel anhand einzelner Szenen auszumachen, ist nicht möglich, da der Prozess der Synthese über die gesamte Zukunftswerkstatt abläuft. An dieser Stelle wird daher auf Verweise im Video verzichtet.

Potenzial 3: ganzheitliches Lernen

BF3: Welche beobachtbaren Situationen lassen auf ganzheitliches Lernen schließen? Wodurch wird den Teilnehmern das Aneignen von Handlungskompetenzen ermöglicht?

In der TSC Zukunftswerkstatt lassen sich zahlreiche Situationen beobachten, in denen das Potenzial der Methode für ganzheitliches Lernen (Ausbildung aller vier Handlungskompetenzen [vgl. S. 121]) erkennbar wird. Die Teilnehmer lernen Begrifflichkeiten und erlangen Wissen über z. B. Projektmanagement oder über den TSC (→ Fachkompetenz). Sie erleben und erlernen die Methode Zukunftswerkstatt durch learning by doing (→ Methodenkompetenz). Sie kommunizieren in spannungsvollen Situationen mit anderen und erweitern dadurch ihre Möglichkeiten, zwischenmenschliches Handeln zu gestalten (→ emotionale Kompetenz). Sie reflektieren ihr eigenes Handeln, erfahren im Dialog Alternativen (z. B. durch die Beobachtung anderer Teilnehmer) und erweitern somit ihre Fähigkeiten, selbstorganisiert zu handeln (→ persönliche Kompetenz).
An der Übung der „phantastischen Reise", die der Vorbereitung auf die Utopiephase dient, wird dieses Potenzial sehr gut sichtbar [Video 00:22:45]. Zunächst werden die Teilnehmer zur Aktivität und Selbstständigkeit geführt, in dem sie dazu animiert werden, ihre Traumreise zu schildern. Durch den Gruppenprozess erkennen sie, dass es ganz viele „wünschenswerte" Reiseziele und Reisemittel (bis hin zum Spaceshuttle) gibt, auf die sie vielleicht ohne diese Übung gar nicht

gekommen wären (→ Erkennen). Sie erleben, dass auch andere Teilnehmer ihre Wünsche teilen, bzw. legen für sich selbst bislang verborgene Wünsche offen (→ Erleben). Die neuen Erkenntnisse bringen sie dazu, ihre eigenen Wünsche besser zu erkennen und zu präzisieren (→ Handeln). Die Einheit von Erkennen, Erleben und Handeln [siehe S. 121] ermöglicht es den Teilnehmern, ihre Kompetenzen selbst, von innen heraus, zu erweitern. Dieses selbstbestimmte Lernen eröffnet neue Perspektiven und nimmt den Teilnehmern die Angst, eigene Wege zu gehen. Sandra würde im „wirklichen" Leben niemals trampen. Im Zuge der Übung und im Austausch mit den anderen Teilnehmern reift allerdings eine Wunschvorstellung, die sie präzisiert und im Plenum äußert.

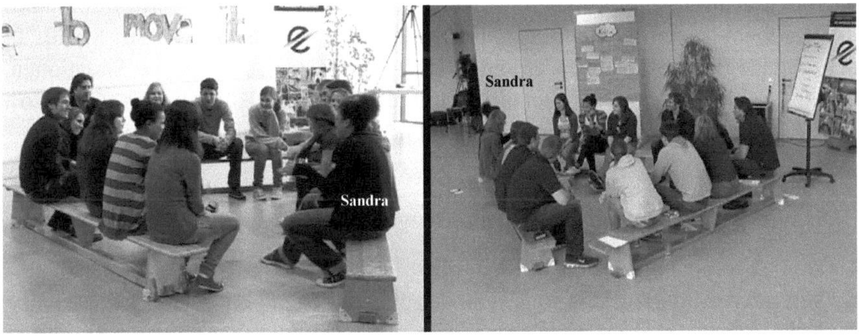

Video: 00:24:50
Sandra: wenn dann natürlich super coole leute vorbeikommen – cabrio

Abbildung 42: Beispielsequenz „Potenzial 3: Ganzheitliches Lernen" (Eigene Darstellung)

Auch das Wechselspiel von intuitiv-emotionalem und rational-analytischem Lernen [vgl. S. 124f.] fördert die Entwicklung der Handlungskompetenzen der Teilnehmer. Die TSC Zukunftswerkstatt ist, typisch für die Methode, so aufgebaut, dass in jeder einzelnen Phase sowohl Logik und Vernunft (rational-analytisch) als auch Intuition und Emotionalität von den Teilnehmern gefordert werden.

Beispielsweise wird in der Kritikphase den Teilnehmern die Möglichkeit gegeben, sich zunächst „auszukotzen" [vgl. S. 104]. So bekommt Sandrine auch die Möglichkeit, ihren Unmut darüber loszuwerden (emotional), dass nicht alle ihrer Schulkameradinnen, die ursprünglich zur Zukunftswerkstatt kommen wollten, auch tatsächlich gekommen sind [Video 00:19:02 Sandrine: das hat man auch

heute gemerkt weil heute eigentlich viel mehr leute kommen wollten aber dann haben doch irgendwie alle abgesagt]. Intuitiv schließt sie aus dieser Erfahrung, dass Zuverlässigkeit ein wichtiger Aspekt für die Durchführung von Projekten ist. Bei der Rubrizierung und der Bewertung der Kritikpunkte [Video 00:14:30] ist in erster Linie hingegen wiederum rational-analytisches Denken gefragt. Die Teilnehmer lernen, die zuvor (emotional) genannten Kritikpunkte einzuordnen und zu gewichten. Was ist nun wirklich wichtig für die Durchführung meiner Projekte? Auf was sollte ich zuerst achten?
Damit werden auch Merkmale einer pädagogischen Gruppe sichtbar, die sich nach Petersen dadurch auszeichnet, dass „alle Mitglieder, auch der Führer als Pädagoge, ihr intuitives Erleben und Gestalten mit planvollem Steuern, Irrationales mit Rational-Technischem miteinander verbinden“ [Hülshoff 2009b, S. 30]. In den pädagogischen Gruppen ereignen sich wiederum pädagogische Situationen, die der Führer erkennt und behutsam mitgestaltet [vgl. Hülshoff 2009b, S. 26]. Die pädagogischen Situationen werden im nächsten Potenzial dargestellt.

Potenzial 4: pädagogische Situationen

BF4: Wie zeigen sich und wie wirken pädagogische Situationen?

Es konnte bereits aufgezeigt werden, dass die TSC Zukunftswerkstatt ganzheitliches Lernen ermöglicht und sogar von den Jugendlichen einfordert. Damit ist eine zentrale Voraussetzung für die Entstehung von pädagogischen Situationen erfüllt. Denn in der Zukunftswerkstatt ist der Moderator als „Führer“ im Sinne Petersens dafür verantwortlich, den problemhaltigen Lebenskreis so anzuordnen, dass alle Teilnehmer genötigt werden, als ganze Personen zu handeln [vgl. S. 122f.].
Die Begeisterung und Betroffenheit [siehe Potenzial 1, S. 198], die der Moderator durch sein Wirken auslöst, die aber auch durch die Befolgung methodischer Vorgaben (z. B. Drei-Phasen-Modell) entstehen, erzeugen eine spannungsvolle und bewusste Konzentration auf die Aufgabenstellung. Diese Konzentration ist auch bei den Gesprächen im Plenum beobachtbar. Obwohl die TSC Zukunftswerkstatt insgesamt über sieben Stunden dauert und auch einzelne Phasen auf den Sportbänken im Plenum über 30 Minuten lang sind, kann der teilnehmende Beobachter keine auffälligen Unaufmerksamkeiten feststellen. In den unterschiedlichsten Situationen wird erkennbar, dass die Teilnehmer aufmerksam und angespannt dem Geschehen folgen.
Die vier Urformen des Lernens, Gespräch (Unterhaltung), Spiel, Arbeit und Feier, die im Menschen von Geburt an angelegt sind [vgl. S. 122], werden an vielen

Stellen in der TSC Zukunftswerkstatt sichtbar. Für jede Urform wird nachfolgend ein Beispiel aufgeführt:
Gespräche bzw. Unterhaltungen werden in der TSC Zukunftswerkstatt nicht nur im Plenum und in den Kleingruppen geführt. Gespräche finden auch und vor allem in den Pausen statt. Der Moderator nutzt diese Situationen außerhalb der eigentlichen Werkstattarbeit meistens auch in pädagogischer Absicht. Im Austausch mit einzelnen Teilnehmern gibt er nicht Lösungen vor, sondern regt durch Fragen zum Nachdenken an. Zugleich bietet er fürsorglich Hilfe an und vermittelt so den Teilnehmern die nötige Zuversicht.

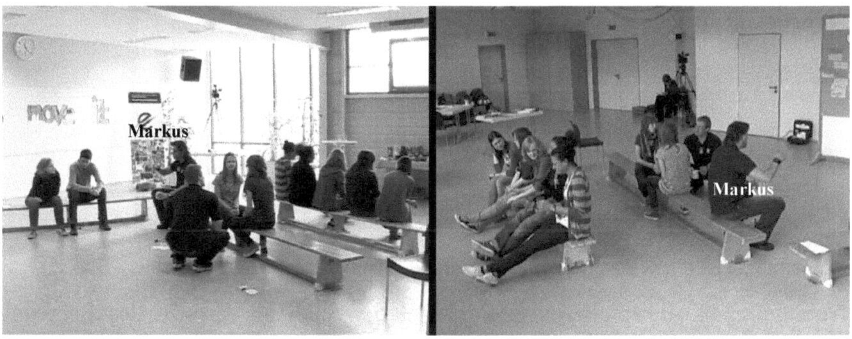

Video: 22:17
Markus: müssen mal gucken – hochrechnen – wie finanziert der verein sich das – wie viel zu erwartende mitglieder gibt es, die so was nutzen – genau dafür sind wir da

Abbildung 43: Beispielsequenz Potenzial 4: „Gespräch als Urform des Lernens" (Quelle: Eigene Darstellung)

Spielerische Elemente werden vor allem bei den Übungen wie „gordischer Knoten" und „Zollstockübung" sichtbar. Nach Petersen steckt der pädagogische Wert des Spielens insbesondere in dem „sich-im-Spiel-Verlieren-Können": „Gerade weil der Schüler, eingefangen vom Spiel, als ganzes Lebewesen hineingeht, nimmt er umso tiefer und fester auf, lernt er also umso besser; die notwendige, nur so übermäßig einseitig gepriesene Aufmerksamkeit beansprucht ihn ganz und schafft so für alles Lernen günstige Voraussetzungen" [Petersen 1984, S. 102].
Dieser von Petersen als sich „Verlieren-Können" umschriebene emotionale Zustand, wird anhand der Übung „gordischer Knoten" [Video 00:44:00] beobachtbar. Die Teilnehmer sind auf die Lösung der Aufgabe fokussiert und sind angespannt. Sie nehmen die außenstehenden Personen (Moderator und Coachs) gar

nicht mehr wahr. Alle Blicke sind auf den „Knotenpunkt“ gerichtet. Das spielerische Lösen eines Problems bereitet die Teilnehmer auf das Lösen der Probleme in ihren Projekten vor. Die Teilnehmer erleben, wie wichtig Zusammenarbeit, Konzentration, Nachdenken aber auch das Überwinden von Ängsten bzw. Hemmschwellen (hier unter anderem „Körperkontakt“) ist.

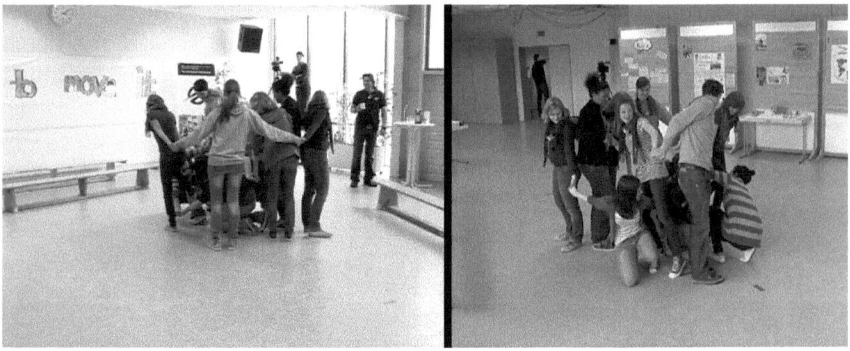

Video: 00:45:52
Alle Blicke und alle Konzentration sind auf die Lösung des Knotens gerichtet.

Abbildung 44: Beispielsequenz Potenzial 4: „Spiel als Urform des Lernens“ (Quelle: Eigene Darstellung)

Nach Petersen umfasst der Begriff „Arbeit“ „im besonderen die Formen der Tätigkeit, mit denen der Mensch nach außen hin schafft und gestaltet, Werke nach außen setzt und daran sein Inneres bekundet“ [Petersen 1984, S. 34]. In der Zukunftswerkstatt wird in diesem Sinne viel gearbeitet, sei es im Plenum oder in den Kleingruppen. Die Teilnehmer sortieren ihre Kritikpunkte, entwerfen Utopien, basteln, präsentieren, werten aus, schreiben Kurzkonzepte.

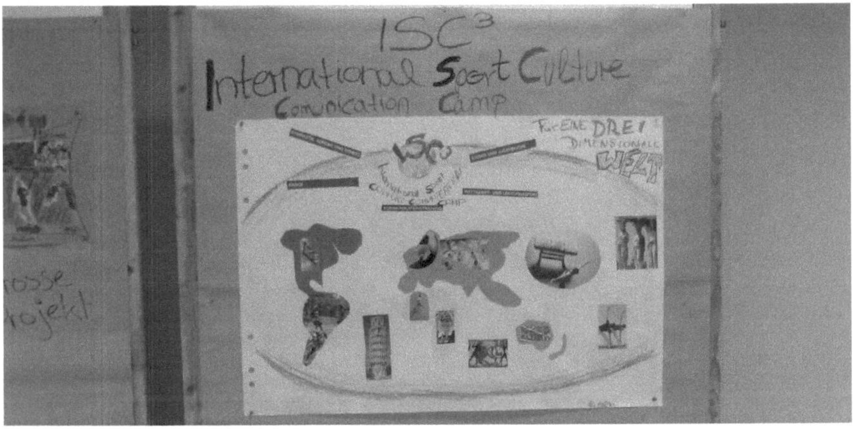

In der Utopiephase von Maike und Sandra erarbeitetes Werk.

Abbildung 45: Foto Potenzial 4: „Arbeit als Urform des Lernens“ (Quelle: Eigene Darstellung)

„In den aus pädagogischen oder betrieblichen Anlässen gestalteten Feiern ergeben sich meistens ‚ungeahnte' Impulse für die Weiterentwicklung der Gemeinschaft“ [Hülshoff 2009b, S. 37]. Das eine große Fest ist dafür gar nicht nötig. Aufgrund der Beschränkung auf einen Tag, werden in der TSC Zukunftswerkstatt kleine Gelegenheiten zum Feiern genutzt. So wird zum Beispiel jede Präsentation mit viel Applaus gewürdigt. Dieses Zeichen der Anerkennung der geleisteten Arbeit motiviert die Jugendlichen und markiert zudem den Abschluss einer weiteren Phase („Ich habe es geschafft!“).

Am Ende der Zukunftswerkstatt wird noch einmal gemeinsam mit Teilnehmern und Coachs getanzt und geklatscht. Nach anfänglicher Zurückhaltung tanzen alle mit [Video: 01:11:36] und haben Spaß miteinander [siehe Abbildung 46]. Damit gelingt es am Ende der Zukunftswerkstatt noch einmal, alle Jugendlichen zu aktivieren, ihnen deutlich zu machen, dass sie viel geleistet haben und dass sie eine Gemeinschaft bilden („Wir arbeiten zusammen und wir tanzen zusammen!“). Dies ist auch ein wichtiger Impuls für die Fortführung der Arbeit an den Projekten nach der Zukunftswerkstatt.

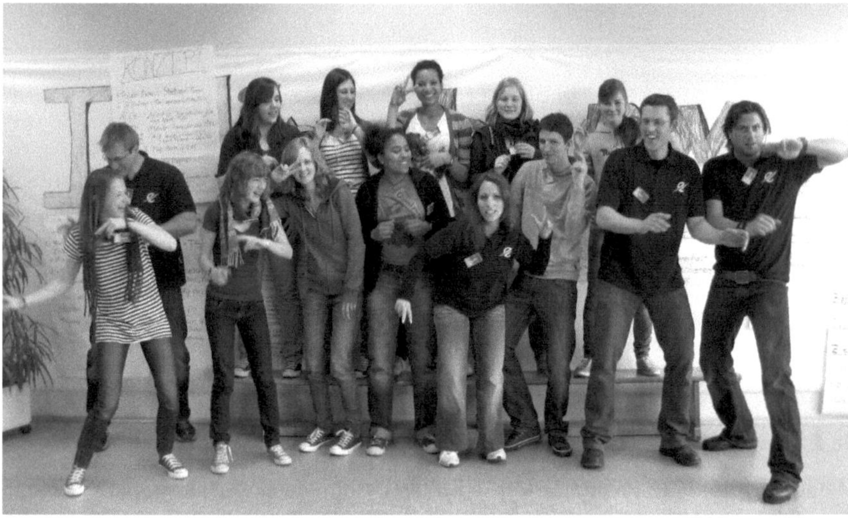

Abbildung 46: Foto Potenzial 4: „Feier als Urform des Lernens“ (Quelle: Eigene Darstellung)

Alle vier Urformen des Lernens sind in der TSC Zukunftswerkstatt an vielen Stellen beobachtbar. Zudem wird deutlich, dass die Werkstatt geradezu darauf ausgerichtet ist, pädagogische Situationen herbeizuführen, in denen gemeinschaftliche Lernprozesse initiiert und somit die Synergien der Gruppe nutzbar gemacht werden können.

Potenzial 5: aufmerksame Realisierungsphase

BF5: Können Kriterien einer aufmerksamen Realisierungsphase beobachtet werden und wie wirken sich diese auf die Ergebnisse aus? Werden im Rahmen der Zukunftswerkstatt konkrete Handlungsalternativen erarbeitet?

Ob eine konkrete Verankerung der in einer Zukunftswerkstatt erarbeiteten Konzepte wirklich gelingt, hängt ganz entscheidend von der Gestaltung der Realisierungsphase ab [siehe auch S. 152]. Zum einen müssen die Teilnehmer für sich geklärt haben, was nun nach der Zukunftswerkstatt inhaltlich geschehen soll, zum anderen sollten sie so motiviert sein, dass sie die Projekte auch angehen wollen. Dass Letzteres in der TSC Zukunftswerkstatt der Fall ist, konnte bereits bei der Erkundung der Potenziale 1 bis 4 festgestellt werden. Sind die Jugendlichen aber auch ausreichend auf die Realisierung ihrer Projekte nach der eigentlichen Werkstattarbeit vorbereitet? Gerade die konkrete Verankerung lässt die Projektideen am Ende der Werkstatt zu Visionen reifen und verhindert, dass sie zu einer netten aber fruchtlosen Träumerei verkommen.

In der TSC Zukunftswerkstatt haben sich sehr schnell Projekte herauskristallisiert und Verantwortliche für die Projekte gefunden. Wie schon erwähnt, war der überwiegende Teil der Jugendlichen ja auch bereits mit Projektideen zur Zukunftswerkstatt gekommen. Eine Auswahl und Aussortierung von Projekten in der Verwirklichungsphase, wie es bei Zukunftswerkstätten mit großen, übergreifenden Themen (z. B. „Unser Dorf soll schöner werden") üblich ist, ist daher hier nicht notwendig.

Folgende Projekte wurden in der TSC Zukunftswerkstatt von den Jugendlichen erarbeitet:

Projekt 1) Beach-Volleyball Turnier mit anschließender Party

Projekt 2) Futsal-Turnier in der Dortmunder Innenstadt

Projekt 3) Tanz-Workshop „ConReJa" (steht für die Tanzstile Contemporary, Reggae und Jazz)

Projekt 4) Leichtathletikparty für alle jugendlichen Leichtathleten aus Dortmund

Projekt 5) Gründung einer TSC Lacrosse-Abteilung

Projekt 6) ISC³ (für "Intenational sport culture") – ein sportarten- und abteilungsübergreifendes Fortbildungsprogramm

Als Grundlage für die weitere Arbeit am Projekt werden die Teilnehmer dazu angehalten, anhand eines Grobkonzeptes die wichtigsten Punkte für das Projekt zusammenzustellen. Die Grobkonzepte sollen folgende Fragen beantworten:

- Wie heißt das Projekt?
- Wer nimmt an dem Projekt teil?
- Welche Ziele werden mit dem Projekt verfolgt?
- In welchem Zeitraum soll das Projekt verwirklicht werden?
- Was hat der TSC Eintracht von dem Projekt?

Nach einer kurzen Phase in den Projektgruppen werden die Fragen für das Grobkonzept um zwei weitere ergänzt:

- Welche Anforderungen entstehen (an den Verein / an die Projektgruppe)?
- Was sind die nächsten Schritte?

Als Beispiel für die von den Teilnehmern erarbeiteten Grobkonzepte zeigt Abbildung 47 die Ergebnisse, die die Gruppe „ConReJa“ (Projekt 3) am Ende der Realisierungsphase im Plenum präsentiert.

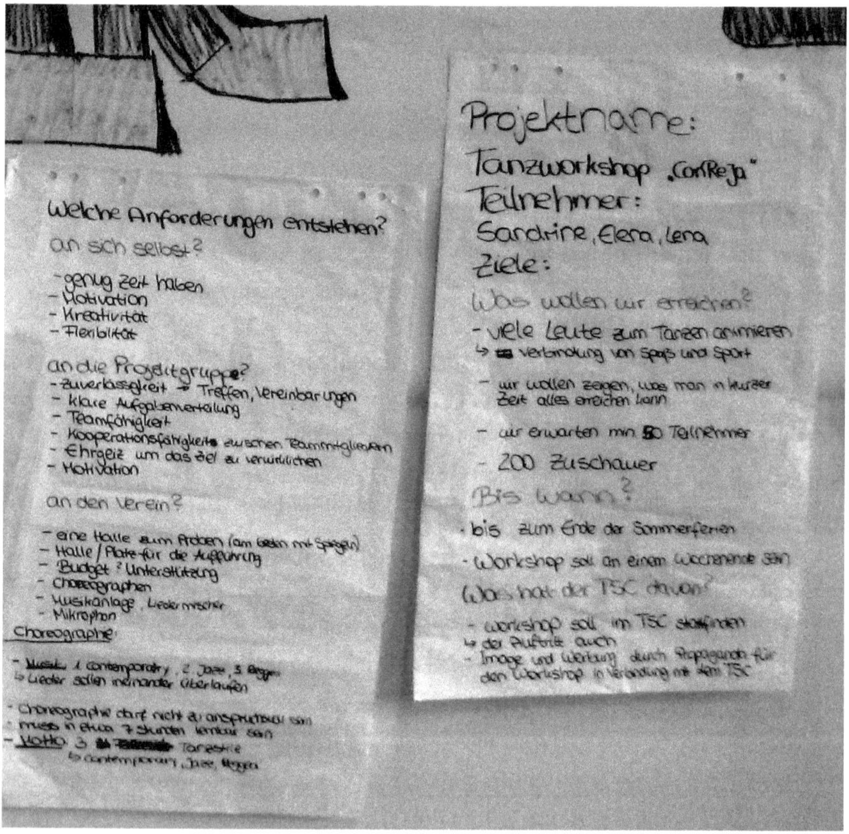

Abbildung 47: Foto Potenzial 5: „Kurzkonzept Projekt 3“ (Quelle: Eigene Darstellung)

Keines der oben genannten Projekte ist ein freier Projektvorschlag [vgl. Jungk / Müllert 1989, S. 209]. Sie werden von den Teilnehmern nach der Entwicklung nicht anderen überlassen, sondern die Jugendlichen wollen diese selbst umsetzen. Daher ist es umso wichtiger, dass die Jugendlichen konkrete Schritte formulieren. Die verbindlichen Aussagen holt der Moderator am Ende der Realisierungsphase im Plenum ein.

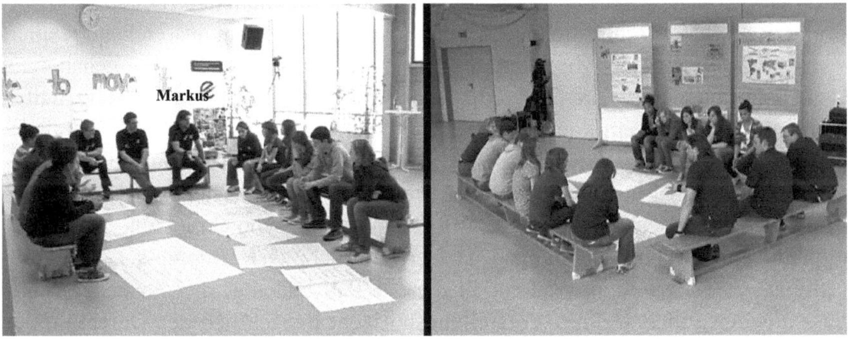

Video: 00:56:46
Markus: und wie werden wir jetzt im nächsten schritt weitermachen

Abbildung 48: Beispielsequenz Potenzial 5: „Was sind die nächsten Schritte?" (Quelle: Eigene Darstellung)

Klare und verbindliche Vereinbarungen zum Ende einer Werkstatt sind insbesondere dann wichtig, wenn, und dies ist meistens bei freiwillig Engagierten der Fall, die zeitliche Verfügbarkeit nicht geklärt ist [vgl. S. 153]. An dieser Stelle zeigt sich ein großer Vorteil der Teilnahme der Coachs an der Zukunftswerkstatt. Sie können wesentliche Fragen der Jugendlichen direkt beantworten. Auch die Teilnehmer, die (noch) kein Mitglied des TSC Eintracht sind, können in den Gesprächen mit den Coachs wichtige Informationen erhalten. Zudem können Nachfolgetermine vereinbart werden.

Der teilnehmende Beobachter nimmt in der Realisierungsphase die Rolle eines Coachs ein. Er kann während der Realisierungsphase ein noch intensiveres Arbeiten der Teilnehmer ausmachen als während der Utopiephase. Es wird weniger gescherzt und die Teilnehmer konzentrieren sich auf ihr Grobkonzept. Dass den Teilnehmern diese Phase besonders wichtig ist, zeigen auch die Wortmeldungen beim „Blitzlicht" (Feedbackrunde) [Video 01:07:13]. Als ein wichtiger und inte-

ressanter Verbesserungsvorschlag[56] wird die Empfehlung geäußert, die Realisierungsphase beim nächsten Mal länger zu gestalten [Video 01:09:52 Katrin: vielleicht könnte man diese konzeptphase etwas ausdehnen]. Bereits bei der Bewertung der Kritikpunkte wird „Organisation" von den Teilnehmern am wichtigsten eingestuft und dem Moderator ist das durchaus bewusst [Video 00:48:33 Markus: ihr habt organisation mit den meisten klebepunkten – beklebt].
Auf den erhöhten Bedarf an Beratung und an konzeptionellem Arbeiten kann aufgrund des zur Verfügung stehenden Zeitbudgets jedoch nicht ausreichend reagiert werden. Zwar wird der Zeitrahmen seitens der Moderation flexibel gehandhabt [vgl. dazu auch Potenzial 7, S. 216], im Nachhinein muss jedoch festgehalten werden, dass in diesem konkreten Fall die Utopiephase zu Gunsten der Realisierungsphase schon in der Planung hätte gekürzt werden müssen. Fast alle Jugendlichen hatten ja bereits im Vorfeld eine Projektidee, und bei Jugendlichen ist, aufgrund der fehlenden Erfahrungen mit der Umsetzung von Projekten, tendenziell ohnehin ein größerer Beratungsbedarf erforderlich. Die Utopiephase dient der Öffnung von Vorstellungswelten. In diesem Fall bedeutet dies in erster Linie, dass die Jugendlichen ihren Vorstellungshorizont hinsichtlich der Durchführbarkeit der Projekte und hinsichtlich ihrer eigenen Fähigkeiten erweitern [siehe auch die Beobachtungen zu Potenzial 2, S. 200f.].

Trotz der zu kurzen Realisierungsphase kann aber auch in der TSC Zukunftswerkstatt beobachtet werden, dass die Teilnehmer verbindliche Handlungsalternativen erarbeiten. Zwar geht es dabei nicht in erster Linie um die Entwicklung neuer Projekte, jedoch gelingt die Reifung, Präzisierung und Ergänzung der bereits vorliegenden Projektideen durch das methodische Vorgehen sehr gut. Das Potenzial der Methode Zukunftswerkstatt, die Visionskultur durch die Entwicklung von wirksamen Visionen zu stärken, zeigt sich also auch hier.

Am Ende der Zukunftswerkstatt geht jeder Teilnehmer mit konkreten Vereinbarungen (mit sich selbst, den anderen Teilnehmern und den Coachs) nach Hause. Die Rückmeldungen in der Feedback-Runde und die persönlichen Gespräche des teilnehmenden Beobachters mit den Jugendlichen zeigen auch, dass die Werkstattarbeit motivierend gewirkt hat („Ich schaffe das jetzt!"). Mit einem Jahr Abstand zur Zukunftswerkstatt kann festgestellt werden, dass vier der sechs Projekte durch die Jugendlichen innerhalb von acht Monaten umgesetzt werden konnten.

---

[56] Zwei weitere Verbesserungsvorschläge werden genannt: Es sollte ein Internetzugang zur Verfügung stehen, um insbesondere in der Realisierungsphase recherchieren zu können. Zudem hätte der Nachtisch vom Mittagessen besser sein können.

Potenzial 6: Dialogprozess

BF6: Lassen sich Dialogprozesse beobachten, in denen die Teilnehmer eine differenzierte Sicht auf ihr eigenes und das Handeln anderer sowie auf die übergreifenden Herausforderungen und Ziele der Organisation erhalten?

In der TSC Zukunftswerkstatt finden permanent Dialogprozesse sowohl im Plenum als auch in den Pausen und den Kleingruppen statt. Schon beim „Stehcafe" vor Beginn der eigentlichen Werkstattarbeit in der Phase „Ankommen" [siehe Abbildung 35] entwickeln sich zahlreiche Gespräche. Auffällig sind auch die anregenden Pausengesprächen, die „unmoderiert" ablaufen. Meist dreht es sich hier um die Projekte und wie diese umgesetzt werden können [siehe z. B. Abbildung 43]. Die Begegnungen in der Zukunftswerkstatt sind vielfältig und spielen sich auf unterschiedlichen Ebenen ab: Die Teilnehmer fragen um Rat beim Moderator oder bei einem der Coachs. Die Teilnehmer tauschen sich innerhalb der Gruppe aus. Die Gruppen tauschen sich untereinander aus. Alle tauschen sich im Plenum aus.

Durch den Austausch bekommen die Teilnehmer eine differenzierte Sicht auf ihr eigenes Projekt und ihr eigenes Handeln. Im Gespräch mit den Teilnehmern, insbesondere während der Arbeit in den Kleingruppen, kann der teilnehmende Beobachter feststellen, dass häufig auf Äußerungen von anderen Teilnehmern verwiesen wird[57]: „Dann können wir es doch so machen wie Katrin das vor hat!" „Das hat sich ja eben gezeigt." Zum einen nutzen die Teilnehmer den Austausch zur Anreicherung ihrer Ideen für das eigene Projekt. Zum anderen entdecken sie, welche gemeinsamen Probleme [siehe Abbildung 49] aber auch welche Wünsche und Sehnsüchte (Stichwort: „Die phantastische Reise") sie haben. Die Teilnehmer stellen sich gegenseitig in dem offenen und kreativen Feld der Zukunftswerkstatt [siehe S. 118] Informationen und Wissen zur Verfügung.

[57] Die Gespräche in den Kleingruppen an den Tischen werden mit den eingesetzten Mikrofonen nur sehr schlecht erfasst, sodass die Aussagen schwer verständlich sind. Daher wird bei den Gesprächen in den Kleingruppen nur auf das Gedächtnisprotokoll des teilnehmenden Beobachters zurückgegriffen.

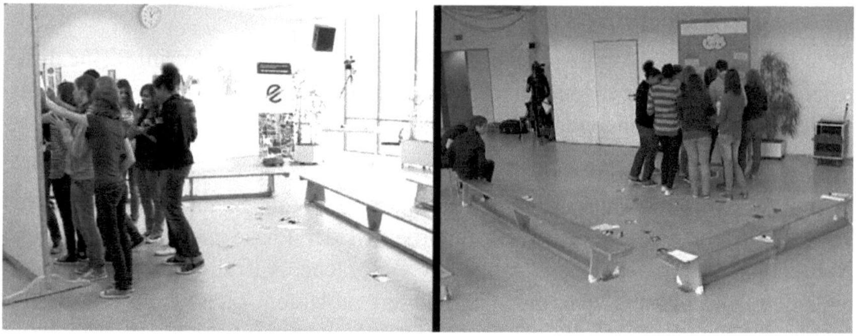

Video: 00:21:21
Reger Austausch unter den Teilnehmern bei der Gewichtung der Kritikpunkte

Abbildung 49: Beispielsequenz Potenzial 6: „Dialogprozess“ (Quelle: Eigene Darstellung)

Da sich zehn Teilnehmer auf sechs Projekte verteilen, entsteht der Erkenntnisgewinn durch die Dialogprozesse insbesondere auf der Ebene allgemeiner, projektübergreifender Herausforderungen (Wie organisiere ich mich? Wer kann mir helfen? Haben die anderen dieselben Bedenken wie ich?). Zum Teil können auch Ideen anderer Projektgruppen in das eigene Projekt übernommen werden.
Da letztendlich die einzelnen Projektgruppen sehr klein sind (maximal drei Personen) erscheint die Gruppengröße von zehn Teilnehmern jedoch zu klein. Zwar lässt sich im Rahmen der teilnehmenden Beobachtung durchaus feststellen, dass durch die Dialogprozesse die Teilnehmer eine differenzierte Sicht des eigenen Handels bekommen, der Austausch über das eigene Projekt verläuft jedoch in erster Linie in der jeweiligen, sehr kleinen Projektgruppe. Die zwei Teilnehmer, die allein ein Projekt auf die Beine stellen wollen (Katrin und Ron) führen mit den anderen Teilnehmern sogar fast ausschließlich projektübergreifende Dialoge. Die Dialoge bzgl. der Umsetzung ihres eigenen Projektes werden in erster Linie mit den Coachs geführt.
Hinsichtlich der kleinen Gruppengröße und der Vielzahl an Projekten fällt die gegenseitige Befruchtung daher etwas „dürftig“ [Jungk / Müllert 1989, S. 76] aus. Visionen müssen mit anderen geteilt werden, in den Kleingruppen erhalten, gemessen an dem Anspruch der Methode Zukunftswerkstatt, die Teilnehmer zu wenige Impulse auf der jeweiligen Projektebene [siehe u. a. Jungk / Müllert 1989, S. 76f.].

Dieses Manko wird in der TSC Zukunftswerkstatt nur bedingt durch den Einsatz der Coachs ausgeglichen. Zwar gewährleisten sie Dialogprozesse auch auf Ebene der konkreten Projekte, sie sind durch die langjährige Arbeit im TSC Eintracht allerdings längst nicht so unvoreingenommen und offen wie die Jugendlichen. Daher besteht die Gefahr, dass sie den Projekten ihren eigenen, TSC Eintracht geprägten, Stempel aufdrücken.

Die Ziele der Organisation (siehe den zweiten Teil der BF6) rücken in der TSC Zukunftswerkstatt erst am Ende in den Fokus. Durch das Grobkonzept [siehe S. 209], in dem auch geklärt werden soll, inwiefern der TSC Eintracht von dem Projekt profitieren kann, werden die Teilnehmer dazu aufgefordert, sich mit den Zielen des TSC auseinanderzusetzen. Im Nachhinein bleibt festzuhalten, dass eine Klärung der Ziele der Eintracht, ausgehend vom TSC Leitbild, bereits stärker in der Werbung für die Zukunftswerkstatt hätte erfolgen sollen. Da dies erst zu einem sehr späten Zeitpunkt geschieht, werden die Dialoge bzgl. der Ziele des Vereins auch erst sehr spät geführt.
Die von den Teilnehmern genannten (vermeintlichen) Vorteile für die Eintracht gehen daher meist nicht, und hier spricht der Autor dieser Arbeit aus Sicht des TSC Hauptgeschäftsführers, vom Leitbild des TSC Eintracht aus. So wird z. B. an vielen Stellen von den Teilnehmern „Imagegewinn“ als Vorteil für den Verein genannt [Video 00:26:57 Ron: damit die eintracht n' imagegewinn verbuchen kann], dieser hält sich aber insbesondere im Verhältnis zu dem Aufwand einiger Projekte meist in Grenzen, lässt sich zudem kaum messen und scheint auch als Platzhalter-Argument herzuhalten. Im Leitbild des TSC ist demgegenüber als wichtigste Mission festgehalten: „Wir halten möglichst vielen Menschen ein passendes Angebot vor und verbessern dadurch die Lebensqualität der Menschen in und um Dortmund [...]. Diese Eintracht in der Vielfalt wollen wir bewahren und damit auch zukünftig möglichst vielen Sportlern, mit den unterschiedlichsten Zielen, das richtige Zuhause bieten“ [TSC Eintracht Dortmund 2008]. Ausgehend von dieser zentralen Aussage im Vereins-Leitbild hat die Vereinsführung daher Ziele wie „Mitgliederzuwachs“ oder „Schaffung neuer Angebote“ an oberster Stelle gesetzt. Dass dazu unter anderem auch eine Imagepflege notwendig ist, steht außer Frage. Imagegewinn ist aber ein untergeordnetes Ziel, das nicht automatisch ein (uneingeschränktes) Engagement für bestimmte, von den Teilnehmern erarbeitete Projekte (Futsal, Partys etc.) rechtfertigt.

Die hier genannten Defizite der TSC Zukunftswerkstatt zeigen, wie wichtig die Beachtung und die Organisation von Dialogprozessen in der Zukunftswerkstatt

sind. Die Methode hat durchaus das Potenzial, Dialogprozesse zu fördern, in denen die Teilnehmer eine differenzierte Sicht auf ihr eigenes und das Handeln anderer sowie auf die übergreifenden Herausforderungen und Ziele der Organisation erhalten. Dies kann grundsätzlich, das zeigen die vorangegangenen Ausführungen, auch an vielen Stellen in der TSC Zukunftswerkstatt beobachtet werden.
Dialogprozesse müssen aber auch flexibel von der Moderation gefördert werden. „Jungk führt dazu aus: ‚Ein weiterer wichtiger Punkt ist, dass man in Zukunftswerkstätten lernt zu kooperieren und da kommen wir auf eine Frage: Bringen die Leute nicht immer nur ihre eigenen Interessen ins Spiel? Wiederholen sie nicht nur, was sie sowieso schon gedacht haben? Das ist in der Tat eine große Hemmschwelle und da spielt der Moderator eine ganz wichtige Rolle'" [Burow 2000, S. 186].

Potenzial 7: Es wird potenziellen Engagierten aufgezeigt, dass sie mitentwerfen und mitentscheiden können.

BF7: Wie wird potenziellen Engagierten aufgezeigt, dass sie mitentwerfen und mitentscheiden können? Können Situationen beobachtet werden, durch die das Menschenbild der Zukunftswerkstatt (der Mensch als schöpferisches und selbstbestimmtes Wesen) sichtbar wird?

Ganz im Sinne der Begründer der Methode fehlt in Zukunftswerkstätten die Lernzielorientierung [vgl. S. 121]. Auch in der TSC Zukunftswerkstatt wird von Vorneherein klargestellt, dass der Tagesablauf sehr flexibel ist und im Wesentlichen durch die Teilnehmer selbst gestaltet werden soll [Video 00:07:50 Markus: was wir machen liegt an euch – wir haben nur so eine kleine rahmenvorgabe uns mal überlegt]. Nach der Vorstellungsrunde erfragt der Moderator die Erwartungen der Teilnehmer und stellt klar, dass er sich daran messen lassen wird, welche Erwartungen an den Tag erfüllt werden können [Video 00:07:39 Markus: dann wollen wir mal gucken was wir davon umgesetzt haben]. Er spricht von „Euer Tag" [siehe Abbildung 50]. Auch in den Phasen, in denen Kleingruppenarbeit gefragt ist, wird den Teilnehmern der für die Zukunftswerkstatt typische Freiraum gegeben [Video 00:26:13 Markus: das könnt ihr selbst entscheiden]. Sogar beim Mittagessen ist Eigeninitiative gefragt. Es wird kein fertiges Menü aufgetischt, sondern die Teilnehmer bekommen ein buntes und durchaus ungewöhnliches (Smarties, Kräuter und Petersilie zum Selbstpflücken etc.) Buffet präsentiert, von dem sie sich nach eigenen Wünschen ihre Mahlzeit zusammenstellen können.
Die flexible zeitliche Gestaltung der einzelnen Werkstattphasen zeigt, dass auf die Bedürfnisse der Teilnehmer eingegangen wird. Nicht nur die Inhalte (Ergeb-

nisse aus den einzelnen Phasen), sondern auch das Tempo der Werkstattarbeit wird ganz wesentlich durch die Teilnehmer selbst bestimmt.

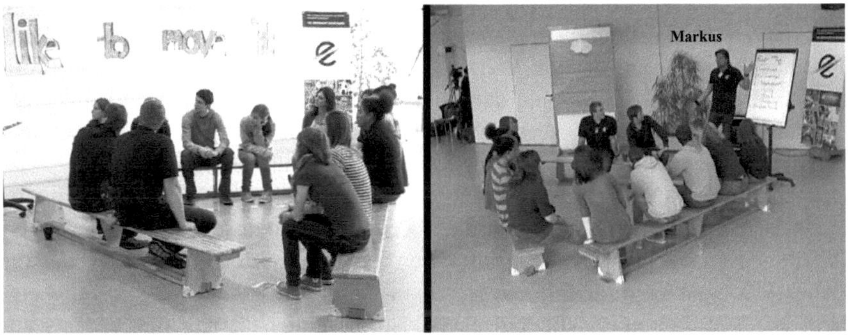

Video: 00:08:01
Markus: es ist euer Tag

Abbildung 50: Beispielsequenz Potenzial 7: „Selbstbestimmter Mensch" (Quelle: Eigene Darstellung)

Durch die Dialogprozesse, durch die Herbeiführung von pädagogischen Situationen und durch ganzheitliches Lernen [siehe vorangegangene Potenziale] wird die „Ausweitung der schöpferischen Kraft" [vgl. Senge 2008, S. 252] der Teilnehmer angestrebt. Dieses Bestreben legt das schöpferische und selbstbestimmte Menschenbild der TSC Zukunftswerkstatt offen.
Die Jugendlichen werden als Experten ihrer eigenen Sache [vgl. S. 119] akzeptiert. Im Rahmen der Aufstellung des Grobkonzeptes erfahren sie auch typische, demokratische Abläufe: Zum einen werden sie dazu aufgefordert, Projekte zu entwerfen und Forderungen an den TSC aufzustellen, zum anderen müssen sie aber auch Forderungen an sich selbst stellen. Die Jugendlichen erkennen, dass Demokratie vom Mitmachen lebt und die individuellen Freiheiten an Verpflichtungen geknüpft sind (Ich kann große Projekte wollen, muss aber auch selbst dafür etwas tun).
Diese Erkenntnis scheinen die Jugendlichen in der TSC Zukunftswerkstatt auch zu erlangen. Unklar ist, inwieweit ihnen bewusst ist, dass die Projekte in erster Linie von ihrem eigenen persönlichen Engagement abhängen. Können die Jugendlichen abschätzen, wie viel Arbeit ihr Projekt tatsächlich machen wird?

An dieser Stelle wird ein wesentliches Risiko bei der Durchführung von Zukunftswerkstätten in Sportvereinen mit Nichtvereinsmitgliedern erkennbar: Die Teilnehmer sollen ihre Wünsche, die ihnen wahrhaft am Herzen liegen, äußern und dafür selbstbestimmt wirksame Visionen entwickeln. Gleichzeitig möchte aber auch der Verein, der die Werkstatt initiiert, von der Werkstattarbeit profitieren. Wie geht der Verein nun damit um, wenn einige persönliche Visionen der Teilnehmer nicht mit dem übergeordneten Leitbild des Vereins, in dem schließlich die Visionen eingebettet sind [vgl. Abbildung 9], übereinstimmen?
Der Autor dieser Arbeit plädiert dafür, den Teilnehmern ihre Wünsche nicht ausreden zu wollen, aber zu einem frühen Zeitpunkt klarzustellen, wie die Unterstützung der einzelnen Projekte durch den Verein aussehen kann. Je weiter die Projektidee vom Leitbild und den sich daraus ergebenen Zielen des Vereins entfernt ist, desto geringer fällt logischerweise die Unterstützung des Vereins aus und desto mehr Arbeit bleibt bei den Projektteilnehmern.

Gleichzeitig können aber persönliche Visionen, die erst einmal nicht vom Leitbild des Vereins ausgehen, die Vereinsführung zum Nachdenken anregen und eventuell zu einer Überarbeitung des Leitbildes führen.

Zusammenfassend kann festgehalten werden, dass auch in der TSC Zukunftswerkstatt potenziellen Engagierten aufgezeigt wird, dass sie mitentwerfen und mitentscheiden können, dieses Potenzial aber in Bezug auf die tatsächliche Umsetzung von Projekten im Verein besonders aufmerksam betrachtet werden muss [siehe dazu S. 222ff.].

Potenzial 8: Hierarchien und (unangenehme / belastende) Zwangssituationen werden vermieden.

BF8: Wie stehen Teilnehmer, Coachs und Moderator zueinander und welche Rollen nehmen sie ein? Wie werden Zwangssituationen vermieden?

Der Moderator der TSC Zukunftswerkstatt legt sehr viel Wert darauf, Hierarchien zu vermeiden. Bereits in der Phase „Ankommen“ am Stehcafe wählt er ein typisches Jugendthema [Video 00:03:05 Markus: wer war feiern gestern]. Hier wirkt sich vorteilhaft aus, dass sowohl die Coachs als auch der Moderator aufgrund des nicht allzu großen Altersunterschiedes (der jüngste Coach ist 28, der älteste Coach ist 34 Jahre alt) noch einen unmittelbaren Bezug zum Leben der Jugendlichen haben. Z. B. kennt der Moderator die Diskothek, die Ron abends zuvor besucht hat, da er selbst noch gelegentlich dort hingeht.

In der Werkstattarbeit stellt er klar, dass die Teilnehmer nicht aufzeigen müssen, wenn sie etwas sagen wollen [Video 00:15:40 Markus: ihr braucht euch nicht melden ne – wir sind nicht in der Schule]. Die Assoziationen mit einer Schulsituation werden vor allem bei Jugendlichen sehr schnell aufkommen, da sie ja noch alle zur Schule gehen. Aber gerade das Lehrer-Schüler-Verhältnis gilt es in der Zukunftswerkstatt zu verhindern.
Die Sitzgruppe ist im Dreieck angeordnet. Es gibt also kein Vorne oder Hinten. Coachs und Moderator sitzen zwischen den Teilnehmern. Der Moderator sorgt dafür, dass die Diskussionen auf Augenhöhe ablaufen und baut auf diese Weise Barrieren ab. Auch wenn er am Flipchart oder an der Metaplanwand arbeitet, nimmt er sich immer wieder zurück und setzt sich wieder zu den Teilnehmern. Damit dokumentiert er: „Ich bin nicht dafür da und ich bin auch nicht dazu in der Lage, euch die Lösungen vorzugeben, sondern wir müssen uns unsere Lösungen gemeinsam erarbeiten".

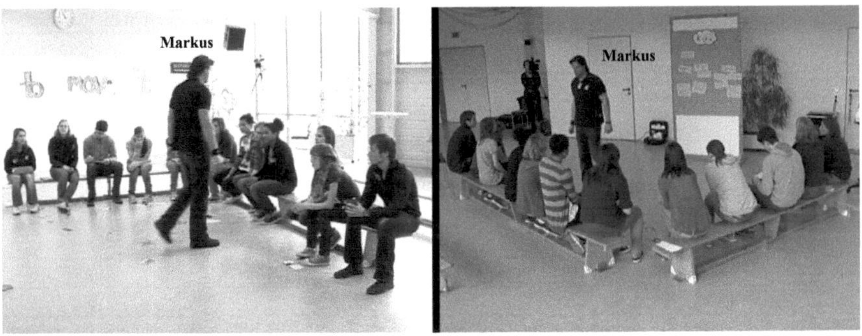

Video: 00:08:01
Markus: ich setz mich mal zu euch, damit ich besser sehen kann

Abbildung 51: Beispielsequenz Potenzial 8: „Vermeidung von Hierarchien" (Quelle: Eigene Darstellung)

Zwangssituationen werden dadurch vermieden, dass die Teilnehmer nicht direkt angesprochen werden, wenn noch offene Fragen im Raum stehen. Vielmehr wird die Frage dann umgestellt, zurückgestellt oder ganz verworfen. Kein Teilnehmer soll sich genötigt fühlen, etwas zu sagen. Die Rolle des Spielleiters [vgl. S. 131] gelingt dem Moderator sehr gut. Er gibt den Rahmen vor, lässt aber genügend Freiräume.

6.3.2 Potenziale zur Entwicklung einer wirksamen Visionskultur

In 6.3.1 wurden die Potenziale, die zuvor im Beobachtungsleitfaden zusammengefasst wurden [Abbildung 39], im Rahmen der teilnehmenden und videogestützten Beobachtung erkundet. Nun gilt es, die Potenziale, die sich auf die Entwicklung einer wirksamen Visionskultur beziehen, herauszufiltern und abschließend zu bewerten.
Die nachfolgende Abbildung 52 ist eine Fortführung der Abbildung 37 [siehe S. 193]. Sie fasst die Erkenntnisse der teilnehmenden Beobachtung in Bezug auf die Entwicklung einer wirksamen Visionskultur zusammen:

Leitfrage	**Potenziale** (gemäß theoriebasierter Exploration Kapitel 5)			**Konnten die Potenziale durch die Beobachtung bestätigt werden?**
Wie zeigen sich und wie wirken die Potenziale?	**Potenziale der Methode Zukunftswerkstatt zur Entwicklung einer wirksamen Visionskultur** (5.2.1)	Instrument gegen die Expertokratie	QM 1: gelebtes wertorientiertes Leitbild	ja
		großer und heterogener Personenkreis möglich		nicht beobachtbar
		Dialogprozess		eingeschränkt
		selbstbestimmter Mensch und schöpferisches Wesen		ja
		Begeisterung und Betroffenheit		ja
		Entwicklung alternativer Zukünfte	QM 2: aufmerksame Orientierung	ja
		Kritik- (Gegenwart) und Utopiephase (Zukunft)		ja
		Perspektivenwechsel		ja
		schöpferisches Wesen		ja
		selbstbestimmtes Lernen		ja
		Stärkung der Demokratie	QM 3: ganzheitlicher Prozess	ja
		großer und heterogener Personenkreis möglich		nicht beobachtbar
		dialektisches Prinzip		ja
		schöpferisches Wesen		ja
		ganzheitliches Lernen		ja
		Aneignen von Handlungskompetenzen		ja
		pädagogische Situationen		ja
		intuitiv-emotionales und rational-analytisches Lernen		ja
		konkrete Handlungsalternativen	QM 4: konkrete Verankerung	ja
		aufmerksame Realisierungsphase		ja
		Dialogprozess		eingeschränkt
		selbstbestimmter Mensch		ja
		selbstbestimmtes Lernen		ja

Abbildung 52: Potenziale der Zukunftswerkstatt zur Entwicklung einer wirksamen Visionskultur (Quelle: Eigene Darstellung)

Von den 19 unterschiedlichen (doppelt genannte Potenziale herausgerechnet) Potenzialen, konnten lediglich zwei aufgrund der vorliegenden Rahmenbedingungen nicht explizit beobachtet und nur eins eingeschränkt aufgezeigt werden [siehe Erläuterungen zu „Dialogprozess" weiter unten].

Daher kann festgehalten werden, dass die Erkenntnisse aus der theoriebasierten Exploration durch die Fallstudie eindrucksvoll gefestigt werden können. Die in der TSC Zukunftswerkstatt beobachtbaren Potenziale beeinflussen die Qualitätsmerkmale „gelebtes wertorientiertes Leitbild", „aufmerksame Orientierung", „ganzheitlicher Prozess" und „konkrete Verankerung" einer wirksamen Visionskultur positiv.

Neue Erkenntnisse durch die empirisch-qualitative Vorgehensweise

Das Potenzial „Dialogprozess" muss, das haben die Ausführungen zu diesem Potenzial [siehe S. 213] gezeigt, differenzierter betrachtet werden. Dass die Methode gute Voraussetzungen bietet, Dialogprozesse zu fördern, kann auch in der TSC Zukunftswerkstatt beobachtet werden. In diesem Zusammenhang kann festgestellt werden, dass die Dialoge wichtige Erkenntnisquellen für die Weiterentwicklung der Projekte der Teilnehmer sind. Dass durch die Dialogprozesse auch eine differenzierte Sicht auf die übergeordneten Herausforderungen und Interessen der Organisation bzw. des Vereins bei den Teilnehmern sichergestellt wird, konnte allerdings nur eingeschränkt beobachtet werden.

Die Gruppe der TSC Zukunftswerkstatt ist geprägt durch eine relativ kleine Teilnehmerzahl und durch relativ viele Projekte. Die übergeordnete Herausforderung ist eher die Umsetzung der Projekte, und weniger die Entwicklung von Visionen, die vom Leitbild des Vereins ausgehen. Bei einer solchen Gruppen-Konstellation reicht es daher nicht, Angebote für Dialoge zu unterbreiten und Dialogprozesse ganz allgemein zu fördern, sie müssen zumindest soweit gestaltet werden, dass das Leitbild und die Ziele des Vereins sowie die Rollen von Verein und Engagierten unmissverständlich klar werden. Und zwar auch dann, wenn dadurch ein Stück „Offenheit" verloren gehen sollte. Das haben die Beobachtungen deutlich gezeigt.

6.3.3 Potenziale zur Gewinnung freiwillig Engagierter

Entsprechend der Vorgehensweise unter 6.3.2 werden nun in nachfolgender Abbildung 53 die Potenziale, die sich auf die Gewinnung freiwillig Engagierter beziehen, zusammengefasst:

<table>
<tr><th>Leitfrage</th><th colspan="2">Potenziale
(gemäß theoriebasierter Exploration Kapitel 5)</th><th>Konnten die Potenziale durch die Beobachtung bestätigt werden?</th></tr>
<tr><td rowspan="6">Wie zeigen sich und wie wirken die Potenziale?</td><td rowspan="6">Potenziale der Methode Zukunftswerkstatt zur Gewinnung freiwillig Engagierter (5.2.2)</td><td>Es wird potenziellen Engagierten aufgezeigt, dass sie mitentwerfen und mitentscheiden können.</td><td>ja</td></tr>
<tr><td>Es gibt kein „von oben herab“, sondern ein „von innen heraus“.</td><td>ja</td></tr>
<tr><td>Hierarchien und (unangenehme / belastende) Zwangssituationen werden vermieden.</td><td>ja</td></tr>
<tr><td>Eine anregende und begeisternde Atmosphäre wird angestrebt.</td><td>ja</td></tr>
<tr><td>Es können Menschen mit unterschiedlichen Charakteren, Kompetenzen und Wissensständen mitmachen (fast keine Beschränkungen).</td><td>nicht beobachtbar</td></tr>
<tr><td>Es kann öffentlichkeitswirksam für Zukunftswerkstätten geworben werden und damit können neue Freiwillige angesprochen werden.</td><td>ja</td></tr>
</table>

Abbildung 53: Potenziale der Zukunftswerkstatt zur Gewinnung freiwillig Engagierter (Quelle: Eigene Darstellung)

Von den sechs Potenzialen, die zuvor in der theoriebasierten Exploration ausgemacht wurden [siehe Abbildung 29, S. 156] konnte lediglich ein Potenzial aufgrund der vorliegenden Rahmenbedingungen nicht explizit beobachtet werden. Daher bleibt auch bzgl. der Erkundung der Potenziale der Methode Zukunftswerkstatt zur Gewinnung freiwillig Engagierter festzuhalten, dass durch die Fallstudie die Erkenntnisse aus der theoriebasierten Exploration gefestigt werden können.

Neue Erkenntnisse durch die empirisch-qualitative Vorgehensweise

Zwar kann anhand der empirisch-qualitativen Exploration das schöpferische und selbstbestimmte Menschenbild, das der TSC Zukunftswerkstatt zu Grunde liegt, offen gelegt werden [siehe Potenzial 7, S. 216ff.], gleichzeitig zeigen sich aber auch die Herausforderungen für den Verein bzw. die Moderation, die durch die Freiheit des selbstbestimmten Handelns der Teilnehmer, insbesondere der Nicht-Vereinsmitglieder, entstehen:

Sowohl theoriebasiert als auch empirisch-qualitativ konnte festgestellt werden, dass die Methode Zukunftswerkstatt Potenziale bietet, freiwillig Engagierte für die Vereinsarbeit zu gewinnen. Die Frage bleibt nur, ob diese Vereinsarbeit auch im Sinne des Vereinsleitbildes ist. Denn je mehr Freiheiten den Teilnehmern in der Zukunftswerkstatt gelassen werden, desto höher ist das Risiko, dass Visionen entwickelt werden, die nicht zum Verein passen. Von Teilnehmern, die bislang noch gar nicht mit dem Verein verwurzelt sind, kann schon gar nicht erwartet werden, dass sie intuitiv Leitbild-konforme Visionen entwickeln, da sie selbst nicht in der Vereinskultur leben und ihre Wunschvorstellungen einer Welt außerhalb des Vereins entspringen.
Sollte allerdings zu viel Kontrolle z. B. seitens der Moderation ausgeübt werden, kann die Offenheit der Methode soweit beschnitten werden, dass Phantasieentwicklung und die Überwindung von Denkbarrieren [vgl. S. 114] verhindert werden. In dem Fall kann nicht mehr von der Methode Zukunftswerkstatt, sondern allenfalls von einer „Moderationsmethode“ [vgl. z. B. [Dauscher / Maleh 2006, S. 224] gesprochen werden.

Gelingt an diesem sensiblen Punkt nicht ein Ausgleich zwischen den Vereinsinteressen und den Bedürfnissen der Teilnehmer, besteht die Gefahr, dass die Teilnehmer der Zukunftswerkstatt am Ende sehr enttäuscht sind: Entweder werden Visionen entwickelt, die dann aber seitens des Vereins nicht weiter unterstützt werden, oder die Teilnehmer werden aufgrund der Vereinsvorgaben soweit beschränkt, dass sie sich nicht selbstbestimmt den Dingen widmen können, die sie betroffen machen [zur Betroffenheit vgl. u. a. S. 40 oder S. 99]. Für den Verein brauchbare Visionen bleiben in beiden Fällen aus und neue freiwillig Engagierte lassen sich auf diese Weise auch nicht gewinnen.
Zwar können während der TSC Zukunftswerkstatt in Bezug auf den hier beschriebenen Bedarf keine Konflikte zwischen Teilnehmern und Moderator bzw. Coachs beobachtet werden, dies liegt aber in erster Linie an den für die Methode typischen Merkmalen der TSC Zukunftswerkstatt, die sich u. a. durch eine „angenehme Atmosphäre“, „Begeisterung und Betroffenheit bei den Teilnehmern“ und die „Vermeidung von Zwangssituationen“ auszeichnet. Der Moderator bzw. der Verein legt Wert auf eine ergebnisoffene Vorgehensweise.
Aber auch wenn in der Werkstatt selbst keine Konflikte zu beobachten sind, kann durch eine Befragung der Vereinsführung im Nachgang an die Zukunftswerkstatt erkundet werden, an welchen Stellen bei der Umsetzung Probleme entstehen könnten. Aus Sicht des Autors dieser Arbeit und Hauptgeschäftsführers des Ver-

eins ergibt sich hinsichtlich des Nutzens der Ergebnisse der Zukunftswerkstatt für den TSC Eintracht folgende Rangfolge:

Projekt 5) Gründung einer TSC Lacrosse Abteilung
Etablierung einer neuen und außergewöhnlichen Sportart mit vielen neuen Mitgliedern für den Verein und mit einem erfolgreichen Wettkampfbetrieb
→ sehr hoher Nutzen für den Verein

Projekt 6) ISC³ – ein sportarten- und abteilungsübergreifendes Fortbildungsprogramm
Organisation einer internen und jährlich stattfindenden Fortbildungsmaßnahme zur kostengünstigen Verbesserung der Qualifikationen aller Trainer des Vereins und zur Förderung des Zusammenhaltes unter den einzelnen Abteilungen / Sportarten
→ hoher Nutzen für den Verein

Projekt 3) Tanz-Workshop „ConReJa“
Großer Tanzworkshop mit Teilnehmern aus ganz Deutschland und mit hochklassigen Presentern zur Mitgliederwerbung im Bereich der TSC Tanzgruppen sowie zur Erwirtschaftung von Überschüssen für die Tanzgruppen des Vereins
→ mittlerer Nutzen für den Verein

Projekt 4) Leichtathletikparty für alle jugendlichen Leichtathleten aus Dortmund
Große Party mit allen Dortmunder Leichtathleten, die im Verein organisiert sind, im Alter von 14 bis 18 Jahren zur Verbesserung des Zusammenhaltes und zur Erwirtschaftung von Überschüssen für die Leichtathletikabteilung des Vereins
→ mittlerer Nutzen für den Verein

Projekt 2) Futsal-Turnier in der Dortmunder Innenstadt
Großes Futsal-Turnier in der Dortmunder Innenstadt als Werbeplattform für den Verein
→ geringer Nutzen für den Verein

Projekt 1) Beachvolleyball-Turnier mit anschließender Party
Großes Beachvolleyball-Turnier aller Dortmunder Gymnasien mit anschließender Party zur Werbung für den Verein
→ geringer Nutzen für den Verein

Die Beurteilung zeigt, dass von sechs Projekten seitens der TSC Geschäftsführung nur zweien ein großer bzw. sehr großer Nutzen für den Verein zugeschrieben wird. So kann zwar festgehalten werden, dass die Teilnehmer der Zukunftswerkstatt große Bereitschaft zeigen, sich freiwillig zu engagieren, fraglich ist jedoch, ob dieses Engagement in jedem Fall dem Verein weiterhilft.
Dabei sollte allerdings nicht vergessen werden, dass Vereine um freiwilliges Engagement werben müssen und es daher abzuwägen gilt, ob nicht auch weniger „Leitbild-konforme“ Projekte (Visionen wäre an dieser Stelle der falsche Begriff[58]) umgesetzt werden sollten. Die bislang nicht Engagierten, seien es Mitglieder oder Nicht-Mitglieder, lernen auf diese Weise den Verein kennen und schätzen. Sie sammeln wichtige Erfahrungen in der Projektarbeit, erfahren die Vereinskultur am eigenen Leib, wodurch Identifikation und Begeisterung für die übergeordneten Visionen des Vereins entstehen können. Die neuen Vereinsmitglieder wachsen in den Verein hinein [vgl. Nagel / Conzelmann et al. 2004, S. 151f.]. Dieser Prozess kann dann dazu führen, dass die Engagierten zukünftig, ganz intuitiv, tatsächliche Visionen entwickeln, die (stärker) durch das Leitbild des Vereins geprägt sind. Zudem darf bei aller kritischen Betrachtung der Ergebnisse der TSC Zukunftswerkstatt auch nicht vergessen werden, dass ein Gütekriterium der Freiwilligenarbeit seine Rückkopplungsfunktion ist [vgl. S. 87]. Am Ende bestimmen die Mitglieder (auch die potenziellen Mitglieder), was gewünscht ist und dies kann schließlich durchaus von den bislang formulierten Annahmen (z. B. der Vereinsführung) abweichen.

6.3.4 Kontextbildung

Die vorangegangenen Ausführungen haben insgesamt gezeigt, dass die empirisch-qualitative Exploration die Erkenntnisse aus der theoriebasierten Exploration deutlich bestätigen konnte. Es konnte somit über einen anderen Erkenntniszugang ein weiteres Mal festgestellt werden, dass die Methode Zukunftswerkstatt, bezogen auf die forschungsleitenden Fragestellungen, zahlreiche und wirkungsvolle Potenziale besitzt.

[58] Die Ergebnisse der Zukunftswerkstatt können nicht als Visionen bezeichnet werden. Es sind eher Projekte, da sie zum einen nicht vom TSC Leitbild ausgehen und sich u. a. auch in einem kürzeren Zeitraum als Visionen realisieren lassen. Als Baustein zur Umsetzung einer übergreifenden Vision („In drei Jahren haben wir die meisten Vereinsmitglieder unter 18 Jahren Westfalens“) können die Projekte aber sehr geeignet sein.

Zunächst wurde dazu die Zukunftswerkstatt im TSC Eintracht Dortmund als geeigneter Fall identifiziert, der hinsichtlich der vier Themenfelder „gemeinnütziger Großsportverein", „Freiwilligenarbeit", „Visionskultur" und „Zukunftswerkstatt" typisch für die vorliegende Arbeit ist. Auf Grundlage der theoriebasierten Exploration wurde dann ein Beobachtungsleitfaden entwickelt, anhand dessen es zu beobachten galt, wie sich die in der theoriebasierten Exploration ermittelten Potenziale der Methode Zukunftswerkstatt in der konkret im TSC Eintracht Dortmund durchgeführten Zukunftswerkstatt zeigen und wie sie wirken. Den Beobachtungsfragen wurde im Rahmen einer teilnehmenden Beobachtung nachgegangen, die durch den Einsatz von Videotechnik unterstützt wurde.
Ausgangspunkt für die Erstellung des Beobachtungsleitfadens war die Leitfrage 1 der empirisch-qualitativen Exploration: „Wie zeigen sich und wie wirken die in der theoriebasierten Exploration ermittelten Potenziale der Methode Zukunftswerkstatt in der konkret im TSC Eintracht Dortmund durchgeführten Zukunftswerkstatt?"
Das Handeln der Teilnehmer wurde beobachtet, beschrieben und interpretiert und nahezu alle Potenziale (bis auf die beiden „nicht beobachtbaren") konnten in der Fallstudie aufgedeckt werden. Es wurde deutlich, wie eng die Potenziale miteinander verknüpft sind. Die Verknüpfung zeigte sich unter anderem daran, dass im Verlauf des empirischen Forschungsprozesses der Beobachtungsleitfaden immer wieder angepasst und die Potenziale zusammengefasst [siehe S. 189] wurden. Durch den Prozess des Fragens und der Suche nach Antworten, reifte die Erkenntnis, dass mit den gleichen Fragen unterschiedlichen Potenzialen nachgegangen werden konnte. Diese enge Verknüpfung konnte zuvor auch in der theoriebasierten Exploration im Zuge der Erkundung der Wirkungszusammenhänge [5.1] festgestellt werden.
Um die gegenseitige Befruchtung von theoriebasierter und empirisch-qualitativer Exploration weiter zu befördern, soll sich nun die Kontextbildung an der Leitfrage 2 der empirisch-qualitativen Exploration orientieren: „Warum kann der Einsatz der Methode Zukunftswerkstatt zur erfolgreichen Bewältigung des Veränderungsdruckes gemeinnütziger Großsportvereine vorteilhaft sein?"

Bei der Erkundung der vier Themenfelder [Kapitel 2 bis Kapitel 4], die bekanntlich Teil der theoriebasierten Exploration ist, wurde festgestellt, dass zur erfolgreichen Bewältigung des Veränderungsdruckes eine wirksame Visionskultur und die Förderung der Freiwilligenarbeit notwendig sind. Die theoriebasierte Exploration sowie die Fallstudie haben dann gezeigt, dass die Methode Zukunftswerkstatt Potenziale sowohl zur Entwicklung der Visionskultur als auch zur Gewinnung freiwillig Engagierter bietet.

Die Zusammenführung der theoriebasierten und empirisch-qualitativen Exploration zeigt jedoch auch etwas Weiteres: Bereits bei der Kontextbildung im Rahmen der theoriebasierten Exploration wurde darauf hingewiesen, dass der Wirkungszusammenhang „Visionskultur, Zukunftswerkstatt und neue Freiwillige“ [siehe Abbildung 30] besonderer Aufmerksamkeit bedarf [siehe 5.2.3, S. 157ff.]. An der Stelle wurde vor allem das Zusammenspiel von „alten“ und „neuen“ Engagierten als besonders kritisch eingestuft. Dahingehend sensibilisiert, wurde auch im weiteren Forschungsprozess, während der empirisch-qualitativen Exploration, dieser Wirkungszusammenhang explizit betrachtet. So wurde festgestellt, dass sowohl hinsichtlich des Potenzials „Dialogprozess“ [vgl. Potenzial 6, S. 213f.] als auch hinsichtlich des Potenzials „Es wird potenziellen Engagierten aufgezeigt, dass sie mitentwerfen und mitentscheiden können“ [vgl. Potenzial 7, S. 216] Herausforderungen für die Initiatoren von Zukunftswerkstätten bestehen, die in der theoriebasierten Exploration bereits formuliert wurden. Insbesondere wurde erkannt, dass der Ausgleich zwischen den Vereinsinteressen und den Bedürfnissen der Teilnehmer besonderer Aufmerksamkeit bedarf. Vor allem dann, wenn potenzielle Freiwillige, die für die Vereinsarbeit gewonnen werden sollen und zuvor fast gar keinen Kontakt zum Verein hatten, in der Zukunftswerkstatt mitwirken. In der endgültigen Version des Beobachtungsleitfadens [siehe Abbildung 54] wird diesem besonderen Erkenntnisinteresse durch die Ergänzung einer weiteren Beobachtungsfrage (BF9) Rechnung getragen.

Der offen gestaltete Forschungsprozess macht somit bislang vernachlässigte Phänomene und Wirkungszusammenhänge erkennbar (z. B. „Konfliktpotenzial zwischen den Vereinsinteressen und den Interessen der Nichtmitglieder“), die nicht zwingend zur Beantwortung der forschungsleitenden Fragestellungen hätten untersucht werden müssen.

BEOBACHTUNGSLEITFADEN – endgültige Version	
Potenzial 1: Begeisterung und Betroffenheit	
Beobachtungsfrage 1 (BF1):	Gibt es Situationen, in denen die Teilnehmer Begeisterung und persönliche Betroffenheit zeigen? Wodurch wird eine anregende und begeisternde Atmosphäre geschaffen?
Potenzial 2: Entwicklung alternativer Zukünfte	
BF2:	Zeigen sich Prozesse, aus denen alternative Zukünfte erwachsen und welche Rolle spielen dabei der Perspektivenwechsel und die Anwendung des dialektischen Prinzips?
Potenzial 3: ganzheitliches Lernen	
BF3:	Welche beobachtbaren Situationen lassen auf ganzheitliches Lernen schließen? Wodurch wird den Teilnehmern das Aneignen von Handlungskompetenzen ermöglicht?
Potenzial 4:	**pädagogische Situationen**
BF4:	Wie zeigen sich und wie wirken pädagogische Situationen?
Potenzial 5:	**aufmerksame Realisierungsphase**
BF5:	Können Kriterien einer aufmerksamen Realisierungsphase beobachtet werden und wie wirken sich diese auf die Ergebnisse aus? Werden im Rahmen der Zukunftswerkstatt konkrete Handlungsalternativen erarbeitet?
Potenzial 6:	**Dialogprozess**
BF6:	Lassen sich Dialogprozesse beobachten, in denen die Teilnehmer eine differenzierte Sicht auf ihr eigenes und das Handeln anderer sowie auf die übergreifenden Herausforderungen und Ziele der Organisation erhalten?
Potenzial 7:	**Es wird potenziellen Engagierten aufgezeigt, dass sie mitentwerfen und mitentscheiden können.**
BF7:	Wie wird potenziellen Engagierten aufgezeigt, dass sie mitentwerfen und mitentscheiden können? Können Situationen beobachtet werden, durch die das Menschenbild der Zukunftswerkstatt (der Mensch als schöpferisches und selbstbestimmtes Wesen) sichtbar wird?
Potenzial 8:	**Hierarchien und (unangenehme / belastende) Zwangssituationen werden vermieden.**
BF8:	Wie stehen Teilnehmer, Coachs und Moderator zueinander und welche Rollen nehmen sie ein? Wie werden Zwangssituationen vermieden?
Ergänzungsfrage	
BF9:	Sind Situationen beobachtbar, in denen Konflikte zwischen den übergeordneten Vereinsinteressen und persönlichen Teilnehmerinteressen (insbesondere die der Nichtmitglieder) erkennbar werden?

Abbildung 54: Beobachtungsleitfaden – endgültige Version (Quelle: Eigene Darstellung)

Die vorliegende Untersuchung diente schließlich in erster Linie dazu, zu erkunden, zu was die Methode Zukunftswerkstatt, bezogen auf die forschungsleitenden Fragestellung in der Lage ist. Diese Leistungsfähigkeit (Potenzial) wurde im Rahmen der theoriebasierten Exploration plausibel ermittelt und in der empirisch-qualitativen Exploration in einem Einzelfall festgestellt. Dass sich darüber hinaus Herausforderungen für die Durchführung von Zukunftswerkstätten in gemeinnützigen Großsportvereinen ergeben, ist für die Beantwortung der Forschungsfragen zunächst unerheblich. Die Potenziale bestehen, unabhängig von weiteren Anforderungen, an die konkrete Durchführung der Methode.

So konnten mit der vorliegenden Arbeit nicht nur die Potenziale der Methode Zukunftswerkstatt ermittelt werden, gleichzeitig wurden auch wertvolle Hinweise abseits des originären Forschungsstranges gewonnen, denen in weitergehenden Forschungsvorhaben [siehe dazu auch 8.2] nachgegangen werden kann.

7 Theoriebildung

Zu Forschungsbeginn wurde als Ziel für die vorliegende Arbeit die Konzeptualisierung einer Theorie formuliert, die die Potenziale der Zukunftswerkstatt zur Entwicklung einer wirksamen Visionskultur und zur Gewinnung freiwillig Engagierter in gemeinnützigen Großsportvereinen beschreiben sollte [vgl. S. 24]. Auf diese Weise soll die vorliegende Arbeit einen Beitrag dazu leisten, den organisierten Sport erfolgreicher zu machen. Konkret sollen Wege aufgezeigt werden, dem stetigen Veränderungsdruck, dem die Vereine ausgesetzt sind, begegnen zu können.

Ausgangspunkt für diese Zielformulierung waren die Erfahrungen und Beobachtungen des Autors, die die Schlussfolgerung zuließen, dass wesentliche Wirkungszusammenhänge zwischen den vier Themenfeldern „Visionskultur", „gemeinnütziger Großsportverein", „Zukunftswerkstatt" und „Freiwilligenarbeit" bestehen [vgl. S. 25]. Anhand einer theoriebasierten und empirisch-qualitativen Exploration wurde dieses Vorverständnis hinterfragt und angereichert. Die beiden unterschiedlichen explorativen Forschungszugänge bereicherten sich gegenseitig und im stetigen Abgleich der Erkenntnisse aus beiden Erkenntniszirkeln [siehe S. 30 und Abbildung 55, S. 231] konnten wesentliche Aussagen bzgl. der forschungsleitenden Fragestellungen getroffen werden.

An der Schnittstelle der beiden Erkenntniszirkel erfolgt nun die finale Theoriebildung [siehe Abbildung 55]. Der Prozess der Theoriebildung, der in der Analyse der vier Themenfelder seinen Ausgangspunkt hat, erfolgt im Rahmen dieser Arbeit bekanntlich unter einem qualitativen Paradigma. Das zeigen die Forschungsmethode (Exploration), die Datenerhebungsmethode (Theorieanalyse / unstrukturierte teilnehmende Beobachtung) sowie das Forschungsziel: Es gilt eine Theorie zu entwickeln und keine Hypothesen anhand von Messungen von Ausschnitten der Beobachtungsrealität zu überprüfen, was in der Regel in einer statistischen Verarbeitung von Messwerten münden würde [vgl. Bortz / Döring 2009, S. 296]. Der Forscher geht zwar auch bei einem qualitativen Vorgehen nicht ohne jede Vorkenntnis an ein Forschungsvorhaben heran (dies ist auch in der vorliegenden Arbeit nicht der Fall), „jedoch geht er offener und mit weniger vorgefassten Meinungen an das Feld heran, in dem er bewusst darauf verzichtet, explizit Hypothesen zu formulieren" [Lamnek 2008, S. 137]. Auf diese Weise werden Erkenntnisse über komplexe Zusammenhänge ermöglicht, die sich in der Regel nicht mit Messwerten quantifizieren lassen. An dieser Stelle sieht auch Lüders die große Chance qualitativer Forschung: „Qualitative Forschung hätte […] immer dann und nach wie vor gut Chancen, wenn das Gefühl entsteht, dass man mit quantifizierenden Verfahren nur die Oberfläche streift" [Lüders 2010b, S. 639] und außerdem: „Gefragt wäre also vorrangig gültiges deskriptives Wissen, unter bestimmten Bedingungen konzeptuelles Wissen, also die Beantwortung der Frage, wie man etwas besser machen könnte“ [Lüders 2010b, S. 639].

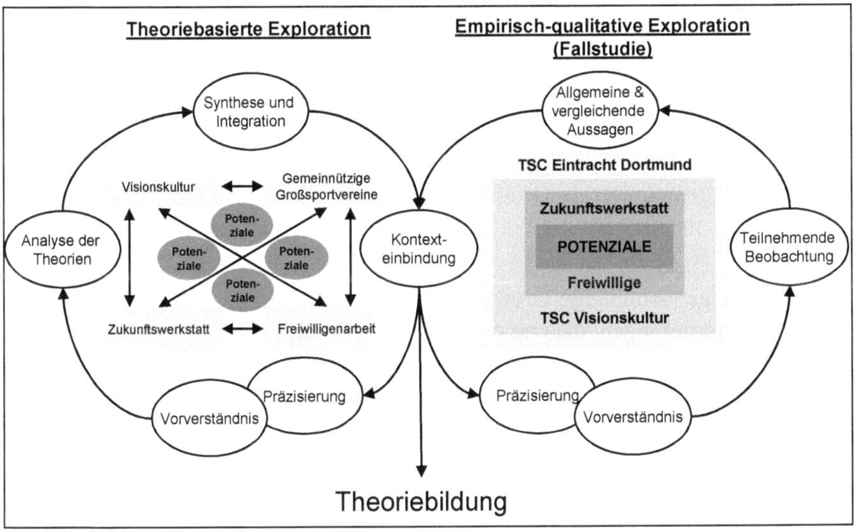

Abbildung 55: Theoriebildung (Quelle: Eigene Darstellung)

Diesen beiden, von Lüders formulierten, Ansprüchen an einen qualitativen Forschungsprozess soll die in diesem Kapitel angestrebte Theoriebildung gerecht werden:

- In der Theorie sollen Aussagen getroffen werden, die bei einer quantitativen Vorgehensweise nicht hätten getroffen werden können.
- Die Theorie soll zudem Wege aufzeigen, Dinge besser zu machen (hier: gemeinnützige Großsportvereine erfolgreicher machen).

Bei der Theoriebildung im qualitativen Forschungsprozess wird, um die zumeist komplexen Vorgänge zu beschreiben, mit Verbalisierungen oder mit grafischen Abbildungen gearbeitet. Ganz allgemein ist eine Theorie ein System von Aussagen, das die Funktion hat, Sachverhalte zu beschreiben, zu erklären und vorauszusagen [vgl. u. a. Schnell / Hill et al. 2008, S. 54; Bortz / Döring 2009, S. 15].

Um die Theorie transparent zu machen, soll ein harter Kern aus denen im Rahmen dieses Forschungsprozesses gewonnenen Erkenntnissen herausgearbeitet werden. Dazu werden zunächst die Erkenntnisse, die in dieser Arbeit gewonnen wurden, gesammelt. Anschließend werden diese Aussagen dann in einer Theorie präzisiert.

Kernaussagen bzw. wesentliche Erkenntnisse, die sich aus dem Forschungsprozess herauskristallisiert haben:

E1: Eine wirkungsvolle Visionskultur ist der Nährboden für die Entstehung von Visionen in allen Kulturbereichen der Organisation und schafft somit die Voraussetzung, dem stetigen Veränderungsdruck der sich wandelnden Umwelt durch effektive, aufmerksame, ganzheitliche und konkrete Veränderungsprozesse erfolgreich zu begegnen [siehe Definition S. 64].

E2: Der gemeinnützige Großsportverein als „dienstleistungsorientierte Solidargemeinschaft" ist ein Zukunftsmodell im organisierten Sport [siehe u. a. S. 77 oder S. 137].

E3: Der gemeinnützige Großsportverein steht vor zwei grundlegenden Herausforderungen, die eng miteinander verknüpft sind:

(1) Freiwilligenarbeit muss als entscheidender Erfolgsfaktor (wieder-) erkannt werden [vgl. S. 88] und erfolgreich in das Vereinsleitbild, die Vereinsstrategie und das Vereinsleben implementiert werden. Dabei gilt es insbesondere, den Veränderungen, die durch den Werte-Wandel ausgelöst wurden, Rechnung zu tragen.

(2) Nur mit einer wirksamen Visionskultur wird es möglich sein, erfolgreich dem gesellschaftlichen Wandel zu begegnen. Daher müssen gemeinnützige Großsportvereine für die Entwicklung einer wirksamen Visionskultur die nötigen Ressourcen und Methoden zur Verfügung stellen [vgl. S. 96].

E4: Es bestehen starke Wirkungszusammenhänge zwischen den vier Themenfeldern „Visionskultur", „gemeinnütziger Großsportverein", „Freiwilligenarbeit" und „Zukunftswerkstatt", die sich sowohl in unterschiedlichen Wechselwirkungen als auch in Schnittmengen und Parallelen der theoretischen Grundlagen der vier Themenfelder zeigen [siehe insbesondere 5.1 Wirkungszusammenhänge *erkunden*].

E5: Die Methode Zukunftswerkstatt bietet wirkungsvolle Potenziale sowohl zur Entwicklung der Visionskultur als auch zur Gewinnung freiwillig Engagierter [siehe u. a. 5.2.3 oder 6.3.4].

E6: Gemeinnützige Großsportvereine verfügen über die organisatorischen und personellen Ressourcen, um Zukunftswerkstätten erfolgreich durchzuführen und die erarbeiteten Visionen und Strategien auch nach der Zukunftswerkstatt zu begleiten und eine Umsetzung somit wahrscheinlicher zu machen [siehe 5.1.1].

Die hier formulierten Erkenntnisse werden nun in einer abschließenden *Theorie* zusammengefasst:

Die Methode Zukunftswerkstatt bietet Potenziale sowohl zur Entwicklung einer wirksamen Visionskultur als auch zur Gewinnung freiwillig Engagierter. Da zudem in gemeinnützigen Großsportvereinen die nötigen Rahmenbedingungen vorliegen, Zukunftswerkstätten erfolgreich zu gestalten, eignet sich die Methode sehr gut zur (Weiter-)Entwicklung gemeinnütziger Großsportvereine hin zu dienstleistungsorientierten Solidargemeinschaften. Die Methode Zukunftswerkstatt befördert damit die Leistungsfähigkeit gemeinnütziger Großsportvereine, dem wachsenden Veränderungsdruck, der auf dem organisierten Sport lastet, erfolgreich zu begegnen.

Schon bei der Darstellung des Forschungsvorgehens in 1.4 wurde darauf hingewiesen, dass diese Theorie nicht nur als Handlungsempfehlung für gemeinnützige Großsportvereine zu verstehen ist. Die vorliegende Arbeit soll vielmehr auch dazu anregen, die hier formulierte Theorie in anknüpfenden Forschungsvorhaben weiter zu überprüfen, zu vertiefen, zu ergänzen und anzureichern.
An dieser Stelle soll daher auf ein Zitat des österreichisch-britischen Philosophen Karl Raimund Popper (*1902 - †1994) verwiesen werden: „Niemals setzt sich die Wissenschaft das Phantom zum Ziel, endgültige Antworten zu geben oder auch nur wahrscheinlich zu machen, sondern ihr Weg wird bestimmt durch ihre unendliche, aber keineswegs unlösbare Aufgabe, immer wieder neue, vertiefte und verallgemeinerte Fragen aufzufinden und die immer nur vorläufigen Antworten immer von neuem und immer strenger zu prüfen" [Popper 1982, S. 225].
Auch die vorliegende Forschungsarbeit hat nicht nur nach Antworten gesucht, sondern hat auch neue Fragen aufgeworfen. Vorschläge, wie diesen neu aufgeworfenen Fragen nachgegangen werden kann, werden noch in 8.2 skizziert.

8 Zusammenfassung und Ausblick

In diesem Schlusskapitel werden die Forschungsergebnisse noch einmal hinsichtlich der Fragestellungen und Ziele dieser Arbeit beurteilt [siehe 8.1]. Zudem werden einige Vorschläge skizziert, wie den inzwischen neu aufgeworfenen Fragen in weitergehenden Forschungsvorhaben nachgegangen werden kann [siehe 8.2].

8.1 Ziele und Forschungsergebnisse dieser Arbeit

Die Motivation zur Anfertigung der sich hier nun auf der Zielgeraden befindenden Forschungsarbeit gründet unter anderem auf der tiefen Überzeugung des Autors, dass der Sport in seinen unterschiedlichsten Facetten sowie die (gemeinnützigen) Vereine des organisierten Sports erhaltenswert und förderungswürdig sind. Diese Überzeugung hat seinen Ursprung in der schon zu Beginn dieser Arbeit beschriebenen Sozialisation des Autors und verstärkte sich im Verlauf seines Lebens auch durch die theoretische Auseinandersetzung mit dem „sportlichen" Forschungsfeld.

Durch diese praktische und theoretische Auseinandersetzung mit dem Sportsektor konnte er (und kann er nach wie vor) den von vielen bereits erkannten und beschriebenen Veränderungsdruck, der die Sportvereine herausfordert, hautnah miterleben. Insbesondere konnte er beobachten, dass trotz zahlreicher betriebswirtschaftlicher Modelle, die inzwischen Einzug in den Sport gehalten hatten, es für viele Sportvereine schwierig blieb, in dem Spannungsfeld zwischen Dienstleistungseinrichtung und Solidargemeinschaft [vgl. S. 74] einen Weg zu finden, dem Veränderungsdruck erfolgreich zu begegnen.

Diese Erfahrung führte letztendlich zu der Entscheidung, sich im Rahmen einer Forschungsarbeit über einen alternativen Zugang dem Erkenntnisobjekt „organisierter Sport" zu nähern. In Abgrenzung zu den zumeist betriebswirtschaftlich geprägten Herangehensweisen bei der Entwicklung von Theorien und Maßnahmen zur Bewältigung des Veränderungsdruckes, wurde in dieser Forschungsarbeit ein betriebspädagogischer Ansatz gewählt [vgl. S. 36]. Dieser zeichnet sich insbesondere dadurch aus, dass der Mensch und die Entwicklung seiner individuellen Persönlichkeit [vgl. S. 15] sowie die Organisationskultur („Betriebspädagogik als Wissenschaft der Unternehmenskultur" [Hülshoff 2010a]) im Forschungsfokus stehen. Und die Sportvereinskultur, das zeigt unter anderem die Untersuchung von Nagel / Conzelmann et al., „ist besonders für die Frage ‚Solidargemeinschaft oder Dienstleistungsorientierung?' von Bedeutung" [Nagel / Conzelmann et al. 2004, S. 191].

Vor diesem Hintergrund rückte in der vorliegenden Arbeit zum einen die Visionskultur als Veränderungskultur in den Sportvereinen in den Forschungsfokus und zum anderen erfuhr die Freiwilligenarbeit als ein zentrales Merkmal gemeinnütziger Sportvereine besondere Aufmerksamkeit.

Aber es wurde nicht nur ein alternativer wissenschaftlicher Zugang gewählt. Mit der Zukunftswerkstatt wurde auch aus der Vielzahl der Maßnahmen, Methoden und Modelle, die inzwischen im Sport zur Anwendung kommen, eine Methode herausgegriffen, der bislang, zumindest im Kontext Sport, nur wenig Beachtung geschenkt wurde. Dass starke Wirkungszusammenhänge zwischen der Methode Zukunftswerkstatt und den drei weiteren Themenfeldern der vorliegenden Arbeit „gemeinnütziger Großsportverein“, „Visionskultur“, „Freiwilligenarbeit“ bestehen, wurde anfangs aufgrund der übereinstimmenden Menschenbilder vermutet und konnte dann im Forschungsverlauf durch die explorativen Studien bestätigt werden. Diese enge Verknüpfung der vier Themenfelder war schließlich auch die Grundlage für die am Ende dieser Arbeit hergeleitete Theorie.

Die Konzeptualisierung einer Theorie erfolgte über die Beantwortung der Forschungsfragen sowie über die Beantwortung der Leitfragen der theoriebasierten und empirisch-qualitativen Exploration:

Forschungsfrage 1:
Welche Potenziale bietet die Methode der Zukunftswerkstatt zur Entwicklung einer wirksamen Visionskultur gemeinnütziger Großsportvereine?

Forschungsfrage 2:
Welche Potenziale bietet die Methode der Zukunftswerkstatt zur Gewinnung freiwillig Engagierter für gemeinnützige Großsportvereine?

Forschungsfrage der theoriebasierten Exploration:
Welche Potenziale, bezogen auf die Forschungsfragen, der Methode Zukunftswerkstatt lassen sich anhand der systematischen Durchsicht und Analyse bereits vorhandener wissenschaftlicher Erkenntnisse ausmachen?

Leitfrage 1 der empirisch-qualitativen Exploration:
Wie zeigen sich und wie wirken die in der theoriebasierten Exploration ermittelten Potenziale der Methode Zukunftswerkstatt in der konkret im TSC Eintracht Dortmund durchgeführten Zukunftswerkstatt?

Leitfrage 2 der empirisch-qualitativen Exploration:
Warum kann der Einsatz der Methode Zukunftswerkstatt zur erfolgreichen Bewältigung des Veränderungsdruckes gemeinnütziger Großsportvereine vorteilhaft sein?

Neben der Beantwortung der Fragen führten die explorativen Studien, typisch für diese Vorgehensweise [vgl. S. 24], den Forscher jedoch auch auf Pfade, die bei einem normativen Vorgehen verborgen geblieben wären. So wurden zum Beispiel die Besonderheiten bei Teilnahme von Nichtmitgliedern bzw. neuen Engagierten an von Sportvereinen organisierten Zukunftswerkstätten aufgedeckt [vgl. u. a. Abbildung 30].

Die vorliegende Arbeit erfüllt somit mehrere Funktionen:

- Das Ziel der Konzeptualisierung einer Theorie, die die Potenziale der Zukunftswerkstatt zur Entwicklung einer wirksamen Visionskultur und zur Gewinnung freiwillig Engagierter in gemeinnützigen Großsportvereinen beschreibt [vgl. S. 24], wurde erreicht.
- Auf diesem Wege wurden Wirkungszusammenhänge zwischen Themenfeldern erkundet, beschrieben und nachgewiesen, die nach Kenntnis des Autors dieser Arbeit zuvor noch nicht wissenschaftlich betrachtet wurden.
- Es konnte gezeigt werden, dass die Kombination aus theoriebasierter und empirisch-qualitativer Exploration ein geeignetes wissenschaftliches Mittel ist, um Forschungsthemen aus unterschiedlichen Blickwinkeln zu durchdringen, offenen Fragen („Welche Potenziale?“) nachzugehen und gleichzeitig unvoreingenommen Theorien zu entwickeln, die auch Erkenntnisse abseits des originären Forschungsstranges hervorbringen.

Bleibt noch zu klären, inwieweit die vorliegende Arbeit dem Anspruch gerecht wird, einen Beitrag dazu zu leisten, den organisierten Sport erfolgreicher zu machen.

Auf der Praxisebene fordert die in dieser Forschungsarbeit hergeleitete Theorie andere Sportvereine geradezu heraus, sich mit der Methode Zukunftswerkstatt zu beschäftigen und sie ggf. anzuwenden. Da wirksame Potenziale aufgedeckt wurden (nicht zuletzt am konkreten Beispiel TSC Eintracht Dortmund), kann grundsätzlich auch für andere Vereine der Einsatz der Zukunftswerkstatt zur Stärkung der Visionskultur und zur Gewinnung freiwillig Engagierter empfohlen werden.

Aus wissenschaftlicher Sicht kann festgehalten werden, dass die hier verfolgte Vorgehensweise (betriebspädagogischer Zugang, Exploration, Datenerhebungsverfahren, Erkenntniszirkel etc.) sich bewährt hat und damit auch dazu auffordert, sich sowohl mit dem Forschungsfeld selbst als auch mit dem Forschungsvorgehen im hier beschriebenen Forschungsfeld weiter auseinander zu setzten.

Im ersten Fall wird somit bei den Sportorganisationen und im zweiten Fall bei der Wissenschaft das Interesse geweckt. Beides hilft dem organisierten Sport bei der erfolgreichen Neuorientierung und Neuausrichtung inmitten rasanter Veränderungen.

8.2 Fragestellungen für weitergehende Forschungsvorhaben

Die in Kapitel 7 hergeleitete Theorie soll, wie bereits mehrfach erwähnt, nicht nur als Handlungsempfehlung für gemeinnützige Großsportvereine verstanden werden, die vorliegende Arbeit soll auch dazu anregen, die Theorie in anknüpfenden Forschungsvorhaben weiter zu überprüfen, zu vertiefen, zu ergänzen und anzureichern. An dieser Stelle sollen daher einige Fragen, die während des Forschungsprozesses aufgekommen sind, aufgegriffen und für weitere Forschungsvorhaben zur Verfügung gestellt werden. Zur Beantwortung dieser Fragen können zwei grundsätzliche Forschungsvorgehen unterschieden werden:

Zum einen kann auf der bestehenden Datengrundlage aufgebaut werden. Die theoretischen Analysen können angereichert, das zur Verfügung stehende Videomaterial kann weiter ausgewertet werden. Einzelne Aspekte können herausgegriffen und gesondert analysiert werden. Bildlich gesprochen würde es bei dieser Vorgehensweise darum gehen, die beiden Erkenntniszirkel [siehe Abbildung 55] weiter zu „drehen", immer wieder neue Fragen aufzuwerfen, diesen nachzugehen und damit die Theorie im Sinne eines hermeneutischen Verstehens immer weiter zu präzisieren. „Hermeneutisches Verstehen ist nie abgeschlossen, denn das Verstehen als Ziel hermeneutischer Bemühung hat nicht Produkt-, sondern Prozesscharakter" [Gudjons 2008, S. 58].

Zum anderen kann das Forschungsfeld[59] mit anderen Methoden oder auch anhand anderer Daten und Untersuchungsobjekte weiter erforscht werden. Die Betrachtung anderer Sportvereine, anderer Zusammensetzungen der Gruppen, anderer Werkstattthemen und anderer Werkstattabläufe kann weitere Erkenntnisse liefern und zur Anreicherung und Überprüfung der in dieser Arbeit hergeleiteten Theorie herangezogen werden. Gleiches gilt für alternative Datenerhebungs- und Auswertungsmethoden (qualitative und quantitative).

Die folgende Auflistung kann nur eine Auswahl weitergehender Forschungsfragen sein. Die Reihenfolge spiegelt zudem keine Rangfolge wider. Einige Fragen

[59] Hiermit sind die vier Themenfelder „Visionskultur", „gemeinnütziger Großsportverein", „Zukunftswerkstatt" und „Freiwilligenarbeit" gemeint.

sind mit Verweisen auf Textstellen in dieser Arbeit versehen, aus denen sich die Fragestellungen ergeben haben.

Wie wirken sich unterschiedliche Rahmenbedingungen für die Zukunftswerkstatt auf die Entfaltung der Potenziale aus?

- Größe des Sportvereins [siehe S. 138]
- Größe der Gruppe [siehe S. 214]
- Dauer der Zukunftswerkstatt
- Themenauswahl
- etc.

Wie wirkt sich die Zusammensetzung der Gruppe in der Zukunftswerkstatt auf die Entfaltung der Potenziale aus?

- Anteil der Nichtmitglieder [siehe S. 158f. und S. 227f.][60]
- Anteil der bislang nicht Engagierten (Mitglieder und Nichtmitglieder)
- Alterszusammensetzung
- Geschlechterzusammensetzung
- etc.

Wie zeigen sich die Potenziale der Zukunftswerkstatt nach der eigentlichen Werkstatt (Stichwort: Langzeitstudien)?

Wie zeigt sich das Spannungsfeld zwischen dem Bedarf nach „Leitbild-konformer" Visionsentwicklung und der Notwendigkeit eines offenen und demokratischen Vorgehens?

Wie wirkt sich der Einsatz der Methode Zukunftswerkstatt auf die Gewinnung neuer Mitglieder (nicht zwangsläufig Engagierter) aus?[61]

Welches Potenzial [vgl. Abbildung 36] ist in der Zukunftswerkstatt am häufigsten beobachtbar?

Wie zeigt sich das Potenzial der Zukunftswerkstatt, bereits Engagierte zusätzlich zu motivieren?

… und noch viele weitere Fragen!

---

[60] Zum Beispiel könnte der These nachgegangen werden, dass je mehr Nichtmitglieder an einer Zukunftswerkstatt im Sportverein teilnehmen, desto größeres Konfliktpotenzial besteht.

[61] Eine, in dieser Arbeit nicht thematisierte, Beobachtung konnte hinsichtlich der Gewinnung neuer Mitglieder (nicht Engagierter) gemacht werden. So fragt Katrin sehr interessiert nach den Möglichkeiten, im TSC Eintracht Volleyball zu spielen [Video 00:07:17 Katrin: gibt es eine weibliche Volleyballmannschaft]. Bei einer Durchführung von Zukunftswerkstätten mit externen Teilnehmern eröffnen sich damit, das zeigt zumindest dieses Einzelbeispiel, Möglichkeiten, auch Mitglieder zu werben.

Die hier vorliegende explorative Studie hat gezeigt, dass die Methode Zukunftswerkstatt sich für den Einsatz in gemeinnützigen Großsportvereinen sehr gut eignet. In weitergehenden Forschungsvorhaben gilt es nun zu erkunden, welche Variablen entscheidend für die jeweilige Ausprägung der Potenziale sind und inwiefern die Forschungsergebnisse auf andere Sportvereine und andere Zukunftswerkstätten übertragbar sind.

Neue Untersuchungen werden Antworten auf die oben genannten Fragen finden, aber auch gleichzeitig, und das ist von zentraler Bedeutung für einen bereichernden Forschungsprozess, weitergehende Fragen aufwerfen.

Und so schließt die Forschungsarbeit, so wie sie begonnen hat, mit einem Zitat von Albert Einstein:

"The important thing is not to stop questioning"
Albert Einstein
[zitiert in Ingold / Lambrecht 2008, S. 9]

Abkürzungsverzeichnis

ABM Arbeitsbeschaffungsmaßnahme
Abs. Absatz
ADH Allgemeiner Deutscher Hochschulsportverband
AG-SPAK Arbeitsgemeinschaft Sozialpolitischer Arbeitskreise
AI Appreciative Inquiry
AO Abgabenordnung
Apg Apostelgeschichte
Art. Artikel
BBE Bundesnetzwerk Bürgerschaftliches Engagement
BF Beobachtungsfrage
BGB Bürgerliches Gesetzbuch
BMF Bundesministerium der Finanzen
BMFSFJ Bundesministerium für Familie, Senioren, Frauen und Jugend
BSB Badischer Sportbund Nord e. V.
bzgl. bezüglich
bzw. beziehungsweise
ca. circa
d. h. das heißt
DIE Deutsches Institut für Erwachsenenbildung
DIN Deutsches Institut für Normung e. V.
DOSB Deutscher Olympischer Sportbund
Dr. Doktor
DSB Deutscher Sportbund
DT Dienstleistungs-Typ
E Erkenntnis
e. V. eingetragener Verein
EHP Edition Humanistische Psychologie
EN Europäische Norm
ERF Evangeliums-Rundfunk e. V.
et al. und andere
etc. et cetera
EU Europäische Union
evtl. eventuell
f. folgende
FC Fußball Club
ff. fortfolgende
gem. gemäß
GG Grundgesetz
ggf. gegebenenfalls
GmbH Gesellschaft mit beschränkter Haftung

h	Stunde
Hrsg.	Herausgeber
html	hypertext markup language
http	hypertext transfer protocol
i. d. R.	in der Regel
i. w. S.	im weitesten Sinne
inkl.	inklusive
ISO	International Organization for Standardization
Jr.	Junior
LSB	Landessportbund
Mio	Million(en)
MIT	Massachusetts Institute of Technology
MLQ	Multifactor Leadership Questionaire
Mrd.	Milliarde(n)
NOK	Nationales Olympisches Komitee
NPO	Non-Profit-Organisation
Nr.	Nummer
NRW	Nordrhein Westfalen
o. ä.	oder ähnlich
o. J.	ohne Jahr
pdf	portable document format
PMBOK®	Project Management Body of Knowledge
PS	Pearson Studium
PVU	Psychologie Verlags Union
QM	Qualitätsmerkmal
S	Seite
sog.	sogenannte(r / s)
SSBK	StadtSportBund Köln
ST	Struktur-Typ
St.	Sankt
STAP	situatives tätigkeitsbezogenes Anforderungsprofil
TSC	Turn- und Sport-Club
u. Ä.	und Ähnliche
u. a.	unter anderem
u. v. a. m.	und viele andere mehr
usw.	und so weiter
UTB	Uni-Taschenbücher
v. Chr.	vor Christus
VFL	Verein für Leibesübungen
vgl.	vergleiche
WLSB	Württembergischer Landessportbund
WSB	Weiterbildendes Studium Betriebspädagogik
WV	Westdeutscher Verlag
www	world wide web
WZ	Wirkungszusammenhang
z. B.	zum Beispiel
ZPT	Zielprofil-Typ
ZW	Zukunftswerkstatt

Literaturverzeichnis

Abgabenordnung in der Fassung der Bekanntmachung vom 1. Oktober 2002 (BGBl. I, S. 3866; 2003 I, S. 61), die zuletzt durch Artikel 2 des Gesetzes vom 28. April 2011 (BGBl. I, S. 676) geändert worden ist. AO. Online verfügbar unter http://www.gesetze-im-internet.de/bundesrecht/ao_1977/gesamt.pdf [31. 07.2011].

Albers, Olaf / Broux, Arno / Thiesen, Peter (1999): Zukunftswerkstatt und Szenariotechnik. Ein Methodenbuch für Schule und Hochschule. Weinheim: Beltz (Beltz-Praxis).

Andler, Nicolai (2009): Tools für Projektmanagement, Workshops und Consulting. Kompendium der wichtigsten Techniken und Methoden. 2., überarbeitete und erweiterte Auflage. Erlangen: Publicis Publisching.

Apel, Heino / Günther, Beate (1999): Mediation und Zukunftswerkstatt. Prozeßwerkzeuge für die Lokale Agenda 21. Frankfurt / Main: DIE (Perspektive Praxis).

Argyris, Chris / Schön, Donald A. (2006): Die lernende Organisation. Grundlagen, Methode, Praxis. 3. Auflage. Stuttgart: Klett-Cotta (Management – Die blaue Reihe).

Baecker, Dirk (2003): Wozu Kultur? 3. Auflage. Berlin: Kulturverlag Kadmos.

Bass, Bernard M. / Riggio, Ronald E. (2006): Transformational leadership. 2nd edition. Mahwah, New Jersey: Lawrence Erlbaum Associates.

Bayerischer Landes-Sportverband e. V. (Hrsg.) (2011): Gemeinsam in der Werkstatt die Zukunft des Sports entwickeln. Online verfügbar unter http://www.blsv.de/blsv/vereinsservice/zukunftswerkstatt.html, zuletzt aktualisiert am 08.02.2011, [31.07.2011].

Beher, Karin / Krimmer, Holger / Rauschenbach, Thomas / Zimmer, Annette (2008): Die vergessene Elite. Führungskräfte in gemeinnützigen Organisationen. Weinheim und München: Juventa-Verlag.

Bennis, Warren G. / Nanus, Burt (1987): Führungskräfte. Die vier Schlüsselstrategien erfolgreichen Führens. 3. Auflage. Frankfurt / Main: Campus-Verlag.

Boeckh-Behrens, Wend-Uwe / Buskies, Wolfgang (2002): Fitness-Krafttraining. Die besten Übungen und Methoden für Sport und Gesundheit. 5. Auflage, Originalausgabe. Reinbek bei Hamburg: Rowohlt Taschenbuch Verlag (rororo-Sport).

Böhm, Winfried (2005): Wörterbuch der Pädagogik. 16., vollständig überarbeitete Auflage. Stuttgart: Kröner.

Bohnsack, Ralf (2009): Qualitative Bild- und Videointerpretation. Die dokumentarische Methode. Opladen: Barbara Budrich (UTB Erziehungswissenschaft, Sozialwissenschaften, 8407).

Bortz, Jürgen / Döring, Nicola (2009): Forschungsmethoden und Evaluation. Für Human- und Sozialwissenschaftler. 4., überarbeitete Auflage. Heidelberg: Springer-Medizin-Verlag (Springer-Lehrbuch Bachelor, Master).

Breuer, Christoph (2007): Sportentwicklungsbericht 2005/2006. Analyse zur Situation der Sportvereine in Deutschland. 1. Auflage. Köln: Sportverlag Strauß (Wissenschaftliche Berichte und Materialien des Bundesinstituts für Sportwissenschaft, 02).

Breuer, Christoph (2009): Sportentwicklungsbericht 2007/2008. Analyse zur Situation der Sportvereine in Deutschland. 1. Auflage. Köln: Sportverlag Strauß (Wissenschaftliche Berichte und Materialien des Bundesinstituts für Sportwissenschaft, 08).

Breuer, Christoph / Thiel, Ansgar (2009): Handbuch Sportmanagement. 2. erweiterte Auflage. Schorndorf: Hofmann-Verlag (Beiträge zur Lehre und Forschung im Sport, 149).

Bundesministerium der Finanzen (Hrsg.) (2006): Die abgabenrechtliche Privilegierung gemeinnütziger Zwecke auf dem Prüfstand. Gutachten des Wissenschaftlichen Beirats beim Bundesministerium der Finanzen. Unter Mitarbeit von Heinz Grossekettler, Bernd Friedrich Huber und Dieter Brümmerhoff.

Bundesministerium des Innern (Hrsg.) (1995): Achter Sportbericht der Bundesregierung. Bonn.

Bundesministerium des Innern (Hrsg.) (2002): Zehnter Sportbericht der Bundesregierung. Berlin.

Bundesministerium des Innern (Hrsg.) (2010): Zwölfter Sportbericht der Bundesregierung. Berlin.

Bundeszentrale für politische Bildung (Hrsg.) (2001): Aus Politik und Zeitgeschichte. Wertewandel. In: Das Parlament, 29. Bonn.

Bunk, Michael (2011): Wir brauchen ein neues Leitbild. Interview mit Hans-Peter Schwider und Holger Thiedemann, FTSV Fortuna Elmshorn, über die Zukunftswerkstatt des Vereins vom Ramskamp. In: Elmshorner Nachrichten, 04.03.2011, S. 12. Online verfügbar unter http://www.ftsv.fortuna-elmshorn.de/report/pdf/zukunftswerkstatt.pdf, [31.07.2011].

Bürgerliches Gesetzbuch in der Fassung der Bekanntmachung vom 2. Januar 2002 (BGBl. I S. 42, 2909 / 2003 I S. 738), das zuletzt durch Artikel 1 des Gesetzes vom 29. Juni 2011 (BGBl. I S. 1306) geändert worden ist. BGB. Online verfügbar unter http://www.gesetze-im-internet.de/bundesrecht/bgb/gesamt.pdf [31.07.2011].

Burow, Olaf-Axel (Juni 1996): Die Weiterentwicklung der Schulpädagogik als dialogischer Suchprozeß. Veranstaltung vom Juni 1996. Passau.

Burow, Olaf-Axel (1997): Lernen für die Zukunft. Eine Einführung. In: Burow, Olaf-Axel / Neumann-Schönwetter, Marina (Hrsg.): Zukunftswerkstatt in Schule und Unterricht. 2., aktualisierte Auflage. Hamburg: Bergmann + Helbig (PB-Bücher, 23), S. 11-21.

Burow, Olaf-Axel (2000): Ich bin gut – wir sind besser. Erfolgsmodelle kreativer Gruppen. Stuttgart: Klett-Cotta.

Burow, Olaf-Axel (2008): Zukunftskonferenz: Anspruch, Wirklichkeit und Perspektiven. In: Kersting, Norbert (Hrsg.): Politische Beteiligung. Einführung in dialogorientierte Instrumente politischer und gesellschaftlicher Partizipation. Wiesbaden: VS Verlag für Sozialwissenschaften / GWV Fachverlage GmbH Wiesbaden, S. 181-194.

Burow, Olaf-Axel / Neumann-Schönwetter, Marina (Hrsg.) (1997): Zukunftswerkstatt in Schule und Unterricht. 2., aktualisierte Auflage. Hamburg: Bergmann + Helbig (PB-Bücher, 23).

Cachay, Klaus / Thiel, Ansgar / Meier, Heiko (2001): Der organisierte Sport als Arbeitsmarkt. Eine Studie zu Erwerbsarbeitspotenzialen in Sportvereinen und Sportverbänden. Schorndorf: Hofmann.

Cohen, Louis / Manion, Lawrence / Morrison, Keith (2009): Research methods in education. 6th edition. London: Routledge.

Conrad, Annett / Fröhlingsdorf, Michael / Hammerstein, Konstantin von / Knaup, Horand / Kurz, Felix / Nelles, Roland et al. (2002): Kanzler im Grauschleier. In: Der Spiegel, H. 44, S. 20-26.

Conzelmann, Achim / Gabler, Hartmut / Mauch, Marlene / Nagel, Siegfried (2003): BSB Vereinsstudie 2003. Perspektiven unserer Vereine. Unter Mitarbeit von Bernhard Hirsch und Katja Hollmann. Herausgegeben von Badischer Sportbund Nord e. V. Karlsruhe.

Corsten, Michael / Krug, Melanie / Moritz, Christine (2010): Videographie praktizieren. Herangehensweisen, Möglichkeiten und Grenzen. Wiesbaden: VS Verlag für Sozialwissenschaften.

Dauscher, Ulrich / Maleh, Carole (2006): Moderationsmethode und Zukunftswerkstatt. 3., überarbeitete und erweiterte Auflage. Augsburg: ZIEL (Grundlagen der Weiterbildung).

Deal, Terrence E. / Kennedy, Allan A. (2000): Corporate cultures. The rites and rituals of corporate life. Cambridge, Massachusetts: Perseus Books Publishing.

DIN EN ISO 9000:2005, 2005 (Norm): Qualitätsmanagementsysteme – Grundlagen und Begriffe (ISO 9000:2005); Dreisprachige Fassung EN ISO 9000: 2005.

Dienel, Peter C. (1992): Die Planungszelle; Eine Alternative zur Establishment-Demokratie. 3., durchgesehene und erweiterte Auflage. Opladen: Westdeutscher Verlag GmbH.

Dinkelaker, Jörg / Herrle, Matthias (2009): Erziehungswissenschaftliche Videographie. Eine Einführung. 1. Auflage. Wiesbaden: VS Verlag für Sozialwissenschaften / GWV Fachverlage GmbH Wiesbaden (Qualitative Sozialforschung).

Dittmar, Norbert (2009): Transkription. Ein Leitfaden mit Aufgaben für Studenten, Forscher und Laien. 3. Auflage. Wiesbaden: VS Verlag für Sozialwissenschaften (Qualitative Sozialforschung, 10).

DOSB (20.05.2006): Aufnahmeordnung des Deutschen Olympischen Sportbundes, vom 20.05.2006. Online verfügbar unter http://www.dosb.de/fileadmin/fm-dosb/downloads/DOSB-Textsammlung/Aufnahmeordnung_Ringbuch.pdf, [31.07.2011].

DOSB (Hrsg.) (2009): DOSB I Presse. Der Artikel- und Informationsdienst des Deutschen Olympischen Sportbundes (DOSB). Frankfurt / Main. (Nr. 26).

DOSB (2009): Gelungenes Frauenforum in Hamburg mit Zukunftswerkstatt. Online verfügbar unter http://www.dosb.de/tr/frauen-gewinnen/service/news/detail/news/gelungenesfrauenforum_in_hamburg_mit_zukunftswerkstatt/printer.html, zuletzt aktualisiert am 24.06.2009 [31.07.2011].

DOSB (Hrsg.) (2010): DOSB I Bestandserhebung 2010. 1. Auflage. Frankfurt / Main. Online verfügbar unter http://www.dosb.de/de/service/download-center/dosb-organisation/bestandsdaten/ [23.07.2011].

DOSB Presse Redaktion (2009): Der Verein als gesellschaftliche Kraft vor neuen Herausforderungen. Zweiter Sportentwicklungsbericht der Sportvereine in Deutschland vorgestellt. In: DOSB (Hrsg.): DOSB I Presse. Der Artikel- und Informationsdienst des Deutschen Olympischen Sportbundes (DOSB). Frankfurt / Main (Nr. 26), S. 2-3.

DSB (Hrsg.) (o. J.): Texte zum Freiwilligen-Management. Danke! Sport braucht Dein Ehrenamt. Online verfügbar unter http://integration-durch-sport.de/fileadmin/fm-ehrenamtimsport/Freiwilligenmanagement/FwManagement.pdf [31.07.2011].

Duden Redaktion (2006): Duden – Die deutsche Rechtschreibung. Das umfassende Standardwerk auf der Grundlage der neuen amtlichen Rechtschreibregeln; rund 130 000 Stichwörter mit über 500 000 Beispielen, Bedeutungserklärungen und Angaben zu Worttrennung, Aussprache, Grammatik, Stilebenen und Etymologie. 24., völlig neu bearbeitete und erweiterte Auflage. Unter Mitarbeit von Werner Scholze-Stubenrecht und Matthias Wermke. Mannheim: Dudenverlag (Der Duden).

Emery, Merrelyn / Purser, Ronald E. (1996): The search conference. A powerful method for planning organizational change and community action. San Francisco, California: Jossey-Bass (Jossey-Bass public administration series).

Enquete-Kommission (2002): „Zukunft des Bürgerschaftlichen Engagements". Bürgerschaftliches Engagement: auf dem Weg in eine zukunftsfähige Bürgergesellschaft. Herausgegeben von Deutscher Bundestag. Opladen. (Schriftenreihe / Enquete-Kommission „Zukunft des Bürgerschaftlichen Engagements" des 14. Deutschen Bundestages). Online verfügbar unter http://dipbt.bundestag.de/dip21/btd/14/089/1408900.pdf [31.07.2011].

ERF Online (2010a): Suche nach „Vision". Online verfügbar unter http://www.bibleserver.com/#/search/EU/Vision/1 [17.12.2010].

ERF Online (2010b): 4. Mose 12,6. Online verfügbar unter http://www.bibleserver.com/text/EU/4.Mose12%2C6 [17.12.2010].

ERF Online (2010c): Apg 10,17. Online verfügbar unter http://www.bibleserver.com/#/search/EU/Vision/3 [18.12.2010].

Europäische Kommission (2007): WEISSBUCH SPORT. Brüssel.

Europäische Kommission (2009): Youth in Europe. A statistical portrait. Luxembourg: Publications Office of the European Union.

Fahrner, Marcel (2008): Sportverbände und Veränderungsdruck. Schorndorf: Hofmann (Reihe Sportsoziologie, 13).

Famous Quotes And Quotations.com (2011): The Sports Quotation. Our Top 10 List of Favorites. Online verfügbar unter http://www.famous-quotes-and-quotations.com/sports-quote.html [28.07.2011].

Fey, Christian (2010): Zukunftswerkstatt und Appreciative Inquiry – zwei Großgruppeninterventionsmethoden im Vergleich. veröffentlicht für: Netzwerk Politische Bildung Bayern. Online verfügbar unter http://home.arcor.de/project_soulfood/Zukunftswerkstatt_und_Appreciative_Inquiry.pdf [31.07.2011].

Flick, Uwe / Kardorff, Ernst von / Steinke, Ines (Hrsg.) (2010): Qualitative Forschung. Ein Handbuch. 8. Auflage, Originalausgabe. Reinbek bei Hamburg: Rowohlt Taschenbuch Verlag (55628).

Floros, Georgios (2003): Kulturelle Konstellationen in Texten. Zur Beschreibung und Übersetzung von Kultur in Texten. Tübingen: Narr (Jahrbuch Übersetzen und Dolmetschen, 3).

Freiburger Kreis (2007): Satzung Freiburger Kreis. Online verfügbar unter http://www.freiburger-kreis.de/wir-ber-uns/satzung.html [31.07.2011].

Freiburger Kreis (Hrsg.) (2011): Wir über uns. Freiburger Kreis – Arbeitsgemeinschaft größerer deutscher Sportvereine e. V. Online verfügbar unter http://www.freiburger-kreis.de/wir-ber-uns/2.html [23.07.2011].

Friebertshäuser, Barbara / Langer, Antje / Prengel, Annedore (Hrsg.) (2010): Handbuch qualitative Forschungsmethoden in der Erziehungswissenschaft. 3., vollständig überarbeitete Auflage. Weinheim: Juventa-Verlag.

Friedrichs, Jürgen (1999): Methoden empirischer Sozialforschung. 15. Auflage. Opladen: Westdeutscher Verlag (WV-Studium Sozialwissenschaft, 28).

Gensicke, Thomas / Geiss, Sabine (2010): Hauptbericht des Freiwilligensurveys 2009. Zivilgesellschaft, soziales Kapital und freiwilliges Engagement in Deutschland 1999 – 2004 – 2009. Bundesministerium für Familie, Senioren, Frauen und Jugend. München.

Gensicke, Thomas / Geiss, Sabine / Picot, Sibylle (2006): Freiwilliges Engagement in Deutschland 1999-2004. Ergebnisse der repräsentativen Trenderhebung zu Ehrenamt, Freiwilligenarbeit und bürgerschaftlichem Engagement. Wiesbaden: VS Verlag für Sozialwissenschaften / GWV Fachverlage GmbH Wiesbaden.

Gerrig, Richard J. / Zimbardo, Philip G. (2008): Psychologie. 18., aktualisierte Auflage. München: Pearson Studium (PS Psychologie).

Geschäftsstelle des BBE (o. J.): Gründungsgeschichte des BBE. Herausgegeben von Bundesnetzwerk Bürgerschaftliches Engagement. Online verfügbar unter http://www.b-b-e.de/index.php?id=gruendungsgeschichte&L=%2Findex.php%3Fpg%3D.%252 [15.05.2011].

Gmür, Markus / Thommen, Jean-Paul (2007): Human Resource Management. Strategien und Instrumente für Führungskräfte und das Personalmanagement in 13 Bausteinen. 2., überarbeitete und erweiterte Auflage. Zürich: Versus Verlag (Wirtschaft + Management, 7).

Google (2011): Recherche auf google.de (Zukunftswerkstatt Sport). Google. Online verfügbar unter http://www.google.de/#hl=de&cp=23&gs_id=3&xhr=t&q=Zukunftswerkstatt+Sport&pf=p&sclient=psy&site=&source=hp&pbx=1&oq=Zukunftswerkstatt+Sport&aq=f&aqi=&aql=&gs_sm=&gs_upl=&bav=on.2,or.r_gc.r_pw.&fp=7ce50c8878933067&biw=1280&bih=707, zuletzt aktualisiert am 23.07.2011 [23.07.2011].

Graumann, Mathias / Thieme, Lutz (2010): Theoretische Grundlagen. In: Graumann, Mathias / Thieme, Lutz (Hrsg.): Controlling im Sport. Grundlagen und Best Practice für Vereine, Verbände und Ligen. Berlin: Schmidt, S. 21-174.

Graumann, Mathias / Thieme, Lutz (Hrsg.) (2010): Controlling im Sport. Grundlagen und Best Practice für Vereine, Verbände und Ligen. Berlin: Schmidt.

Grundgesetz für die Bundesrepublik Deutschland in der im Bundesgesetzblatt Teil III, Gliederungsnummer 100-1, veröffentlichten bereinigten Fassung, das zuletzt durch Artikel 1 des Gesetzes vom 21. Juli 2010 (BGBl. I S. 944) geändert worden ist. GG. Online verfügbar unter http://www.gesetze-im-internet.de/bundesrecht/gg/gesamt.pdf [31.07.2011].

Gudjons, Herbert (2008): Pädagogisches Grundwissen. Überblick – Kompendium – Studienbuch. 10., aktualisierte Auflage. Bad Heilbrunn: Klinkhardt (UTB Pädagogik, 3092).

Hauser, Frank / Schubert, Andreas / Aicher, Mona (2008): Unternehmenskultur, Arbeitsqualität und Mitarbeiterengagement in den Unternehmen in Deutschland. Ein Forschungsprojekt des Bundesministeriums für Arbeit und Soziales. Unter Mitarbeit von Lorenz Fischer, Katharina Wegera und Claudia Erne et al. Herausgegeben von Bundesministerium für Arbeit und Soziales. Berlin.

Heath, Christian / Hindmarsh, Jon / Luff, Paul (2010): Video in qualitative research. Analysing social interaction in everyday life. London: Sage (Introducing qualitative methods series).

Heinemann, Klaus (1992): Ehrenamtlichkeit und Hauptamtlichkeit in Sportvereinen. Eine empirische Studie zur Professionalisierung am Beispiel eines ABM-Programms. 1. Auflage. Schorndorf: Hofmann (Schriftenreihe des Bundesinstituts für Sportwissenschaft, 78).

Heinemann, Klaus (2004): Sportorganisationen. Verstehen und gestalten. Schorndorf: Hofmann (Beiträge zur Lehre und Forschung im Sport, 145).

Heinemann, Klaus / Horch, Heinz-Dieter (1981): Soziologie der Sportorganisation. In: Sportwissenschaft, H. 11, S. 123-150.

Hobmair, Hermann (2008): Pädagogik. 4. Auflage, 1. korrigierter Nachdruck. Troisdorf: Bildungsverlag EINS.

Hoffmeyer-Zlotnik, Jürgen H. P. (Hrsg.) (1992): Analyse verbaler Daten. Über den Umgang mit qualitativen Daten. Opladen: Westdeutscher Verlag.

Hörsgen, Hermann / van Oepen, Ulrich (2011): Die Sportselbstverwaltung und ihre Sportvereine. Online verfügbar unter http://nw.vibss.de/vereinsentwicklung/strukturen-organisierter-sport/die-sportselbstverwaltung/die-sportselbstverwaltung-und-ihre-sportvereine/, zuletzt aktualisiert am 17.03.2011 [23.07.2011].

Hülshoff, Theo (2008): WSB Baustein 124: Entwicklung von situativen, tätigkeitsbezogenen Anforderungsprofilen (STAP). Leadership Kulturstiftung Landau / Akademie Führungspädagogik. Landau.

Hülshoff, Theo (2009a): WSB-Baustein 346: „Theorien des Führens“ inklusive Folien und Mitschriften des Autors der Arbeit. Leadership Kulturstiftung Landau / Akademie Führungspädagogik. Landau.

Hülshoff, Theo (2009b): Skript zum WSB-Baustein 105: „Grundlegende Didaktik und Persönlichkeitsentwicklung“. Leadership Kulturstiftung Landau / Akademie Führungspädagogik. Landau.

Hülshoff, Theo (2009c): WSB-Baustein 105: „Grundlegende Didaktik und Persönlichkeitsentwicklung“ inklusive Folien und Mitschriften des Autors der Arbeit. Leadership Kulturstiftung Landau / Akademie Führungspädagogik. Landau.

Hülshoff, Theo (2010a): Skript zum WSB-Baustein 102: „Betriebspädagogik als Wissenschaft von der Unternehmenskultur“. Leadership Kulturstiftung Landau / Akademie Führungspädagogik. Landau.

Hülshoff, Theo (2010b): WSB-Baustein 102: „Betriebspädagogik als Wissenschaft von der Unternehmenskultur“ inklusive Folien und Mitschriften des Autors der Arbeit. Leadership Kulturstiftung Landau / Akademie Führungspädagogik. Landau.

Hurrelmann, Klaus (2010): Lebensphase Jugend. Eine Einführung in die sozialwissenschaftliche Jugendforschung. 10. Auflage. Weinheim: Juventa-Verlag (Grundlagentexte Soziologie).

Hurrelmann, Klaus / Albert, Mathias (2006): Jugend 2006. Eine pragmatische Generation unter Druck. Originalausgabe. Frankfurt / Main: Fischer-Taschenbuch-Verlag (17213).

Hurrelmann, Klaus / Albert, Mathias / Quenzel, Gudrun (2010): Jugend 2010. Eine pragmatische Generation behauptet sich. Originalausgabe. Frankfurt / Main: Fischer-Taschenbuch-Verlag (Fischer, 18857).

Inglehart, Ronald (1977): The silent revolution. Changing values and political styles among western publics. Princeton, New Jersey: Princeton University Press (Limited paperback editions, 54).

Inglehart, Ronald (1998): Modernisierung und Postmodernisierung. Kultureller, wirtschaftlicher und politischer Wandel in 43 Gesellschaften. Frankfurt / Main: Campus-Verlag.

Ingold, Gert-Ludwig / Lambrecht, Astrid (2008): Die 101 wichtigsten Fragen – moderne Physik. Originalausgabe. München: Beck (Beck'sche Reihe, 1794).

Jung, Rüdiger H. / Kleine, Meinolf (1993): Management. Personen – Strukturen – Funktionen – Instrumente; mit 130 Abbildungen und einem ausführlichen Sachregister. München: Hanser (Studienbücher der Wirtschaft).

Jungk, Robert (1993): Trotzdem. Mein Leben für die Zukunft. München: Hanser.

Jungk, Robert / Müllert, Norbert R. (1981): Zukunftswerkstätten. 1. Auflage. Hamburg: Hoffmann und Campe.

Jungk, Robert / Müllert, Norbert R. (1985): Zukunftswerkstätten. Wege zur Wiederbelebung der Demokratie. 2. Auflage. München: Goldmann.

Jungk, Robert / Müllert, Norbert R. (1989): Zukunftswerkstätten. Mit Phantasie gegen Routine und Resignation. Überarbeitete und aktualisierte Neuausgabe, 6. Auflage. München: Heyne.

Karnbach, Jens (2011): Kreativitätstechnik Zukunftswerkstatt. Herausgegeben von Landessportbund Nordrhein-Westfalen e. V. Online verfügbar unter http://nw.vibss.de/jugend/jugendarbeit-im-sport/planungstechniken/kreativitaetstechnik-zukunftswerkstatt-mit-beispiel/, zuletzt aktualisiert am 17.03.2011 [31.07. 2011].

Kersting, Norbert (Hrsg.) (2008): Politische Beteiligung. Einführung in dialogorientierte Instrumente politischer und gesellschaftlicher Partizipation. Wiesbaden: VS Verlag für Sozialwissenschaften / GWV Fachverlage GmbH Wiesbaden.

Kiel, Alexander (2010): Controlling in breitensportorientierten Sportvereinen. TSC Eintracht Dortmund. In: Graumann, Mathias / Thieme, Lutz (Hrsg.): Controlling im Sport. Grundlagen und Best Practice für Vereine, Verbände und Ligen. Berlin: Schmidt, S. 237-250.

Klages, Helmut (1984): Wertorientierungen im Wandel. Rückblick, Gegenwartsanalyse, Prognosen. Frankfurt / Main: Campus-Verlag.

Klages, Helmut (1988): Wertedynamik. Über die Wandelbarkeit des Selbstverständlichen. Osnabrück: Fromm.

Klages, Helmut (2001): Brauchen wir eine Rückkehr zu traditionellen Werten? In: Bundeszentrale für politische Bildung (Hrsg.): Aus Politik und Zeitgeschichte. Wertewandel. Das Parlament, Sonderheft Nr. 29. Bonn, S. 7-14.

Klages, Helmut / Hippler, Hans-Jürgen / Herbert, Willi (Hrsg.) (1992): Werte und Wandel. Ergebnisse und Methoden einer Forschungstradition. Frankfurt / Main: Campus-Verlag.

Kleiner, Konrad (1992): Konzeptualisierung eines Abbildungssatzes gesellschaftlicher und körperzentrierter Werte und die Perspektive des Wertewandels im Sport. In: Klages, Helmut / Hippler, Hans-Jürgen / Herbert, Willi (Hrsg.): Werte und Wandel. Ergebnisse und Methoden einer Forschungstradition. Frankfurt / Main: Campus-Verlag, S. 454-486.

König, Rainer (2004): Tour de Kultur. Die Geschichte der Unternehmenskulturdiskussion. Online verfügbar unter http://www.feldnerkoenig.de/art-tour-cult1.pdf [31.07.2011].

Krüger, Michael (1993): Einführung in die Geschichte der Leibeserziehung und des Sports. Leibesübung im 20. Jahrhundert. Sport für alle. Teil 3. Schorndorf: Hofmann (Sport und Sportunterricht, 10).

Kuhnt, Beate / Müllert, Norbert R. (2006): Moderationsfibel Zukunftswerkstätten. Verstehen – anleiten – einsetzen. Das Praxisbuch zur sozialen Problemlösungsmethode Zukunftswerkstatt. 3., überarbeitete Auflage. Neu-Ulm: AG-SPAK-Bücher (Materialien der AG SPAK, 166).

Lamnek, Siegfried (2008): Qualitative Sozialforschung. Lehrbuch. 4., vollständig überarbeitete Auflage. Weinheim: Beltz PVU.

Lamprecht, Markus / Stamm, Hanspeter (2002): Sport zwischen Kultur, Kult und Kommerz. Zürich: Seismo.

Lippitt, Lawrence L. (1998): Preferred futuring. Envision the future you want and unleash the energy to get there. 1st edition. San Francisco: Berrett-Koehler Publishers.

Lüders, Christian (2010a): Beobachten im Feld und Ethnographie. In: Flick, Uwe / Kardorff, Ernst von / Steinke, Ines (Hrsg.): Qualitative Forschung. Ein Handbuch. 8. Auflage, Originalausgabe. Reinbek bei Hamburg: Rowohlt Taschenbuch Verlag, 55628, S. 384-401.

Lüders, Christian (2010b): Herausforderungen qualitativer Forschung. In: Flick, Uwe / Kardorff, Ernst von / Steinke, Ines (Hrsg.): Qualitative Forschung. Ein Handbuch. 8. Auflage, Originalausgabe. Reinbek bei Hamburg: Rowohlt Taschenbuch Verlag, 55628, S. 632-693.

Malik, Fredmund (2003): Vision – gefährliche Mode. Die Malik-Kolumne. Online verfügbar unter http://www.manager-magazin.de/unternehmen/karriere/0,2828,277448,00.html [18.12.2010].

Malik, Fredmund (2006): Führen, Leisten, Leben. Wirksames Management für eine neue Zeit. Neuausgabe. Frankfurt / Main: Campus-Verlag.

Malik, Fredmund (2007): Gefährliche Managementwörter. Und warum man sie vermeiden sollte. 1. Auflage. Frankfurt / Main: Campus-Verlag.

Meinefeld, Werner (2010): Hypothesen und Vorwissen in der qualitativen Sozialforschung. In: Flick, Uwe / Kardorff, Ernst von / Steinke, Ines (Hrsg.): Qualitative Forschung. Ein Handbuch. 8. Auflage, Originalausgabe. Reinbek bei Hamburg: Rowohlt Taschenbuch Verlag, 55628, S. 265-275.

Merkens, Hans (1992): Teilnehmende Beobachtung: Analyse von Protokollen teilnehmender Beobachter. In: Hoffmeyer-Zlotnik / Jürgen H. P. (Hrsg.): Analyse verbaler Daten. Über den Umgang mit qualitativen Daten. Opladen: Westdeutscher Verlag, S. 216-247.

Mevert, Fritz (2003): Sport in Deutschland. 19. Auflage. Frankfurt / Main: Deutscher Sportbund Generalsekretariat.

Meyers Lexikonredaktion (Hrsg.) (1999): Meyers Taschen Lexikon in 10 Bänden. Augsburg: Weltbild Verlag GmbH.

Nagel, Siegfried (2006): Sportvereine im Wandel. Akteurtheoretische Analysen zur Entwicklung von Sportvereinen. Schorndorf: Hofmann (Reihe Sportsoziologie, 9).

Nagel, Siegfried / Conzelmann, Achim / Gabler, Hartmut (2004): Sportvereine. Auslaufmodell oder Hoffnungsträger? Die WLSB-Vereinsstudie. Tübingen: Attempto-Verlag (Sport in der heutigen Zeit, 4).

Neumann-Schönwetter, Marina (1997): Wie Zukunftswerkstätten wirken. Die Kraft der Wünsche, des Selbst und der Kreativität. In: Burow, Olaf-Axel / Neumann-Schönwetter, Marina (Hrsg.): Zukunftswerkstatt in Schule und Unterricht. 2., aktualisierte Auflage. Hamburg: Bergmann + Helbig PB-Bücher, 23, S. 55-78.

Oswald, Hans (2010): Was heißt qualitativ forschen? Warnungen, Fehlerquellen, Möglichkeiten. In: Friebertshäuser, Barbara / Langer, Antje / Prengel, Annedore / Boller, Heike / Richter, Sophia (Hrsg.): Handbuch qualitative Forschungsmethoden in der Erziehungswissenschaft. 3., vollständig überarbeitete Auflage. Weinheim: Juventa-Verlag, S. 183-201.

Palm, Jürgen (1997): Mitarbeit im Sportverein (Werkbücher für die moderne Vereinsführung, Band 1).

Patton, Michael Quinn (2011): Developmental evaluation. Applying complexity concepts to enhance innovation and use. New York: Guilford Press.

Petersen, Gerald (2009): Martin Luther King über wirkungsvolle Visionen. Online verfügbar unter http://blog.my-skills.com/2009/01/19/martin-luther-king-ueber-wirkungsvolle-visionen.html, zuletzt aktualisiert am 19.01.2009 [27.09. 2010].

Petersen, Peter (1984): Führungslehre des Unterrichts. Reprint, Neuausgabe nach der 10. Auflage 1971. Weinheim: Beltz.

Pfeifer, Gerhard (Hrsg.) (2011): K21 ja zum Kopfbahnhof. Bahnhof mit Vernunft. Online verfügbar unter http://www.kopfbahnhof-21.de/ [31.07.2011].

Phillips, Donald T. (2000): Martin Luther King, Jr. on leadership. Inspiration & wisdom for challenging times. New York: Warner.

Popper, Karl R. (1982): Logik der Forschung. 7., verbesserte und durch 6 Anhänge vermehrte Auflage. Tübingen: Mohr (Die Einheit der Gesellschaftswissenschaften, 4).

Popper, Karl R. / Hansen, Troels Eggers (2010): Die beiden Grundprobleme der Erkenntnistheorie. Aufgrund von Manuskripten aus den Jahren 1930-1933. 3. Auflage. Tübingen: Mohr Siebeck (Gesammelte Werke).

Raithel, Jürgen / Dollinger, Bernd / Hörmann, Georg (2009): Einführung Pädagogik. Begriffe – Strömungen – Klassiker – Fachrichtungen. 3. Auflage. Wiesbaden: VS Verlag für Sozialwissenschaften / GWV Fachverlage GmbH Wiesbaden.

Rauschenbach, Thomas / Sachße, Christoph / Olk, Thomas (1996): Von der Wertgemeinschaft zum Dienstleistungsunternehmen. Jugend- und Wohlfahrtsverbände im Umbruch. 2. Auflage. Frankfurt / Main: Suhrkamp (Suhrkamp-Taschenbuch Wissenschaft, 1208).

Rauschenbach, Thomas / Zimmer, Annette (2005): Führungskräfte in gemeinnützigen Organisationen. Herausgegeben vom Institut für Politikwissenschaft Projekt Bürgerschaftliches Engagement & Management / Westfälische Wilhelms-Universität. Bramsche.

Reichertz, Jo (2010): Abduktion, Deduktion und Induktion in der qualitativen Forschung. In: Flick, Uwe / Kardorff, Ernst von / Steinke, Ines (Hrsg.): Qualitative Forschung. Ein Handbuch. 8. Auflage, Originalausgabe. Reinbek bei Hamburg: Rowohlt Taschenbuch Verlag, 55628, S. 276-286.

Reichertz, Jo / Englert, Carina Jasmin (2011): Einführung in die qualitative Videoanalyse. Eine hermeneutisch-wissenssoziologische Fallanalyse. Wiesbaden: VS Verlag für Sozialwissenschaften / Springer Fachmedien Wiesbaden GmbH Wiesbaden.

Rittner, Volker / Keiner, Robert / Keiner, Richard (2006): Freiwillige Tätigkeit im Sport. Sportbezogene Auswertung des Freiwilligensurveys des BMFSFJ 1999 und 2004. Herausgegeben von Bundesinstitut für Sportwissenschaft und Deutscher Olympischer Sportbund. Köln. Online verfügbar unter http://www.dosb.de/de/sportentwicklung/sportentwicklung/wissenschaft/ [14.02.2010].

Robert-Jungk-Bibliothek für Zukunftsfragen Redaktion (2011): Links. Andere Zukunftsinstitutionen. Herausgegeben von Robert-Jungk-Bibliothek für Zukunftsfragen. Online verfügbar unter http://www.jungk-bibliothek.at/ [23.07.2011].

Röd, Wolfgang (1994): Der Weg der Philosophie von den Anfängen bis ins 20. Jahrhundert. München: Beck.

Rogers, Carl Ransom (1974): Encounter-Gruppen: das Erlebnis der menschlichen Begegnung. München: Kindler.

Rosenbladt, Bernhard von (2001): Freiwilliges Engagement in Deutschland – Freiwilligensurvey 1999. Ergebnisse der Repräsentativerhebung zu Ehrenamt, Freiwilligenarbeit und bürgerschaftlichem Engagement. 2., korrigierte Auflage. Herausgegeben von Bundesministeriums für Familie, Senioren, Frauen und Jugend. Deutschland. Stuttgart. (Schriftenreihe des Bundesministeriums für Familie, Senioren, Frauen und Jugend).

Röthig, Peter / Prohl, Robert (2003): Sportwissenschaftliches Lexikon. 7., völlig neu bearbeitete Auflage. Schorndorf: Hofmann (Beiträge zur Lehre und Forschung im Sport, 49/50).

Sauter, Eugen / Schweyer, Gerhard / Waldner, Wolfram (2001): Der eingetragene Verein. Eine gemeinverständliche Erläuterung des Vereinsrechts unter besonderer Berücksichtigung der neuesten Rechtsprechung. 17., neubearbeitete Auflage. München: Beck.

Schein, Edgar H. (2004): Organizational culture and leadership. 3rd edition. San Francisco, California: Jossey-Bass.

Schein, Edgar H. (2010): Organisationskultur. The Ed Schein Corporate culture survival guide. 3. Auflage. Bergisch Gladbach: EHP – Edition Humanistische Psychologie (EHP-Organisation).

Schnell, Rainer / Hill, Paul B. / Esser, Elke (2008): Methoden der empirischen Sozialforschung. 8., unveränderte Auflage. München: Oldenbourg (Lehrbuch).

Schöne, Helmar (2003): Die teilnehmende Beobachtung als Datenerhebungsmethode in der Politikwissenschaft. Methodologische Reflexion und Werkstattbericht. Freie Universität Berlin (Berlin). (Forum Qualitative Sozialforschung / Forum: Qualitative Social Research, 4(2), Art. 20). Online verfügbar unter http://www.qualitative-research.net/index.php/fqs/article/view/720 [31.07.2011].

Schubert, Manfred / Horch, Heinz-Dieter / Gregor Hovemann, Gregor (2006): Ehrenamtliches Engagement in Sportvereinen. Bundesinstitut für Sportwissenschaft. Köln.

Senge, Peter M. (2008): Die fünfte Disziplin. Kunst und Praxis der lernenden Organisation. Stuttgart: Schäffer-Poeschel.

Sigloch, Jochen / Klimmer, Christian (2001): Unternehmen Profifußball. Vom Sportverein zum Kapitalmarktunternehmen. 1. Auflage. Wiesbaden: Deutscher Universitäts-Verlag (Gabler Edition Wissenschaft Schriftenreihe des Vereins für Unternehmensrechnung und Steuern Bayreuth e. V., 1).

Sohr, Sven / Stary, Joachim (2010): Gemeinsames Lernen in der Zukunftswerkstatt. Das kreative Potential von Studierenden gezielt entfalten. Online verfügbar unter http://www.ivt.ethz.ch/education/verkehrskonzepte/Materialien.04.01.2010_Anhang_3_Zukunftswerkstatt.pdf [23.07.2011].

Sportverein Leingarten 1895 e. V. (Hrsg.) (o. J.): Wir machen unseren Verein zukunftsfähig. Online verfügbar unter http://www.sportverein-leingarten.de/sites/themen/th_zkw.htm [13.02.2011].

StadtSportBund Köln e. V. (Hrsg.) (2010): Ein richtungsweisender Start ist gemacht. Zukunftswerkstatt – „Sport und Menschen mit Behinderung in Köln". Köln. (03). Online verfügbar unter http://www.ssbk.de/fileadmin/bilder/alt/SSN%200310.pdf [31.07.2011].

Stadtverwaltung Mosbach Redaktion (2004): Die größte Zukunftswerkstatt der Welt am 10. Juli auch in Mosbach. Online verfügbar unter http://www.mosbach.de/Aktuelles/Pressearchiv/Die+gr%C3%B6%C3%9Fte+Zukunftswerkstatt+der+Welt+am+10_+Juli+auch+in+Mosbach.html, zuletzt aktualisiert am 07.07.2004 [18.02.2011].

Stahl, Matthias (2007): Freizeit – Sport – Tourismus. Herausgegeben von GESIS-IZ Sozialwissenschaften. Bonn. (soFid – Sozialwissenschaftlicher Fachinformationsdienst, Band 2007/2).

Steckelberg, Alexander V. (2011): Stärkung der Lernkultur in Unternehmen. Entdeckung von Potenzialen des PMBOK®. Wiesbaden: Gabler Verlag / Springer Fachmedien Wiesbaden GmbH. Wiesbaden.

Thieme, Lutz (2011): Zur Konstitution des Sportmanagements als Betriebswirtschaftslehre des Sports – Entwicklung eines Forschungsprogramms. Berlin: epubli GmbH.

TSC Eintracht Dortmund (Hrsg.) (1991): Satzung. Online verfügbar unter http://www.tsc-eintracht-dortmund.de/uploads/media/SATZUNG_TSC.pdf [31.07.2011].

TSC Eintracht Dortmund (Hrsg.) (2008): Leitbild. Dortmund. Online verfügbar unter http://www.tsc-eintracht-dortmund.de/Leitbild.74.0.html [31.07.2011].

TSC Eintracht Dortmund (Hrsg.) (2009): Ehrenordnung. Online verfügbar unter http://www.tsc-eintracht-dortmund.de/uploads/media/EHRENORDNUNG_TSC_01.pdf [31.07.2011].

TSC Eintracht Dortmund (Hrsg.) (2010a): Workshops 2010. – zur Qualitätssteigerung im Sport. Broschüre. Dortmund

TSC Eintracht Dortmund (Hrsg.) (2010b): TSC TATENDRANG. Mach aus Deinen Ideen Realität. Flyer. Dortmund.

TSC Eintracht Dortmund (Hrsg.) (2010c): I like to move it! die Zukunftswerkstatt zum Projekt TATENDRANG. Einladung. Dortmund

TSC Eintracht Dortmund (Hrsg.) (2011): Sportarten von A-Z. Online verfügbar unter http://www.tsc-eintracht-dortmund.de/SPORTARTEN.11.0.html [31.07.2011].

VfL Hameln von 1849 (Hrsg.) (2011): Zukunftswerkstatt beleuchtet die Vereinssituation. VfL Hameln von 1849 e. V. Online verfügbar unter http://www.vfl-hameln.de/index.php?id=147&tx_ttnews[tt_news]=863&cHash=abef71470803753c2fc2d60c95bbd728, zuletzt aktualisiert am 10.03.2011 [31.07.2011].

Wadsack, Ronald (1992): Attraktives Ehrenamt. Motivation ehrenamtlicher Mitarbeiter in Sportvereinen. 1. Auflage. Witten: Verlag am Steinberg May (Reihe Sport-Ökonomie, 5).

Wahrig Redaktion (Hrsg.) (2010): Deutsches Wörterbuch. 8., vollständige neu bearbeitete und aktualisierte Auflage. Gütersloh; München: Bertelsmann.

Weinbrenner, Peter / Häcker, Walter (1997): Theorie und Praxis von Zukunftswerkstätten. Ein neuer Methodenansatz zur Verknüpfung von ökonomischem, ökologischem und politischem Lernen. In: Burow, Olaf-Axel / Neumann-Schönwetter, Marina (Hrsg.): Zukunftswerkstatt in Schule und Unterricht. 2., aktualisierte Auflage. Hamburg: Bergmann + Helbig PB-Bücher, 23, S. 23-54.

Weisbord, Marvin R. / Janoff, Sandra (2001): Future search – die Zukunftskonferenz. Wie Organisationen zu Zielsetzungen und gemeinsamem Handeln finden. Stuttgart: Klett-Cotta.

Willems, Herbert (2010): Erving Goffmans Forschungsstil. In: Flick, Uwe / Kardorff, Ernst von / Steinke, Ines (Hrsg.): Qualitative Forschung. Ein Handbuch. 8. Auflage, Originalausgabe. Reinbek bei Hamburg: Rowohlt Taschenbuch Verlag, 55628, S. 42-51.

Wöhe, Günter (1996): Einführung in die Allgemeine Betriebswirtschaftslehre. 19., neubearbeitete Auflage. München: Vahlen.

Wopp, Christian (2000): Zukunftswerkstätten im Sport. Ein Handbuch zur Veränderung von Sportvereinen, des Schulsports und der Sportpraxis. Aachen: Meyer & Meyer (ADH-Schriftenreihe des Hochschulsports, 17).

Yin, Robert K. (2003): Applications of case study research. 2nd edition. Thousand Oaks, California: Sage (Applied social research methods series, 34).

Yin, Robert K. (2009): Case study research. Design and methods. 4th edition. Thousand Oaks, California: Sage (Applied social research methods series, 5).

Zur Bonsen, Matthias / Maleh, Carole (2001): Appreciative inquiry (AI): der Weg zu Spitzenleistungen. Eine Einführung für Anwender, Entscheider und Berater. Weinheim: Beltz (Beltz Weiterbildung).